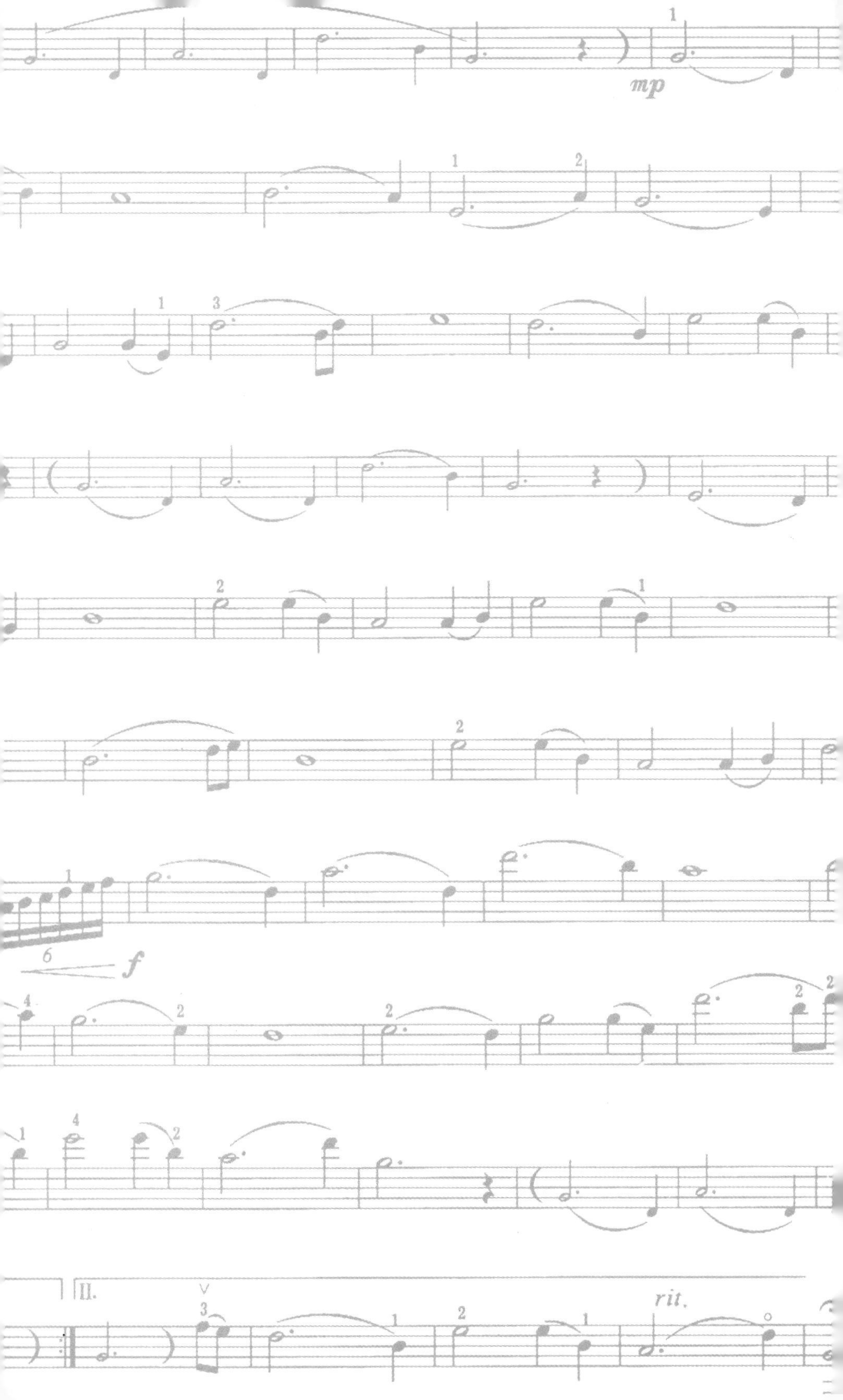
mp
f
II.
rit.

安娥传

《渔光曲》的人生旋律

丁言昭 著

中国青年出版社

（京）新登字 083 号

图书在版编目（CIP）数据

安娥传/丁言昭著. —北京：中国青年出版社，2013.1
ISBN 978-7-5153-1370-2

Ⅰ. ①安⋯　Ⅱ. ①丁⋯　Ⅲ. ①安娥（1905~1976）-传记
Ⅳ. ①K825.7

中国版本图书馆 CIP 数据核字（2012）第 298643 号

责任编辑：王钦仁
装帧设计：瞿中华

出版发行：中国青年出版社
社　　址：北京东四十二条 21 号
邮　　编：100708
网　　址：www.cyp.com.cn
编辑电话：010-57350507
门市电话：010-57350370
印　　刷：三河市君旺印装厂印刷
经　　销：新华书店

开　　本：675×975　1/16
印　　张：23.75
字　　数：295 千字
版　　次：2013 年 1 月北京第 1 版
印　　次：2013 年 1 月河北第 1 次印刷
定　　价：36.00 元

本图书如有印装质量问题，请凭购书发票与质检部联系调换
联系电话：010-57350337

目 录

序

遥寄安娥

记得20世纪50年代中期，大约是为了纪念聂耳逝世，我作为中国福利会少年宫小伙伴艺术团合唱队的一员，参加在上海文化广场举行的音乐会。我们穿着白衬衫，粉红色的小短裙，唱了几首歌，其中一首是聂耳作曲、安娥作词的《卖报歌》，"啦啦啦！啦啦啦！我是卖报的小行家，不等天明去等派报，一面走，一面叫，今天的新闻真正好，七个铜板就买两份报……"

没想到，过了半个多世纪，我会为你——安娥写传记。

我没见过你，可是我曾经唱你写的歌曲，《渔光曲》《打回老家去》等，看过你编的儿童戏剧《狼外婆》《海石花》和戏曲《追鱼》《情探》等。

最近，我和你的儿子田大畏联系上了，他寄给我许多有关你的材料，使我能全面地了解你，一位多才多艺的红色安娥。

你度过并不平静的童年，进入美术学校后，结识一位地下中共党员邓鹤皋，是他带领你走上革命道路，成了你的伴侣，遗憾的是由于误传，听说已牺牲，当他找到你时，你已与著名音乐家任光生活在一起。正是你们两位音乐家的结合，使你创作了许多不朽的歌曲，包括《渔光曲》。

20 世纪 20 年代,你被派往苏联学习,回国后不久,即去做田汉的工作,不想,从此与他结下不解之缘,直到田汉在"文化大革命"中不幸去世。

你是左翼文艺运动中成果丰硕的活跃分子。抗日战争中,你参与发起战时儿童保育会,到前线采访,还与史沫特莱一起深入敌后,写了一系列的报道,为人们了解新四军的真实情况做出贡献。在艰难困苦的条件下,你为民族、为大众、为妇女和儿童勤奋地写作;你是"四维剧团"孩子们的好老师、好阿姨。全国解放以后,仅仅六年间,又有多少诗歌、剧本、报告文学出自你笔下!厚厚的三册《安娥文集》使人们全面地知道了你的创作成绩。

1956 年以后,你顽强地与病魔斗争,在"文化大革命"中受到种种磨难,不幸于曙光来临的前夕——1976 年 8 月 18 日去世,没看到祖国的春天。感到欣慰的是人们并没有忘记你,仍在看你的书,唱你的歌曲。

1. 不安分的少女

从前的从前的从前,在河北省有一只巨鹿,硕大无比,身上布满美丽的梅花,头上长着一对骄傲的角,炯炯有神的一对大眼睛,警惕地注视着四周。忽然,它发现了情况,拼命地往西北方向跑了几百里,被人们团团围住,用绳子套住了它的脖子,擒获了这只巨鹿。可是它的力气好大,十几个壮男子都抓不住,它挣脱了众人的包围,又向前冲了几百里,终于筋疲力尽,被人束缚。由此,河北省有了三个县:巨鹿、获鹿和束鹿,而获鹿县就是安娥——我们传主的家乡。

获鹿城是依山势而建,三面是城,北面是山,所以民间流传着一句话:"获鹿城,样样全,没有北门和北关。"山叫牛婆山,形状如一条卧牛,在牛头下有一条饮牛泉,远看就像一头老牛在饮水。那水啊,清得不得了,一眼能望到底,而且旱不干,涝不涨,取不尽,用不竭,每天去游玩的人很多。

1905 年 10 月 11 日(农历九月十三),安娥出生于获鹿县范谈村,现在属于石家庄市长安区。安娥原来名叫张式沅,为行文方便,我们在书的开始,就将她称为安娥。

按照常规,小孩子一生下来,就会大哭着迎接世界,可是安娥出世的时候,居然不哭也不闹,还不吃东西。母亲张何氏累得根本无法去管她,第二天,见孩子躺着没动静,就对丈夫说:"扔了她吧!"

丈夫张良弼心里可不愿意了，因为妻子已给他生了7个儿子，好不容易盼来一个闺女，怎么舍得扔呢？他轻轻地抱起安娥，摇了摇，突然发现女儿在对他笑，乐得他呀，大喊一声："她笑了，她笑了！"其实，那是婴儿无意识的表情，可对大人来说是件大事。就这样，安娥的命留下来，要不，我这本书也就没法写了。

安娥的父亲张良弼。

说起这位张良弼可不是简单的人：他是河北职业技术教育的先驱，为保定中等教育事业作出了重要贡献。他生于清同治元年（1862年），祖上虽以农耕继世，却也诗书传家，6岁即读《诗》《礼》数千言，27岁乡试中举。光绪二十九年（1903年）被清廷选派赴日留学，就读于日本弘文学

2010年田大畏夫妇与本书作者丁言昭等在河北化工医药职业技术学院校园内张良弼雕像前合影。左三为本书作者丁言昭，左五、六为田大畏夫妇。

院师范科。张良弼到日本去留学的经历,可以说影响了他的一生:那时候日本重实业,张良弼看在眼里,记在心里,曾对人说过这样的话:"吾知所以富国矣!"

张良弼归国后,任直隶省视学时,抱着"教育救国"和"实业救国"的信念,1909年在保定城西北隅的北菜园(今和平里)一带创办了直隶实业补习学堂,自任堂长;1912年将学堂改为直隶甲种工业学校,任校长,是今日位于石家庄的河北化工医药职业技术学院的前身。张良弼对工业学校师生的教谕"学以进德,工以养技"被今天的河北化工医药职业技术学院奉为校训,学校为他建了雕像。他还在保定城内的南司街开办了私立民生中学和女子师范学校,并在高阳县建染布工厂。为了表彰他的这些业绩,1912年张良弼被选为众议院议员,其后连任四届国会议员。1917年他曾赴广州参加孙中山召集的"非常国会",支持护法运动,拥护广东护法军政府。怎么说也是一位开明的人士,然而他与爱女安娥之间竟出现了一道不可逾越的鸿沟,一直到他离开人世。此是后话。

一家有一家的难处,安娥长到3岁时,父亲张良弼与大哥张良辅分了家,安娥家分得祖产:7亩园子,18亩地,48亩当契地,一所偏院,三千贯债务,家里的开销主要依靠父亲的薪金。

母亲张何氏整天操持繁重的家务,养育七子两女,是个性格刚强的女子,身边有个像安娥这样的乖乖女,为她解除了不少愁闷。当母亲忙时,她就一个人跑到园子里去种植花草果木,或躺在草地上观赏大自然的美景,或念那些永远念不完的歌谣,有《小白菜》《小草鸡》《直直腰》《说山西,道山西》和《想亲亲》,这五支歌谣安娥都背不完整,念到一半念不下去,就重新再来,而每次重来的时候,总是挑自己最喜欢的句子,反复地念。如《小白菜》里的:

端起饭碗泪汪汪,

放下饭碗想亲娘！

后娘问我哭什么？

我说碗底烫的慌。

……

有心跟着山水走，

又怕一去不回头！

《小草鸡》里是：

小草鸡，

上草垛，

没娘的孩儿，

好难过！

《直直腰》里是：

直直腰，

毛毛腰，

一飞飞到柳树梢。

柳树梢上有个鸣鸡儿叫，

挨打受气谁知道？

小安娥那时才几岁啊，对这些歌谣的意思其实并不很懂，可是不知为什么，每次念到"叫"和"道"时，一定把这两个字拖得很长很长，好像她自己就是歌中那个"挨打受气"的人似的，接着迅速地念道："我知道，我知道！"来安慰那些不幸的人。

在《说山西，道山西》里，安娥最喜欢念："身又寒，肚又饥，公婆要我打水去。笤又粗，绳又细，勒的小手血缕缕！"每次念完最后一句时，小安娥就伸出自己的双手看看，似乎那上面真的被勒得"血缕缕"，还用嘴去亲亲。

还有一首《想亲娘》里喜欢念这样几句："亲娘死了穿什么衣？打开花柜拿花衣！后娘死了穿什么衣？门后有件破蓑衣！"念到最后一句时，安娥带着无限厌恶的情绪去念它。虽然小安娥有自己亲爱的妈妈，可是在世俗的眼里，后娘总是非常凶狠，虐待前妻的小孩子，其实在现实生活中也有不少好后娘。

人们看到一个小姑娘能念歌谣，觉得挺可爱，于是往往让她念。小安娥很听话地从《小白菜》念起，一直把五首都念完，如果大人不叫停，她就老念下去，要等到大人说"好了，不念了"，才低着头走开。

转眼间，小安娥长到7岁，随母亲迁到父亲办学的保定居住。看见别人背着小书包上学，心里可羡慕了，可是小安娥平时连一个铜板都不敢问母亲要的，怎么可能向大人提出要上学的事呢？有时，她一个人坐在大门口的拴马石上，如果没有人来叫她吃饭，她真的会坐一整天。一次六哥张式泽把自己的书包挂在安娥的肩上，这时父亲的一位熟人走过来问她："你是学生吗？"她难为情地低下头，不敢抬眼看人；还有一次五哥张式溥和安娥站在大门口，五哥的同学正好经过，问道："你妹妹上学了吗？"

"啊，是呀！"式溥轻松地回答。

小安娥听到哥哥的话，心里别提多高兴了，她想象着自己每天和哥哥们一样上学、放学，学校里有很多同学，可以一起玩，多开心啊！

父亲平时对儿子总是很严肃，可是对大女儿安娥却是破天荒地与她讲文学，说诗词。1912年夏天，张良弼对张何氏说，要送安娥到保定女师附小去读书，妻子觉得很突然，回头想想也对，女孩子在家里，没有伴儿，挺寂寞，读读书，认几个字也好。

上学的第一天，母亲为女儿梳头，原先想给她梳个"小歪桃"，可是觉得那太小家子气了，而且"小歪桃"如果梳在左边，右边的短发就会散开，反之，左边的短发照样结不住。安娥看母亲左一个、右一个梳，都梳不好，心里有点急，怕迟到，但又不能催，因为她自己梳不来头发。只见母亲找了根红红的绒线，把她前额的头发左右一抓，在上端扎了个"望天锥"。

"女儿，瞧，多像一支大毛笔，好写字了！"母亲欢喜地说。

"真像，真像！"安娥叫着，立刻低头，把"望天锥"当笔，真的在地上乱涂一气，"快别写了，头会昏的！"母亲命令着，可是小安娥写得正带劲呢，哪肯停下来呢。

"好了，快去换了衣服再来写吧。"母亲一旁哄着。

"不，不昏，让我再写一个。"

"你不信，站起来试试，头要打转的。"

安娥立起身子，两眼冒金花，果然站不住，赶紧又蹲下去，还想再写一个字，可是没等她把头弯到地上，扑通一声倒在地上。

"看看，我说是吧。"母亲埋怨地说着，同时疼爱地扶起女儿，拍拍衣服上的灰，"亏得还没换衣服，不然又要弄脏了。来，先吃蛋蛋。"母亲对小孩说话，总喜欢用叠字，鸡蛋叫蛋蛋，猪肉叫肉肉，睡觉叫觉觉……

一切都弄停当，母亲看着张式溥带着安娥上了洋车，才进家门去忙家务。

安娥是插班生，从二年级读起，对每门功课都感兴趣，老师们渐渐地注意到她，偶尔也夸奖她一句。一年快结束时，有人告诉安娥，说她考了甲等第三名。安娥欢天喜地地将这个好消息告诉哥哥们，可这些男孩子居然都不相信，特别是七哥式瀛更是讥笑她，说凭她每天早晨找书包的份儿也考不到甲等第三名。

"这是真的,是霍顺告诉我的!"

"你自己看见名字了吗?"

"看见了。"安娥急急地说。

"在前头,还是在后头?"哥哥不罢休地追问道。

"前头还有很多很多名字。"安娥老老实实地回答。

哥哥们一听都哈哈大笑起来,看到安娥难过得快要哭的样子,五哥不忍心了,拉着妹妹的小手去看榜,其他几个哥哥也跟着。果然,安娥确实是考了甲等第三名,前面的名字是三四年级的。此时安娥的脸上绽放着灿烂的笑容。

安娥到保定后,最想念的是获鹿乡下的奶娘,人们都叫她翠嫂。给小安娥喂奶时,奶娘的第三个儿子刚出生不久,自己的孩子肚子饿了,也没法吃亲娘的奶水。安娥后来见到奶娘那营养不足的三小子,总觉得对不起他。

放假回获鹿,安娥与六哥张式泽去看望奶娘,老远就看到奶娘站在门口,一见到兄妹俩,张开双臂迎了上来,眼泪已流了出来。安娥用小手轻轻地擦着奶娘满是皱纹的脸,"别哭啊,翠嫂……"话还没说完,安娥也开始掉泪。一旁的六哥见此情景,连忙说:"都别哭了,应该高兴才是啊!"

"对对对,应该高兴,高兴啊!"翠嫂说着拉了兄妹俩,进屋里去。翠嫂悲惨的命运与她善良的心作对,两个小孩去世,留下两个儿子,大的吵着要娶媳妇,小的太小,还不能干活。

"你娘好吗?"

"我娘问你好!"安娥回答道。式泽抢着说:"我们这次来,是娘叫我们来的。"翠嫂听了感到无限的欣慰,东家还记得她,让自己的儿女来看望她。

"你们喜欢翠嫂吗?你们想翠嫂吗?"

"想,当然想……"

式泽还没说完,安娥便讲:"他可没有我想得厉害,记得小时候我住在你们家,和你睡一个床。嘴里吃着饼,听你讲狼吃小孩的故事。"

"记得,记得。"

"有一回我做梦,梦到你,翠嫂,刚刚听到你叫我'妹妹',我就醒了。"

他们说了差不多一房间的话,翠嫂留吃饭,她用发颤的手,一边翻翻油罐,一边又看看面盆,不知给小客人煮什么东西吃才好,懂事的安娥看出翠嫂的尴尬,说:"翠嫂,有什么吃什么,小时候,我跟着你吃小米粥、玉薯面饼子、杂面汤、咸菜,可香了。"

"是啊,是啊,就吃面疙瘩吧。"式泽在一旁呼应着。

"好!"

临走,翠嫂给他们带了 18 个鸡蛋,8 个是自己攒的,10 个是向别人借的。

1948 年年末,解放区华北大学校部给安娥和田汉派了一辆马车,从正定去探访安娥离别了三十年的故园——获鹿县的范谈村。回家的路上,冬日的阳光照耀着乡间的大地。她曾在诗歌《燕赵儿女》中深情地写过:"我爱我的家乡,我爱我的村庄,我的小树,我的草房,我的黄沙土,我的红高粱……那些忠厚的面庞,那些粗布的衣裳。"她在小说《石家庄》里生动地描绘过美得让幼小的她惊呆的绿生生的无垠的小麦地,以及跟着男孩子上树、跑房顶、爬墙头、玩黄泥的情景,这一切大概都浮现在她眼前了。马车停在范谈村张家大院门口,站在门外的乡亲对从公家胶轮大车上下来的一行人投以诧异的目光。这里刚刚刮过土改的风暴,家宅依旧,物是人非。在已显生疏的亲属家小坐,安娥便再次也是最后一次地离别了已经不属于她的幼时的家园。

童年的回忆总是美好的。1949年1月31日，安娥与一批民主人士从石家庄出发，去刚解放的北平。半夜到保定，第二天清晨，安娥就跑到自己小时候住过的延寿寺街和荷包营去。抬眼望去，门前四棵老槐树仍然高耸入云；巡视四方，房屋已破旧，花园里一片荒凉。想起小时候自己曾经在这里种过许多花果树木，给它们浇水、除虫、剪枝，费过不少工夫。一年四季各具景色，春天是百花齐放，彩蝶纷飞；夏天蝉鸣梢头，月照篱下，全家男女老少坐在树下，讲故事、说笑话、分瓜食饼；秋天是丰收的大好时光，有着吃不完的瓜果，和兄弟姐妹们斗蟋蟀、听蝈蝈唱歌、放风筝、踢毽子；冬天，一下雪，小孩子可高兴了，打雪仗、堆雪人、溜冰玩……

看着这旧居，换了模样，旧梦难寻了。

1919年安娥好不容易小学毕业，为什么说是"好不容易"呢？倒不是因为功课跟不上，而是父母的关系。当时父亲已娶了一个妾，母亲当然不高兴，常常将气撒在女儿的身上，所以只要母亲一发怒，安娥就停学，而父亲知道后，一生气，安娥又去上学。而我们的小安娥只有痛苦、落泪、受伤害的份儿，根本没有与父母论理的权利。

1920年安娥入保定二女师附属女中，念初一。

保定城里有一个育婴堂和一个全节堂，育婴堂专收孤儿，全节堂专收寡妇，并允许携带子女。如果子女愿意读书的，都可以免费入省女师和两个附小。这三所学校都是曾子固先后创办，他在清末当过臬台，其妹妹秋菊农就是师范附属女中的学监即训育主任，是位四十多岁的老姑娘，与安娥的母亲是结拜姐妹，安娥的干姨母。

1919年5月4日北京爆发"五四"爱国运动，满怀爱国热忱的学生，在天安门前示威游行，火烧赵家楼，痛打章宗祥。运动影响全国各地，也震荡着保定学生的热血。可是保定的学校由于长期受封建教育的熏陶，其思想方法和教学方法十分守旧和保守。安娥就读的学校也如此，视五四运动为洪水猛兽、祸害学生，所以对学生管得更紧。

其执行者——秋菊农更是不遗余力，严格限制学生的生活和自由，不许她们看新文化书，不许集会，不许谈论国家大事；为了防止学生出事，甚至擅自拆开学生的邮件。面对学校的高压，同学们非常不满，可是没人敢反对，只是私底下议论纷纷。这时有人举手一挥，同学们立即响应，此人何许人也，原来就是安娥。别看她平时在家里乖巧得不得了，遇到大事可一点不含糊，有着鲜明的正义感和天生的组织能力。

安娥带领全班同学罢课，并且不住在学校里，把同学们拉到外面的小旅馆里去，要秋菊农向学生们认错，在那个时代，这简直是绝对不可能的。这时候，母亲知道此事，与安娥商量，是否可以放那女学监一马，毕竟她们俩是拜过姐妹的，可是安娥坚决不同意。母亲觉得女儿长大了，不再听她的话。

安娥领导下的学生示威，迫使秋菊农辞职。附中校长是张良弼的老朋友，经常来往，听到秋菊农要辞职，当然不同意。秋女士见校长不同意，双腿下跪，求他允许离校，校长哪里见到过这种场面，吓得也连忙下跪还礼，惹得周围看热闹的同学哄堂大笑，说他们在举行婚礼。

事后，秋女士离开了学校，安娥也离开学校，随父亲去北京读书，在第一女中继续读中学。

安娥是家庭的宠女，但自幼就显示出她将是家庭的反叛者。

关于自己的娘家，安娥后来写道：

我出身于中产阶级家庭，从我十八岁离家之前，我不懂生活困难几个字的解释。我家里是搞工业的，但家庭内部日常生活秩序上是严格封建制度。我不满意于女孩子的家庭地位，除了读书吃饭穿衣外，没有任何发言权；我不满意我父母亲的至高无上的权威；不满我嫂子们在哥哥们面前卑下的地位；我一心想早从学校毕业独立生活，脱离家庭，因此我总努力跳班。……我讨厌我的父母，有点到了仇敌的样子，他们一生病我就想他们可以死掉。因为我恨那种权威，专制，和那些狗屁身份架子。开始并不恨他们是剥削阶级，后来在知道了的时候，我就毅然离开了他们。他们把我从学校抓回去，我又跑出来。这时我们双方知道彼此是两个阶级了，他们再不找我了，我父亲的遗嘱上，写明没我这个女儿，说他虽不满现存的政府，但它努力改良，而我不应该要推翻它。

在我大约十二三岁时，我家开始搞工厂，先弄了几部织毯子机在家里空屋试验。我放了假就和工人在一起做些接线头等工作，和工人相处中，觉得他们非常聪明，有条理，其中有一个工人半年内就能创造，我对他尊敬极了，可是就是这个工人最不爱理我，我怕他，不敢和他说话，偷偷站在他后边看他灵巧的工作。后来工厂正式成立了，搬走了，我就再没和工人接近，偶然有工人来往，我家里总是要避免我和他们说话，因为我总是站在工人一边说话。如工资少，生活苦等。我爱劳动，还有就是想有任何一技之长，早日独立生活。我练习家庭劳动，为着能给人当丫头、裁缝，脱离家庭。（《1952年整党笔记》）

激进思想的萌芽，预示安娥一走进社会，便会迅速地接受她所理解和向往的共产主义，便会毫不犹豫地投入共产党领导的运动，加入它的行列。安娥是风云激荡时代的弄潮儿。

对旧秩序的叛逆，是时代的潮流，也是安娥当时生活的走向；父亲纳妾给家庭造成伤害，使安娥完全有理由对父亲和他的世界产生恶感,但对父亲的人品及其事业的全盘否定("我的父亲除掉在他拿着笔杆的时候使人欣敬外,其余又使我不能赞同"),显然是偏激和不公正的。在她成年之后对此有所醒悟。她从父亲那里不仅得到过父爱,也接受过中国传统文化的熏陶、为事业献身的情怀;从母亲身上体会到中国妇女的传统美德,继承了她的坚毅性格和重人情轻钱财的生活观念;与兄妹有着深厚的手足之情,对亲人们有着难以割舍的眷恋;从"阶级斗争"的观念出发与家庭彻底决裂,虽然是她青少年时期的真实思想并体现为实际行动,但是安娥心里只有"阶级"而无亲情吗?真的"彻底划清了界线"吗?1927年初乘船离祖国时,她的诗里写的却是:"谁又能离得开娘?/谁又不想念着爷?"

2. 投身革命

　　1923 年夏天，安娥考入国立北京美术专门学校西画系。这个学校原为 1918 年 4 月创立的国立北京美术学校，郑锦任校长，1923年改为美术专门学校。1924 年因学生罢课，校长辞职，学校一度停办。1925 年复校，因决定增加戏剧、音乐两系，恢复后的美专即改名为国立艺术专门学校，刘百昭、林风眠先后任校长。几经改建后，成为今天的中央美术学院。

　　进入美专后，安娥一方面把学习美术看做是掌握一技之长，心想进入社会后可以不受制于人；另外一方面则积极投身学生运动，参加反对日本帝国主义和反对军阀的示威游行。这期间参加的一件重要活动就是参加罢课、赶走校长郑锦。安娥在自传材料里只简单地提到："在美专，因反对校长郑立奎（郑锦），在该校共产党员邓鹤皋的领导下，全体罢课，赶走了郑锦。我参加了这个运动。"

　　关于北京美专"驱赶校长"的风波，孝感学院美术系李中华副教授做了详细的研究：1921 年到 1923 年之间，北京的八所国立高校因为教育经费被军阀挪用，拖欠达十多个月而濒临倒闭，各校师生纷纷走上街头，举行罢教索薪、罢课请愿运动。国立北京美专的"驱逐校长"学潮，起因是阿博洛学会（由吴法鼎、李毅士、王悦之发起的美术学会，以油画为主）的主要成员与郑锦在招生上的意见分歧，以及西洋画系主要教授的辞职。北京美专"驱逐校长"学潮持续经年,最终学校被停办。郑锦辞职是时代的悲剧,在众多原因中,重要的一点是他失去了蔡元培和教育部的有力支持,失去了北京美专广大师生的认同。

郑锦(1883—1959),字褧裳,广东香山人,著名画家和美术教育家,早年赴日本学美术,曾以绘画作品《待旦》(文天祥)代表中国参加万国博览会。1914年回国后被聘任为北京故宫古物陈列所文华殿主任,北京大学教授。1917年受蔡元培委托筹办北京美术学校(后改为北京美专),任校长七年,因其学生共产党员邓鹤皋领导的罢课运动,1924年被迫辞职。辞去校长职务后,郑锦一家搬到河北定县,投入晏阳初、朱其慧创办的中华平民教育促进委员会,直接到农民中去,推广识字教育,收集民间传统、民谣和年画。中国第一本为农民编写的《千字文》就是这时诞生,其中400多张插图就出于郑锦之手。在后来的时局动荡中,他步步南下,最后归隐于澳门,1959年默默地逝于澳门。

关于郑锦其人,在他诞辰120周年之际,中央美院杨先让教授怀着崇敬的心情写道:

> 综观郑锦一生,平淡中有奇,不喧不争,进退自然,怀着一颗爱国爱民之心,该做的做了,不该做的放下了,与世无争,无怨无悔,坦坦然度过了一生。京华的荣耀、澳门的隐居,都是随缘而安。这就是郑锦光明磊落的人生态度。1914年到1925年十年,是他在事业上最辉煌的阶段。郑锦在故宫博物馆的工作中,尤其在创建中国第一所名副其实的国立美专的成绩上,所表现的魄力和果断精神,是超人的。就是因为有了北京国立美专的学制规划、教学制定、校舍设备、学科安排等等创建经验,才有以后的国立杭州艺专的建立。一切都会过去,但是,历史总是应该记住中国近代美术教育史上的那些有功之人,以及

他们那高尚的情操。

1926 年奉系军阀张作霖占据北京，城里到处贴着"宣传赤化、主张共产，不分首从，一律死刑"的大标语。面对腥风血雨，安娥和戏剧系的同学张寒晖等组建了五五剧社。说起张寒晖，他可不是个普通人，是一位卓有成绩的作曲家，曾创作过歌曲《松花江上》《军民大团结》等。

1950 年代的邓鹤皋（邓洁）。

五五剧社的宗旨是"研究戏剧艺术，以促成新社会"。这是我国北方第一个红色话剧团体。剧社在北京演出《压迫》《兵变》等进步话剧作品，还应邀去天津演出，并借《世界日报》开辟《戏剧》周刊，发表进步剧本和评论文章。

这些活动的领导者，是该校的地下党员邓鹤皋。安娥与邓鹤皋接触中，觉得他成熟、冷静、有主见，和他在一起，有种安全感，逐渐对他产生爱慕，甚至依赖感。安娥在自传材料里写着：

（1925 年，20 岁）十一月间，邓鹤皋介绍我入青年团，十二月间加入共产党。在团支部（北京支部）作技术书记（写钢板、发通知等），团书记是萧子璋（萧三）。生活由团供给。十二月由邓鹤皋介绍我加入国民党（北京支部。地点：北京东城翠花胡同八号）。青年团的地址是北大一院红楼里头。这时起就和家庭脱离关系。

安娥在 1953 年 10 月 28 日填写的党员登记表上这样写的：

入党地点：北京。

介绍人：邓鹤皋。

入党动机：和家庭，尤其是父母的思想不一致，受不了家庭的压迫，对学校的教育和反动政府，非常厌恶；觉得共产主义是理想的主义，共产主义是解放全人类、尤其我自己的唯一的社会。

1952 年 11 月 15 日安娥在整党笔记中说：

当入党之前，是按照我自己的意愿认识党的：共产党大家一样，不压迫人，不摆架子，人人自由自在，亲亲密密的大家庭。大家一个法律，应该遵守（当时无政府主义已经受到了批判）。共产党不爱杀人，但为着要推翻一个制度，建立一个制度，就得杀人，否则自己便被杀掉。当共产党是要杀头的，可是人人要都怕掉脑袋，人人就得受罪，与其叫我受罪，还不如杀头好。经过了辩论我就入了党。

1926 年 1 月，安娥的同学对她说：你母亲天天在学校的传达室等你。

起先几次安娥不相信，觉得母亲平常最讲"身份"两个字，怎么会与听差们坐在一块等我呢？记得当初自己准备住读时，母亲还大骂她没有身份，去和那些穷丫头住一个屋子……也许是别人的母亲，同学弄错了；也许是母亲到传达室来过几次，同学们误传了。直到安娥一进学校大门，遇见母亲时，才相信同学说的是真的。

那时候母亲没跟丈夫到北京，而是住在保定，当她得知女儿在北京参加罢课、示威游行、赶走校长等活动后，心里非常着急，她不愿看到女儿被捕、被杀，要把女儿拉回来，守在自己的身边，不让她受到任何伤害。北方的冬天可冷了，可是母亲为了女儿，不顾天寒地冻，终于等到女儿，强行把安娥带回保定。

安娥虽然人在保定，心仍然留在北京。同学们转来的秘密信中，充满着青年朝气，唤她回去，走真正幸福之路。可是她见到母亲，无法说"我要走！"况且学校还没开学。这样过了两个多月，安娥在报上看到一条消息，说3月18日在北京发生惨案。北京群众五千余人在李大钊等人领导下，在天安门前集会，反对日本干涉我国内政及炮击大沽，赴段祺瑞的"执政府"请愿。段竟命令卫队开枪，打死四十七人，伤一百五十余人，其中有安娥的同学、学生会主席姚宗贤惨遭杀害。

安娥一边看报，一边流泪，暗暗下决心，一定要回学校，和同志们在一起战斗。这天，天未明，人未起，安娥悄悄地出门，手里提着一个小包袱，这是在前一天晚上乘母亲不注意，偷偷地整理好、藏在枕头底下的。

离开了，离开了居住十多年的保定的家，安娥三步一回头，母亲，对不起，女儿走了。

安娥是抱着决绝的心离开母亲的，她后来写出她当时的想法：

> 一辈子没娘也算了！情愿一个人去穷去苦，只要别人少干涉我！我愿意把我所有的一切去换自由！功名富贵，家庭骨肉，一切都抵不过自由！……是社会之轮轧毁了母女关系！……时代之锤，愈低愈低的落在我们母女的头上，把我们的愿望粉碎无余！彼此心上都留下了深重的痛苦的烙印！（安娥《我怎样离开的母亲》）

安娥到北京后与邓鹤皋结婚。

邓鹤皋生于 1902 年,比安娥大 3 岁,1922 年 12 月在北京加入社会主义青年团,1923 年 12 月转为中共党员。1922 年至 1926 年 5 月在北京工作期间,任社会主义青年团支部书记、共青团地委委员兼组织部长、西城党支部书记。1926 年 6 月受中共北方区委负责人李大钊委派,调到大连担任中共大连地委书记,同去的有安娥、张炽、尹才一等。他们取道天津乘船,于同年 7 月 9 日抵达大连。

1926 年 4 月,大连满洲福纺株式会社(福纺纱厂)发生罢工,邓鹤皋他们一行人来,就是为了加强领导。他们到大连的时候,正是大连福纺工人举行"四二七"大罢工遇到严重困难的时刻,罢工领导人纷纷遭到日本当局的逮捕,大连笼罩着一片白色恐怖。

为了安全,安娥和邓鹤皋住在黑石礁附近农民王大娘家,对外称是王大娘的亲戚。邓鹤皋和安娥多次深入纱厂罢工工人家庭了解情况,讲清形势,鼓舞斗志。教工人们识字、唱歌,讲革命道理。他俩虽然出身富贵门第,可是参加革命后,受到锻炼,能与穷苦的工人坐在一起,说到一起。

安娥把女工当做自己的姐妹,哪里有安娥,哪里就有笑声,有歌声。她熟悉了工人,工人也信赖她。女工们不仅喜欢找她合计罢工斗争的大事情,就是私人的婚姻大事也乐意找她商量。

那时,罢工工人唱过一支歌,叫《工人团结歌》,安娥很喜欢,把歌词改动了一下,使其唱起来更加朗朗上口:"……起来!起来!齐心协力,巩固我团体,努力奋斗,最后胜利是我们的。"这首歌当时成为罢工斗争中鼓舞人心、激励斗志的号角,是大连区境内第一首群众革命歌曲。

每天当安娥从工厂回到住处——黑石礁时,总要在这个小渔村里东望望西瞧瞧,亲眼看到渔民的悲惨遭遇,对渔民的生活有了更多的了解。这些使安娥积累了丰富的创作素材,以至于后来能创作出像《渔光曲》这样优秀的歌曲。

安娥在大连女工中颇受欢迎，颇得人缘，但后因支部里有同志被捕，情况恶化，邓鹤皋批准她逃往上海寻找党组织。同年，安娥被派往苏联学习。

对于这段生活的感受，安娥在1952年写的整党笔记中，深切地说：

后来我做过一个短时期的女工运动，这时我已是共产党员了，当然和工人相互间的关系不同了，言谈工作的内容也不同了。这时我对工人阶级的认识，开始比较具体些。当时我在的地方，工厂是帝国主义的，一切政治、经济和武装力量都是帝国主义的，但是工厂是工人的。只要党把工人阶级组织起来后，(有了核心后)，不论压迫得多厉害，都不能阻止工人的集体的革命活动。就在工厂里边，就能开小组会和二百人的群众会，以及有组织的破坏行动，和有组织的罢工、示威游行等。在日常生活及工作中，尤其在革命行动中，工人阶级的灵敏、机动，有组织，有纪律，坚强，勇敢，实事求是，阶级友爱，对革命的忠诚，表现得非常明朗。本来几个共产党员，到了一个帝国主义统治下的工业城市，那是很困难的，但一建立了各厂的支部，哪怕那个工厂只有一个党员，支部一联系群众，你就觉得有了力量，在白色恐怖中，如鱼在海，到处都有水在保护你，到处都有力量，自然而然你就更看清帝国主义的弱点和末路了。更看清楚上升的工人阶级的力量和前途。当我每一次从工人区偷渡海峡的时候，工人们的沉着、灵敏的表现，真诚友爱的感情，使我感动，教育了我觉悟。

从1926年与邓鹤皋结婚，到1927年1月被派往莫斯科，与丈夫相处的时间并不长，但给她记忆最深、最感谢的、也最害怕的是邓鹤皋。他对她非常严格,并不因为是他妻子而放松要求,经常严厉地批评安娥的自由主义思想。

1927年5月邓鹤皋参加中共第五次全国代表大会,会后回东北任中共满洲省委筹备委员会书记,1927年7月13日由于叛徒告密,邓鹤皋和其他四十多位党团员及革命群众被捕入狱。邓鹤皋被捕后,敌人对他严刑逼供,连续三天三夜不准吃喝、睡觉。面对敌人法庭的审问,他慷慨地宣传共产主义……

此时,远在莫斯科的安娥听萧三说:邓鹤皋被捕,判了死刑。安娥离开中国赴苏途中,曾经给邓鹤皋写过信(后来该信发表时安娥用假名"慕园"称呼邓):

——革命群众斗争的高涨,白色恐怖的压迫底严酷,革命的理论底缺乏,新的革命人才的需要,加着我的与病魔为伍的生活,使我们无论如何不能不尝别离的滋味。

我很感谢你,无论对谁都说。如果没有你,不会有现在的我。你无论对于我的思想上、行动上,都有很大的影响与帮助。这就是永远联系我们的关系的。

去了,一星期内我将离开军阀混战之国到红色的太阳照耀之国了。我本当在这群众革命情绪热狂的地方做些实际工作,因为上述种种原因都使我离开可爱的群众与工作不可。但我若能努力学习些革命的理论与实际,也不愧对大家了。

你的环境非常险恶,少不留心,即……,我想到那"住医院"、"打针"、"解剖",啊,慕园,把这些事实联想到你,我毛管都竖起来了。

我已寄了你一个通信处,收到没有?如果你将来接不到我的信可问柴恰,他晓得那边的通信处。

我一切舱位、招待都舒适,勿念。

我时时刻刻不能忘记我们那些忠实的女工们，我唯一舍不掉的就是她们的真诚。请你见到她们常常向她们说，我祝她们健康，祝她们斗争到底！

字典买了，大鸾送我一只手表；自来水笔、热水瓶、箱子都是同志们送我的。所以我现在很舒服，俨然又是个小 bourgeois（布尔乔亚）。好笑，真是穷人没有见过世面。

我身上还有五块大洋，六只角子，饭费是不愁了，但凡赶快开船。

祝你努力，接受我的敬礼。

邓鹤皋是否收到安娥的信？是否回过信？笔者不能枉作判断，但是安娥信中的真情却洋溢在字里行间。

邓鹤皋在 1934 年 9 月出狱，10 月到上海工作，1936 年初，先后任文总组织负责人、上海临时工委书记，后任中共江苏省委书记。他出狱后一直在寻找妻子，当他找到安娥时，名花已有主了，她与任光生活在一起，邓鹤皋只得默默地离去……

1937 年邓鹤皋离开上海到延安，改名邓洁，抗日战争胜利后，他任中央纵队副司令员，担任保卫中央机关的任务。中华人民共和国成立后，先后任中央直属经济建设部部长兼新中国建设公司总经理、政务院企业财务机关管理局局长、全国手工合作总社筹委会副主任。1956 年 9 月出席中共第八次全国代表大会，同年创办中央工艺美术学院并兼院长。1957 年后，邓鹤皋任国家轻工业部部长、全国手工合作总社主任、石油工业部副部长、国家轻工业部副部长、全国政协第三届和第四届委员等职。"文化大革命"中备受陷害，被关押八年多，受尽非人折磨，牙齿被打掉，耳朵被打聋，全身伤痕累累，还被长期流放到陕西省汉阴县，所幸的是他终于等到了"四人帮"被打倒的日子，可惜在 1979 年 7 月 26 日于北京病逝，终年 77 岁。中共十一届三中全会以后,邓鹤皋的沉冤得到彻底平反。1998 年 8 月中共大连市委、大连市人民政府为邓鹤皋建立塑像,并将塑像敬立在大连英雄纪念公园。

3. 赴莫斯科学习

1926年冬天，安娥住在上海中共中央交通机关，认识了周恩来，并重新见到萧三。同年，安娥被派往莫斯科中山大学学习。

1926年年底的一天，安娥临上船之前，萧三紧握着安娥的手，说："不许学小孩子样！"萧三讲话时，自己转过头去不让安娥看到快要夺眶而出的眼泪。安娥的泪水也快要掉出来，她知道，他们俩虽然认识已有两年多，是在同一条荆棘道上奔跑的同志，在那个年代，离别是再平常的事了，何必搞得如此悲伤呢？可是泪已溢出睫毛外，她赶紧把头低下，用鼻音笑着说：

"谁是小孩子呢！"

这时，许多人都来了，他们这种惜别的状态没有办法继续下去，两双紧紧握着的手，向上下左右绕了几个圈终于放下。

"你跟我一同走吧。"安娥道。

萧三笑了笑说："我还有许多事情要做，你去吧，我在中国等你。"

接着安娥去找周恩来，拿了唯一的一只大柳条箱，肩上披了一条又大又宽的围巾。周恩来送她登上一艘开往海参崴的苏联轮船，介绍给副船长。安娥跟着船长进了二等舱，共有两张床，一只大沙发，还有桌子、面盆架、镜子，可以说样样有，比中国的官舱漂亮多了。安娥占据下面一张床。

副船长说，如果上船的客人不多的话，这房间就留给她一个人。乘着周恩来与副船长说话的工夫，安娥打开箱子，拿出一条棉被，箱子就显得空荡荡的，里面还有安娥在病中织的一件银色桃花宽边的黄绒衣，几本书和一些生活用品。不久茶房送来两条白被单、一条毛毯和一个松软的大鹅毛枕头，安娥对这个枕头特别满意，因为她已经有一年多没有枕过这样的枕头了。

周恩来临下船前，对安娥说："你到了那里，可来一封信，很简单地告诉我们说你平安抵岸了。你虽然受过训练，但实际工作参加不多，不过你很聪明，到了那边有很好的学习机会。希望你回来时给中国革命以新的力量，同时可留心观察 soviet（苏维埃）国家的工人制度与中国半封建的资本主义的剥削方法的区别，以便将来把他们的生活方式介绍给铁蹄下的中国工人。祝你努力，祝你一路平安！"

"我想或者不会使你们很失望。"安娥语气很肯定。周恩来微笑地与安娥用力地握了握手，下船坐上划子上岸去了。

安娥在船舱的圆窗里目送着她最亲切的同志，等她回头的时候，茶房已把周恩来送她的热水瓶里灌满了开水，当她拿起杯子冲水时，一股热气冉冉升起，她内心充满了春天般的温暖……

安娥此时最想做的事，就是写信，她想到俄国境内写信就不容易了。她写了两封信，一封是给邓鹤皋，另外一封是给萧三。给萧三的信是这样说的：

　　两年的相别只得两月的相聚，而这两月的相聚里又只有两三次的见面，何况每次见面又都在稠人广众中。

　　那次在街上忽然相遇的时候，我们彼此都震动起来了。不过我觉得我比你还要镇定些。因为我知道你在上海，同时我知道你的一切。

......

如果我们在革命道路上紧握着手而前进,朋友,我们将为永远的朋友,并不因别离而改变我们的友谊。

......

朋友,人家都说我到了莫斯科会成了俱乐部的主要人物,但是,朋友,我对你说了吧,我再不会把光阴作这个用。对别人我也不争辩,将来给事实你们看吧。

祝北伐军的势力赶快到上海,那时候革命的性质将快要转到一个新的阶段。使将要建设的早建设一天,将要崩溃的早崩溃一天,这不是我们的责任吗?你现在的工作是这样的重要,望你更加努力,使运动在数量上质量上都有很大的进步。别了,朋友!在革命的前线上总有相见的一天。

致党的敬礼。

1925年萧三担任共青团北方区委书记时,曾经是安娥所在的共青团北京支部的领导人,因此安娥在信的一开头,就说相识"两年"。信中,安娥特地提到当时与萧三同居的俄罗斯姑娘瓦萨(瓦莎),说"我看她非常好,你应该爱她","同我很讲得来",并建议"她学着用中文给我写信,这或者对于她学习中国文方面有些帮助"。瓦萨是1925年由海参崴到中国,在北京的大学里教授俄语,与萧三相爱,1926年两人同去上海,1927年萧三与瓦萨正式结了婚。

朋友之情,同志之爱,使安娥情不自禁地想起萧三,在日记里写下这样的字句:"爱你的瓦萨吧","我岂没有眼泪儿,但我不是啼鹃。我们相见的机会还多呢,在革命的前线!"

随着潮水的起伏,安娥的思绪也随着起伏,想起许多事:家庭、母亲、妹妹、小侄子们,她写道:

一阵阵的寒潮

涌上心房。

独靠着圆窗,

呆望黄昏的江上——

啊!游子要离开故园,

女儿要远别爷娘!

谁又能离得开娘?

谁又不想念着爷?

做实际运动的人

怎能够有家!

只愿做红日一轮,

冲破这漫漫的长夜!

安娥于 1953 年 10 月 28 日填的《党员登记表》上写着:"1927,1 月到 1928,3 月莫斯科中大学习　证明人　周恩来"。

1925 年孙中山去世后,苏联在莫斯科创办了中国孙逸仙劳动大学(简称中山大学),为国共两党培养骨干力量。这所大学的规模、招生人数和社会影响都大大超过东方大学,成为当时中国留学生的大本营。1928 年中山大学进行调整,将东方大学中国班并过来。

当安娥到中山大学读书时,学校已开学八个月,为了好好学习,不辜负党组织的期望,她不参加学校里任何

莫斯科中山大学原址。

社会活动，特别是俱乐部的工作，毕业时，安娥是学校优秀生之一。

1928年，寓居国外的高尔基从意大利索兰托回国度假，有个苏联同学邀安娥同去火车站欢迎这位大作家，安娥心想，去"看看那位凹鼻梁、两撇胡须的老头儿是个什么样儿也好"（安娥：《我对高尔基的第一个印象》)。

到了火车站，好家伙，欢迎者的队伍高举高尔基的画像和标语，像五月的鲜花盛开在田野，欢呼的声音直冲云霄。从他们喜悦的面容上，从他们欢笑的激情里，看出他们对这位劳苦大众作家的崇高敬爱。特别是安娥听到欢迎队伍狂叫"乌拉，乌拉"时，内心深处有一种忘我的欣喜和羡慕。

火车进站时，月台上的人们，像墙壁似的筑到站口，照相机的闪光灯一亮一亮……安娥被挤到月台后面，拼命仰头跷脚，也只能望到人们的后脑勺，干脆，她又回到车站外面，听人们谈论着高尔基的一切，从他的童年到现在，政治生活和文艺作品……听着听着，安娥渐渐对高尔基产生了敬仰之感，对文学生活起了敬慕之意，想起中国古代许多文学家来，想起中国许多美丽而有价值的诗文，想起小时候爱读的文章……

安娥正想着，忽然远远望见一个老头儿，穿着黑外衣，和画上差不多，坐着汽车过去了，人们追着他的背影高呼，每个人都忘记了自己。在安娥看来，高尔基和我们一样，并不比谁高，并不比谁壮，更没有比谁表现着骄傲的表情，但是她觉得他却比任何高大强壮的人都更有吸引力。安娥在文章中说："从那时候起，我渐渐对于'文学'不那么过于隔膜，过于误解它了。"

就在安娥到莫斯科不久，听到丈夫邓鹤皋被捕而且判死刑时，心中的悲伤是无法用言语来形容的。此时有位男士悄悄地走近了她，后来与她结婚。他叫郑家康，1924年参加中国共产党，做党的电讯联络工作，曾经到法、德、苏等国学习专业知识。当时郑家康是中山大学的职员，要安娥注意"反对派"的行动；1928年他介绍安娥去苏联国家保卫总局，从此，安娥开始她的特工生涯。

笔者曾四处寻找郑家康的材料，可是很少，只知道他回国后，由于被特务跟踪，1931年在上海被秘密杀害。

关于这段历史，安娥在党员登记表上是这样写的："1928，3月到1929，10月　苏联国家保卫局职员（东方部中国局的首长的助手）　证明人　周恩来"。

那时候苏联国家保卫局需要一个年纪小、俄文还可以、工作努力，不爱出风头、吹大话的人到他们东方部工作，安娥正好符合这些条件。她的工作，主要是整理有关中国"反革命分子"的资料和做简单的笔译，偶尔也担任审案的口译工作。安娥在这件工作中，开始仍然显得"缺乏阶级坚定性"。在她后来写的《历史思想自传》中有这样一段话：

> 我看见被判死刑的反革命分子在他签字的时候满头黏汗不认罪的情况。我的首长经常对我说："不要怜惜敌人！""小姑娘们心软，最容易坏事。"的确，在第一次审案时，我多希望犯人相信我们的政策，坦白出来，可以不死。后来我知道这是难事。

1929年4月，联共党内开始大规模"清党"运动，联共中央监委派党员进驻中山大学，组织清党委员会，对每一个中国学生进行严格询问和反复审查。这次清洗把所谓"托派分子"几乎一网打尽，但同时也使相当一批中国学生蒙冤受屈。

1927年9月，中山大学首期学生毕业；1929年年初，第二期学生毕业，大部分学生被秘密护送回国。安娥在1929年向党代表团要求返国,不久于周恩来回国后被调回。

经过莫斯科三年的学习和锻炼,"阶级觉悟"果然有了提高。安娥 1929 年回国后发表的小说《莫斯科》,通过斐斐的口坚决地向"资产阶级的道德"宣战:

> "什么是无产阶级的道德?"他们来讨论这个问题了。……
>
> "资产阶级本身是不讲道德的,也可以说,为着资产阶级整个阶级的利益的,在他们,那是称为道德,也正是使无产阶级痛恨诅咒的道德。"言均说。
>
> "无产阶级的道德,当然也是一样,无论你用什么手段,结果是对于整个无产阶级有利益的,都是道德……"斐斐说。
>
> "好了!我来做结论了。"少玉说。"我们先说小资产阶级所谓道德,是消极的、狭义的、个人的道德。因为小资产阶级没有阶级独立性,所以也没有阶级共同道德,而无产阶级道德是有共同性的,就像斐斐同志说的'整个阶级利益为前提'。"

小说中的"斐斐"的原型就是作者本人。无怪田汉说在这部小说里 "可以看出一个有为的女性怎样克服她的小资产阶级性,把握坚定的新意识"。但我们很想知道,安娥在今后的生活和创作中,所遵循、所赞颂的,是否就是斐斐主张的那种不问手段只问结果的"无产阶级道德"呢?

4. 在上海中共中央特科工作

安娥1930年代初期照片。

安娥从莫斯科回到上海,正逢上海中共地下组织遭到大破坏。安娥一时失掉与党的联系,于是就整天在各纱厂门口找工作,后来被包打听注意,就没再去了。1929年11月到1932年安娥在上海中共中央特科工作,领导人是陈赓。她在执行一项特殊的任务,但在自传材料里写的却是"在那儿主要工作是看守机关和抄写简报"。至于"看守"的什么"机关","抄写"的什么"简报",安娥从来没有具体说过。她在1956年写的《历史思想自传》里只说:"请问陈赓同志。"1950年春,担任解放军第四兵团司令员的陈赓同志在昆明曾告诉田大畏:我和你妈妈都是"格柏乌"!"格柏乌"是苏联"国家政治保卫局"的缩写词,其前身亦即所谓的"契卡",陈赓当然也是指中共中央特科,田大畏当时摸不着头脑,陈赓也没有谈下去。特科的活动属于中共党的机密,档案至今也没有解密。安娥在其中的活动目前只能知道一个大略。

陈赓不是位最高权最重的人,却是最具传奇色彩、最不被遗忘的人。

1924年5月，陈赓考取黄埔军校，成为第一期学员。陈赓正是从黄埔军校开始自己毕生的革命军人生涯。1926年9月，陈赓秘密离开黄埔军校，到上海中共中央报到。陈独秀派他和顾顺章一起前往苏联学习政治保卫工作。1927年秋，周恩来向党中央提议成立中央特务科，直接归党中央领导。1928年春，25岁的陈赓奉周恩来之命进入特科，任情报科科长，也是顾顺章的副手。

1928年2月，蒋介石在国民党中央组织部内设立党务调查科，即"中统"前身。同年又由陈立夫、张道藩、杨剑虹等人在上海筹建侦探机构。当时已任党务调查科总干事的杨剑虹选定鲍君辅来筹建。

鲍君辅，又名杨登瀛，得到蒋介石手谕，成为"中央驻沪特派员"，独立于军警和侦探机关，直属于陈立夫。

一次杨登瀛到杨剑虹家洽谈清共计划，回去时，碰到当时中共中央特科的成员陈养山(以学日文的名义结识杨登瀛)。杨登瀛将国民党交给他的任务告诉陈养山，表示愿意将所了解的情况提供给他。

陈养山发现杨登瀛对共产党很有好感，但又不愿意放弃做官的机会，于是将杨登瀛的状况汇报给陈赓。

周恩来随即派陈赓与杨登瀛正式见面，等到表明身份后，陈赓切断陈养山与杨登瀛的关系，自己单线和杨登瀛联系。此后，杨登瀛成为陈赓手里的一张王牌。

杨登瀛向陈赓提出一些要求，

鲍君辅(杨登瀛)。

如要汽车、保镖和活动经费,陈赓请示周恩来,尽力满足他,并要求他和上海市党部、市政府、淞沪警备司令部建立关系。上海各种警察机构之间矛盾复杂,杨登瀛却能得到各方信任,他独立的身份使他有权参加陪审。

1929年10月,陈赓为杨登瀛在北四川路大德里(今四川北路1545弄)对面过街楼上成立了一个办事处,挂着"国民党中央调查科驻沪办事处"的牌子,还给他派了个女秘书,这位女秘书就是安娥。

杨登瀛将收集到的情报全部拿到办事处,由安娥选择后,有的保存,有的予以处理,凡对中共有用的,就及时抄送给陈赓。办事处也是杨登瀛和国共两路人马会面的地方,侦探和奸细都会来这里和杨登瀛接头。中央特科会送来一些秘密性不大的文件,供他们"破获",以配合杨登瀛的工作。

1929年年底,徐恩曾被任命为国民党党务调查室主任,徐恩曾把陈立夫交来的上海方面重大案件,全部直接交给杨登瀛办理。徐恩曾并派调查科的高中夏协助杨登瀛工作,于是,上海国民党特务机关进一步被置于中共中央特科的控制之下。

随着杨登瀛地位的升高,陈赓一方面加强对杨登瀛及家人的思想工作,一方面将杨登瀛的任务转向协助处理共产党内部的奸细。国民党特务机关在上海租界破坏中共地下组织的计划、命令,都是通过杨登瀛的关系,由安娥分秒必争地抄送陈赓,使我党许多高层干部,如周恩来、任弼时、关向应等,都化险为夷。

1931年4月顾顺章叛变,于4月25日,供出中共在武汉的各大办事处和联络点,造成十余人被捕。接着,中共特科在上海的格局被彻底破坏,杨登瀛和陈赓被捕。

杨登瀛在监狱中什么也未说,并通过关系,在狱中对陈赓予以照顾。杨登瀛于1937年获释后,与共产党失去联系,被张道藩安排在"反省"院任院长。

鲍君辅(杨登瀛)被称为"奇人",他的故事还有续篇。

1951年1月,南京市公安局开始进行反动党团特务人员的登记,鲍君辅担任过国民党政府感化院和反省院的院长,因此被市公安局逮捕,移送法院。法院准备判以重刑。这时鲍提出他曾为中共地下党组织做过工作,要求陈赓同志作证。南京法院院长给当时担任云南省人民政府主席的陈赓发函,希望证实鲍的政治身份。陈赓当年12月回信说:"鲍确系1927年起即与我党发生关系,1931年以前在工作上曾和我联系,在此期间对党贡献颇大,我被捕时曾在南京宪兵司令部与我同狱,此时表面上还好,以后任伪中央感化院院长,据说表现不好,其他详情不知,仍以注意,管制为好。"陈赓的证词使鲍君辅逃得性命,但仍旧被判管制。此后鲍君辅住在南京,生活无着。1952年11月,时任司法部副部长的陈养山闻讯后,写信给南京市公安局局长,说明"鲍君辅在大革命后对我党的保卫工作有很大的贡献,而且救出了许多我党负责同志"。信中说:"我与陈赓同志商量给鲍作些救济,或想其他办法帮助一下。"

1956年3月,南京军区派人送鲍君辅去北京,会见了陈赓和陈养山等人,在有关单位安排下,也和旧友安娥见了面。

同年4月22日,杨登瀛给安娥写了封信:

式沅同志:

握别瞬已三周,我于4月2日晨安抵宁后,即晚旧疾复发,现仍在时止时发。以至稽延奉书,甚引为歉。

这次在京,蒙赓兄的多方安排,能和各位老友相聚一堂,受惠之处,非笔能宣。回思昔日旧雨都能表现在时代尖端,能无愧然!并承老友们的冲襟容纳,涵盖多方至渥,蒙党和政府的优遇,五内交萦,惭愧忻感,尤其您的相赠,使我家中老少欣感之私莫可言喻。厚谊隆情何以为报？唯有决心黾勉扶植下代，仰副知己之期望耳。倘有在远不遗，尺素时惠，即无任感祷之至。专此略布谢忱并致

敬礼

鲍君辅 4 月 22 日

兹有华东水利学院陈婉瑜同学此次来京参加运动会，过去在我的困难中曾蒙其帮助，恩人也！今托其带上我回宁后的全家近影五张及"女党员"一册，如假时请向帅大姐致意为盼。尚有一本《一切献给党》没找到。遵嘱写我回忆往事，准备陆续奉上，如能作参考，希善置之。又及

信中提到的"'女党员'一册"，不知指的是一本书，还是一册影集？请杨登瀛写回忆录，估计不是安娥个人的意思，也许是陈赓等人的意思。因为杨登瀛所经历的事情，对研究中国共产党党史是相当重要的。不知后来是否写了。

目前留存下来的另外一封信是写于 1956 年 12 月 27 日，信是这样写的：

春末晤别，不觉岁末，缅怀知交。日前袁静女士自京来宁，盘桓数日，曾烦代达一切并申下悃，谅荷鉴。即刻舍下尚称粗适，惟内子旧有腰疾，近忽复发，卧床未起。入冬以来，御寒衣物深荷政府照顾，然以久艰困，虽稍有添补，难期周全。忆昔蒙允以旧衣相助，不计大小冬夏之件，如能割爱者，不悉能否见急解衣推食之赐，不得不期于知交之前矣。不情之请尚恳见谅并颂新年快乐。

后面又加了一句："如有日文书籍或杂志等见寄一二为荷。"

但此时安娥已经中风瘫痪，无法给他回信了。鲍君辅的二女雪波1963年写信给安娥，希望得到她的帮助。信中说："您和田汉先生都是全国闻名的艺术界权威，您也许能够帮助我到大学里去深造，您跟校长说说看好吗？假如我能进入大学，我绝不辜负您的希望和帮助。"不要说在当时的政治气候下像她这种家庭出身的青年很难实现上大学的愿望，就是她寄希望的"全国闻名的艺术界权威"此时也已经处境险恶，自身难保了。

鲍君辅全家照。本人在照片背面注明：女儿、小妹美云、美萍、外孙女儿非非 摄于屋前 1956.4.10 号。

鲍君辅在1966年"文化大革命"爆发后的遭遇，他的三女鲍美云2008年6月6日写给田大畏的信中作了描述：

"文化大革命"期间，父亲是被"抓叛徒战斗队"带往北京隔离审查的，从此父亲便失去自由。由于父亲坚持实事求是，不说假话而被"四人帮"及其爪牙斗得死去活来，人瘦得皮包骨，头发胡须都很长，双腿已无法走路，最后被他们折磨而死，死后说他顽固不化，带着花岗石的脑袋去见上帝了（他们曾派人把我母亲带往北京去做父亲的思想工作。这些都是母亲去北京后所亲眼目睹）。

关于安娥阿姨与父亲在二三十年代合作的事情，因为父亲从不在我们子女面前提及，所以我们也无法提供这方面的内容。但父亲保留过一张您父母站在刘胡兰石膏像前的合影，上面有安娥阿姨的题字："把这张站在党的好女儿刘胡兰前的相片送给君辅先生"，落款：田汉安娥。可惜这张珍贵的相片在"文化大革命"中，连同陈赓给父亲的信，一起被造反派抄走。

已经被红卫兵斗得死去活来，奄奄一息的鲍君辅在临危之前再三对自己的子女说道："我不是特务，也不是什么内奸，周恩来是知道我的……"说罢便咽了气，离开了这个令他万分尴尬和痛苦的人间，离开了由于他早年经历的牵累而遭受重大不幸的家人。

鲍君辅生于 1893 年，于 1969 年 12 月 9 日在北京去世，享年 76 岁。关于他的故事，到此似乎可以结束了，但尚有一缕余音。2008 年 5 月 1 日，鲍君辅在台湾的外孙（大女鲍琼音之子，不具名）在网上给南京的亲友发了一封长信，称外公反对蒋介石政权，对祖国有巨大贡献，应得到应有的待遇，不能仅以"平反"二字了事。又说"陈赓大将是外公的生死莫逆之交"，"周恩来总理是在我们最困难的时期帮助过我们的人，不要忘记他们"。

由于安娥对她在特科的工作一生守口如瓶，她在这方面的具体活动，只能通过一些侧面描写知道一鳞

安娥摄于 1930 年代的上海。

半爪。

诗人、学者、政治活动家王礼锡(1901—1939)发表的"战时日记"1932 年 3 月 1 日的一节,标题为《田汉与张瑛》,描写张瑛(安娥)1929 年出现于上海后给他的印象:

> 她住在北四川路永安坊的一个小亭子间里,生活似乎很苦,又似乎不差。平时穿的蓝布大褂,有一晚在施高塔路附近遇见她,一件很华贵的紫罗兰色的露臂西服,给她打扮得更甚于平时的漂亮,几乎使我不认识了。
>
> 许多人都觉得她是一个不可测的怪人。
>
> 我初见她时,好奇心就使我追索她的来踪去迹。
>
> 后来遇着留俄的,我就探问关于这女性的消息,终探不出她的究竟。不但来历探不出,她和寿昌的关系探不出,就连她的职业姓氏也探不出。
>
> 她曾经在新华艺专教过社会意识学,后来据她自己说在一个很奇怪的人家有点小职务。什么职务呢?她不说。就寿昌也似乎不甚清楚。
>
> 许多人因为她的踪迹不明,怀疑她是参加了某组织的秘密工作,而某组织中人又正在怀着同样的惊疑去探问她。
>
> "据说她姓李,是北平的一个大族。"(郑)伯奇说。
>
> 这使我更增加许多幻想,是富室的逃妾吗?是不满意于家庭婚姻而逃出来的故家旧族的小姐吗?这真是迷阵。

在潘汉年领导下从事秘密工作的唐瑜的回忆录《哀思和纪念》,记载了他与安娥的一次接头:

> 这一年(1930 年),我参加了纪念"五卅"示威游行被捕,蹲

了六个多月的监狱。我和你(潘汉年)没有直接联系,你不到我住的地方,但你总能和我在街上碰见。柔石被捕的那一天,我和他住在同一个弄堂内,张瑛(安娥)在弄堂口交给我一包东西。你知道了,叫我立刻搬家……

安娥也去过"左联"的秘密接头地点:

> "左联"在上海南京路先施公司后面的小街里,租了一座两层小楼做秘密接头处。常到接头处的常委是钱杏邨、冯乃超、郑伯奇三人,洪灵菲有时也来。另有个女同志来过接头处一次。解放后我曾问钱杏邨同志此人是谁,他也记不很清楚,但说可能是苏菲亚(Sofia),怕就是安娥吧。仿佛他还说过:她是刚从苏联回来的。(马宁:《回忆"左联"五记》)

安娥摄于1930年代的上海。

陈知涯将军(陈赓之子)在一次纪念安娥的座谈会上说:特科的档案一旦解密,很多情况就会明朗了。也许那时我们会更多地知道一些安娥在特科的工作情况。我们等着这一天。

安娥1933年初从河北保定回到上海,仍旧做"保卫工作"。因单线领导人姚蓬子1932年12月被捕叛变,安娥失掉了和党的组织关系,虽经努力,未能接上,从此结束了在中共特科的工作,完全转入文艺领域。

就是在这一年，1933 年，安娥以战斗的姿态进入了左翼文坛。除了撰写歌词外，还连续在上海发表了小说《打胎》(《文学》杂志 1卷 6 号）、小说《围》(《现代》杂志 5 卷 5 期)，剧本《兵差》(《文艺》杂志 1 卷 2 期)。在《打胎》中，地狱般的产房正如医院外的牢狱般的世界，一个住院的坚毅乐观的女革命者成为了受难的姐妹们心中璀璨的启明星。小说《围》使读者如临其境地看到军阀混战中北方城市不同阶层人物的遭遇；而剧本《兵差》则反映横征暴敛给农民带来的苦难和激起的反抗。这里不仅有对黑暗的揭露，对受难者的同情，也有对抗争的呼唤与歌颂，这将成为今后安娥各体裁作品的共同特色。

5. 与田汉相识于南国社

当南国社发起新戏剧运动时，田汉在上海文艺界已经很知名，是一个与各派都有关系、各派也都要争取的人物。中共地下党为了争取田汉，1929年冬，派安娥与他联系，争取他"左转"。安娥与田汉联系上了，而且一联就是一辈子，这是他们俩始料未及的。

青年时期的田汉。

那天南国社成员左明带着安娥去见田汉，安娥与田汉可以说是一见钟情，互相仰慕对方的才情，互相欣赏对方的性格。田汉接触过无数的女子，而且又是一个性格极强的人，可是被安娥所降服，可见安娥的魅力是如何惊人！虽然蒋光慈、阿英、阳翰笙等左翼作家也对田汉产生过一定的政治影响，但是安娥这位神秘的"红色女郎"，无论在思想上、艺术上，还是情感上，都深深地吸引着田汉。这段时间,哪里有田汉,哪里必定有安娥的身影:一个风流倜傥、激情洋溢,一个娴静沉着、襟怀坦白。特别是1930年6月,南国社被查封,田汉被迫转入地下,不能公开露面,作为他的联系人,安娥与田汉的接触更多,两人的感情也迅速升温,进入炽热阶段。1931年的梅雨期,田汉幽居在上海近郊,写作反映工人斗争的剧本《梅雨》,搞过工人运动的安娥就在他身边。他把安娥作为领导工人斗争的知识女性的形象,写进了他的剧本。

奇怪的是,田汉对于朋友的询问,总是有点故意隐瞒着什么,不大像他平时说话爽直热情的风格。3月13日,旧历二月廿日,是田汉的生日,王礼锡来做客,看到屋里有位陌生的女士,心中有点好奇,大约王礼锡的眼中充满了问号,田汉介绍道:"这是王先生,这是……张小姐吧!"当时安娥以张瑛的名字与田汉联系,所以田汉说她是张小姐。田汉说这句话时,迟疑了许久,才这样介绍。王礼锡很注意好朋友的这一迟疑。

次日,王礼锡又到田汉家去,见安娥没在,便问:"张小姐是怎样一个人?"田汉笑笑,答复道:"她到俄国留过学,就算姓张吧。"接着,对安娥大为赞赏,认为自己的思想转变与张小姐有关。

田汉为什么这样,其中必有隐情。

田汉的第一位妻子是他的表妹易漱瑜,其父亲易梅园是田汉的舅舅,不仅是他经济上的资助者,而且是他思想上的引路人。这使田汉与易漱瑜的婚恋非同寻常,是田汉一生中感到最幸福、最满意的一次。因此,1925年1月易漱瑜因病去世后,他陷入无比的痛苦之中。

1927年2月19日,田汉与易漱瑜亲如姐妹的黄大琳结婚,这是易漱瑜临终前嘱咐田汉的,要他娶黄大琳,以代她尽为妻为母——照顾两岁儿子之责。所以与其说是出于彼此的爱情,不如说是对亡妻的纪念,1929年11月,两人平静而理智地分了手。

此时，田汉遇到了另外一个女子——林维中，一个缠绕了他一辈子的女子。因为这位女子与安娥今后的际遇有着相当密切的关系，所以，笔者在此得比较详细地说说她。

林维中生于 1900 年，苏州人，又名林素雯。她在上海犹太人哈同办的仓圣明智大学附属女校读书时，被哈同的妻子罗迦陵看中。这位太太是福建人，1913 年过 50 岁生日时，特地从家乡请来一个木偶戏班为自己祝寿，成为福建第一个来沪演出的剧团。

罗迦陵非常看中林维中，要她嫁给自己的儿子，还派了三十多人的礼队上门求亲，送上厚厚的聘礼。其实罗迦陵没有生育过子女，可是领养了许多中外孩子，论国籍的话，哈同花园简直可以说是个联合国了。

在一般人的眼里，一个出身平凡的姑娘，能攀上这样一门亲事，是求之不得的喜事，可是林维中不这样想，她要嫁就要嫁一个自己爱的，对方也爱自己的男子，决不会嫁一个素不相识的公子哥儿。于是她连夜出走，逃到南洋，先在新加坡教书，后到印尼爪哇。1925 年，她在《醒狮》周刊附办的《南国特刊》中读到田汉的散文《从悲哀的国里来》，文中田汉深深地怀念易漱瑜，无限留恋着爱妻。林维中看着看着情不自禁地流下了眼泪，她被他的真情和文才感动，暗自思忖："这不正是我要选择追求的爱人吗？"

林维中想着想着，立即拿出纸和笔，给素不相识的男子抛出绣球。此时的田汉正想轰轰烈烈地搞一番事业，可是家中上有老，下有小，他无法放开手脚去干，正需要一位贤内助来帮他。

田汉读着她的信，说她愿意帮助他"做一番事业"，使他"无后顾之忧"，信中所说的不就是田汉心中所想的吗？这是缘分，还是天意？田汉被她的坦率和真诚打动。心想："这一定是位事业心很强的女性。"自此，书信来往不断，感情也随之升温不止。

1928 年初，田汉领导他培养的一批艺术骨干，创办了南国艺术学院。4月田汉率南国艺术学院师生到杭州旅游,被邀在杭州演出,获得成功。可是到了7月,学院因受"黄日葵案"所累,又因学生张恩袭(张曙)被捕,财力两疲,遂告结束。

就在此时,恰巧林维中回国度假。两位素未谋面的恋人,拿着各自的照片,在码头上寻找对方,当发现梦想中的情人,两人的兴奋是无法用语言来形容的。当林维中得知田汉的困难后,二话没说,立即将自己多年的积蓄五百多元全部交给田汉。这一行动使田汉深为感动,说等到南国社经济好转些,一定还给她。

1928年8月,南国艺术学院改为讲习所;9月以后,又改为自学性质的研究室。有了林维中这笔钱后,南国社便致力于艺术实践。

暑假过后,林维中继续到南洋教书,与田汉约定,等林维中结束南洋的学期后,回国与心上人进入婚礼的殿堂。从此,两人的通信来往更加频繁。田汉在信中经常鼓励她要多多学习,提高文学修养;林维中对此非常感激,在信中说:"我想我不是朽木,将来总有可雕的一天。"当时他俩的爱情是多么高尚、多么纯洁、多么美好啊!

是人嘛,总会发生一些矛盾。田汉的五弟田沅到新加坡去工作,田汉托林维中照顾,不知两人之间发生了什么冲突,使得林维中大发脾气,给田汉的信中口出恶言:"你们兄弟真是天下一般黑,我于今只要你把我借给你的钱全部还给我,一丝一毫也不多要。"

田汉看到这封信时,简直不敢相信自己的眼睛,这是她写的吗?一个为了他们共同的事业而不惜献出自己所有的女子吗?要知道,田汉不仅是孝子,对兄弟也是手足情深的,他怎么能容忍她说出这样的话呢?田汉非常生气,觉得她在爱情中渗入了金钱,使其变得庸俗化,林维中完美的形象在田汉的脑海里开始动摇,似乎看到了她另外不光明的一面。

但是作为一个男人，他必须言而有信，不能随便抛弃一个曾经在他生活中遭遇最低谷时向他伸出援助之手的女子，而且他与她有婚约在前；可是目前站在他面前的是一位"红色女郎"、"光明使者"，是他心中的"神秘姑娘"，领着他走向灿烂的明天……

田汉天天晚上失眠，一闭上眼，就有两位姑娘的身影出现在眼前，既怀念旧的，又憧憬着新的，想捉住这一个，又舍不得丢那一个，田汉处在极其矛盾的怪圈里，实在决定不了怎么办。他去问母亲，母亲当然是站在林维中一边的；想去问问安娥吧，开不了口。

其实，聪明的安娥早就觉察到田汉的心理活动了。从内心讲，她多么渴望与富有正义感、才华横溢又感情丰富的男子生活在一起，可是想到自己是一个中共党员，从事秘密工作，随时会遇到危险，不能建立小家庭，不能给别人造成不测，同时她完全理解田汉的两难处境和他的性格，因此决定脱身走开。这也是安娥的性格。

安娥回想自己与田汉认识以来的片片断断，一切都历历在目，怎么能忘得了呢？可是……

1930年安娥写了第一篇小说《莫斯科》，描写一群左翼青年赴莫斯科学习的历程，用了"苏尼亚"的笔名，交给田汉。田汉看后，大为赞叹，马上签发，在1930年5、6月20日出版的《南国》月刊2卷2、3期上连载，但只刊出前三章。

2009年2月18日，安娥与田汉的儿子田大畏给笔者来了封信，写道："《南国月刊》1930年7月出版的第2卷第4期，应载有苏尼亚（安娥）小说《莫斯科》（第三次连载），北京只有第2、3期，未见第4期。"我立即请朋友到上海戏剧学院去查阅，结果在第4期上并没有安娥的小说，都是介绍苏联的文章。刊物出至4期后被禁，使读者无缘看到小说的全貌。

这是一部纪实性作品，小说女主人公斐斐的原型就是作者本人，周围的一切都是通过她的眼睛和心灵表现出来，在已发表的三章里,作者细致地刻画了这个正"离开军阀混战之国到红色的太阳照耀之国"的年轻女子多感的内心世界。写她告别上海的时候,忍住泪水,她想:"假使她在这时候哭了,那是一件很不光荣的事。因为一个在荆棘道上的革命运动者,离别是再平常没有的事了。但是泪已经溢出睫毛圈里,只差一点就要落下来了。"作为共产党员的斐斐憧憬着革命的未来:"祝北伐军的势力赶快到上海,那时候革命的性质将快要转到一个新的阶段。使将要建设的早建设一天,将要崩溃的早崩溃一天……"她写信给亲密的战友:"别了,朋友! 在革命的前线上总有相见的一天。"作为离家的女儿,斐斐"靠着圆窗望着江上,忽然想起了许多事:家庭、母亲、妹妹、小侄子们、同志、等等都很迅速而模糊地在她脑子里旋转。一阵阵的寒潮涌上心房。独靠着圆窗,呆望黄昏的江上——啊! 游子要离开故国,女儿要远别爷娘"(《莫斯科》)。

这是安娥的处女作,但已显示出不寻常的艺术底蕴和才华。像斐斐这样的与"旧世界"彻底决裂、热情投入创造"新世界"的革命

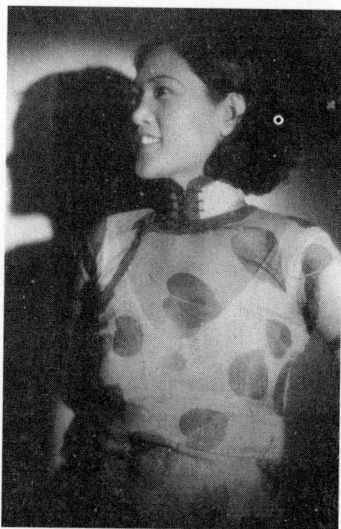

安娥摄于 1930 年代初。

知识青年形象,在当时的中国文艺中还是少见的。田汉敏锐地看出了作品的社会意义,称赞它为"独特的,无与伦比的",田汉无愧是安娥艺术创作的最早的知音。

田汉在刊物的《编辑后记》中,对《莫斯科》作了特别的介绍和评价。他说:"在本期小说中,我要特别介绍的是《莫斯科》。这长篇是写一个留俄学生的忠实的生活记录。全文长十余万言。我们由此可以看出这个大时代的发展。可以看出一个

有为的女性怎样克服她的小资产阶级性,把握坚定的新意识。可以看出工农祖国伟大的运动,可以看出留俄中国同志中的工人和知识分子的斗争。这样的作品现在很 unique 的(独特的,无与伦比的)。"他在第 2 卷第 3 期(1930 年 6 月 20 日出版)的连载后记中又说:"苏尼亚女士交来的浩瀚的原稿现在登到第三章了。她在这一章写在海参崴遇见的三个富有小资产阶级气质的女同伴。在下期写西伯利亚道中,与莫斯科的第一印象。在一个充满着革命热情的女性眼中所得的印象,自然是与别的人们不同的。这用不着我来细细介绍。"

《南国》被禁,"浩瀚的原稿"不知下落,幸有田汉的《后记》介绍了下面的大要,但未作"细细介绍",实属可惜。顺便说一句,安娥的几种非常有价值的作品,如《五月榴花照眼明》《武训传》,都未能完整保存下来,也许是命运所致吧。

田汉与安娥的精神交汇,还表现在对苏俄电影艺术的共同观点上。他们都是苏联电影最早的积极评介者。

安娥在上海的《电影》杂志第一、二期上发表了两篇介绍苏俄电影的文章,即《叔父安唐》和《第四十一号》。但由于该杂志方向转变,安娥的这类文章未能继续刊载。此时,1930 年 7 月,田汉的《南国》月刊在连载了安娥的《莫斯科》之后,出版了一期"苏俄电影专号"。以苏俄电影为范例,旗帜鲜明地提出:电影是"组织群众、教育群众的最良工具"。田汉在专号发表的长文《苏联电影艺术发展的教训与我国电影运动的前途》中,阐述了电影艺术的"阶级性"的观点,有专门一节介绍苏尼亚即安娥评介苏俄电影的文章,笔端流露了对安娥其人其文的欣赏和殷切期望。田汉说:"但地大物博的中国的留学生中毕竟也有写'苏联电影介绍'的活泼的小品文的苏尼亚女士。……可惜因为《电影》反动(注:指该杂志'急速地转换方向'),她的文章也停止了。我们希望她不要管那些,依然继续这有

益的工作。她的强韧的记忆力、明晰
的意识和生动的笔致是使她适宜于
这工作的。"

1930 年代初照片。

这时田汉与安娥还相识不久，"乐
莫乐兮新相知"，用这句话形容他们此
时的欢乐心情，是最贴切不过了。

1931 年 1 月，安娥参加了左翼戏
剧家联盟领导下的大道剧社，其社员
有刘保罗、赵铭彝、辛汉文、侯鲁史、
舒怡、周伯勋、郑君里、周起应（周
扬）、司徒慧敏、胡萍、李尚贤、侯枫、
姜敬舆、朱光、严僧等。他们争取公开演出，培养戏剧人才，扩大左
翼戏剧的影响。

大道剧社在成立之际，与持志大学的持志剧社作了一次联合
公演，剧目是《梁上君子》。安娥当时名为丁娜，扮演律师太太，律师
由周伯勋扮演，刘保罗演小偷，导演是侯鲁史。那时，生活非常艰
苦，有时每天只能吃两个烧饼，可大家的工作热情极高。

以后又排过《街头人》《洪水》和《生之意志》等，同年 2 月底到 3
月底，与大夏剧社举行三次联合公演，地点在沪西大夏大学礼堂。
剧目就是安娥改编的三幕（据葛一虹记忆为四幕）话剧《马特迦》。
侯鲁史任导演，姜敬舆负责前台工作，辛汉文和赵铭彝担任后台工
作。演员有刘保罗、郑君里、李尚贤、谢兆华、周伯勋、周起应（周
扬）、胡萍等。

此剧是安娥在田汉的催促下，根据苏联作家拉甫列涅夫（现译
为鲍里斯·拉夫列尼约夫）的小说《第四十一》改编的。小说写于
1926 年，1928 年由正在列宁格勒大学任教的曹靖华翻译出版，曹
靖华同时将译作寄回国内未名社。1929 年 3 月 22 日鲁迅在致李霁

野的信中说:"《未名丛刊》中要印的两种短篇,我认为很好的,——其中的《第四十一》,我在日译本上见过。"一个月后,他致李霁野的信中又写道:"《第四十一》早出最好。"

小说写红军女战士马柳特迦在押送白军中尉的过程中,对中尉产生了爱情,可是当中尉看到自己人的船开来,妄图逃跑时,马柳特迦的心中对阶级敌人的恨油然升起,她将枪口对准了中尉,"乒"的一声,中尉应声倒下,这是马柳特迦杀死的第四十一个敌人。安娥在写的时候,删去一些次要的情节,使剧本显得更加精炼、浓缩,让观众能比较快地进入剧情。

戏里有几处喊"苏维埃万岁"和"红军万岁"的口号,演员们喊得特别起劲,每演到这儿,观众的鼓掌声就会十分热烈,情绪极为高涨。谁知,戏快结束时,剧场门口来了国民党警察,剧社的人立刻紧张起来,马上做好撤退的准备,可是警察最后也没动手。原来剧场处在租界越界筑路地区,实际是由租界管辖,他们不敢干涉,看了看退走了。安娥和大家都非常高兴,认为是一次胜利的演出。

同年10月16日、17日两天共演三场,第一场在东吴大学礼堂,第二、三场在大光明电影院,安娥也参加了演出。

演出效果很好,莫斯科出版的《世界革命文学》杂志,还报道了该剧的演出情况,并给予很高的评价。

演出的异常成功,也使安娥与田汉的心灵再次交融和撞击。

安娥在1956年6月填写的《干部登记表》上,在"爱人情况"一栏里这样写道:"爱人名田汉,1929年结婚。"1930年秋,南国社被查封时,安娥与田汉已同居,隐蔽在江湾一带。吴似鸿后来回忆说,安娥来南国社,是"要动员田汉入党"。吴似鸿说得一点也不错,在安娥的影响下,1932年3月田汉加入了中国共产党。他和丁玲、叶以群、刘风斯等,在上海南京路大三元酒家一间雅座里举行入党仪式。主持仪式的是文委负责人潘梓年,瞿秋白代表中央宣传部出席。

当安娥怀着田汉的孩子时，优柔寡断的田汉与林维中正式结婚，由阳翰笙当证婚人。令人匪夷所思的是，田汉甚至要求安娥替他和林维中去寻找婚房，而且安娥还真的为他们安排了新房。这是一个胸襟开阔，具有独立、坚强性格的女子才能做出的事。关于在时代和传统的重压下妇女应具有的顽强性格，安娥在1948年的《我想白薇》一文中作了淋漓尽致的发挥。她为备受指责的白薇进行辩护。她大声疾呼："妇女们却有不少人对着白薇这面坚强的镜子发现了自己的妥协与懦弱，但我们有谁又能因此而嫉妒她恨她呢？或者觉得她是我们不光荣的'活现眼'呢？不！她不但是我们妇女也是'人性'的骄傲呀！"安娥就是这样刚强大气地应对生活中的事变。

1931年8月安娥生下田大畏后，繁忙的政治和文艺活动使她无暇照顾小孩。在大道剧社演出《马特迦》后，苏州东吴大学学生会特别派人到上海，通过《文艺新闻》邀请上海戏剧团体去苏州公演。安娥得到消息后，情急之下，只得把大畏寄养在朋友郑君里家中。

就在剧社准备到苏州去演出的同时，田汉以惊人的速度直接在蜡纸上写了剧本《姊姊》，剧本是特别献给安娥的，田汉写的时候，心想：假使安娥演姊姊，保罗演其弟弟，此剧一定能成功。可惜的是当剧本完成时，剧社已经返沪。安娥从苏州归来，默默无语地推着油墨滚子帮他把剧本油印出来。

没过多久，面对感情的纠葛和工作的紧张，安娥无奈将三个多月的儿子带回河北老家，交给母亲抚养，这实在是无奈之举啊！

1931年秋，田汉怀着脉脉的悲凉，写下一段诗句："我是时常皱着眉头，/我火山似的热情，/找不着喷火口，/你也是皱着眉头，/你把那一切的一切当做一杯毒酒，/你不愿再喝了，/你抽身就走。"

安娥将那段情当做毒酒，不愿也不敢再喝，她撤退了，回到母亲身边，她太需要亲人的安慰和爱抚了。

安娥从上海到达河北保定，终于看到熟悉的家门。近乡情更怯。"听到了家人的脚步声响，谁晓得那是恐惧，或者是彷徨？像是偷了糖果的婴儿似的，准备着向慈母说谎。"(《家门之前》)见到亲爱的母亲，便一头扑进妈妈的怀里，放声大哭起来，她积了多少日夜的委屈和忧愁，一下子爆发出来。母亲慈祥地抚摸着她的头发，轻声地说："哭吧，哭吧！这是你的家，尽情地哭吧！"

安娥自从1925年参加中国共产党后，即与家庭脱离关系，阔别6年后，母亲仍然张开双臂，欢迎女儿回来。"我真觉得有羞涩呢，他们倒像是捉住了凤凰。一起伸出颤栗的双手，一把死拖住这黑心的姑娘。"(《家门之前》)母亲永远不会记恨儿女的，不管孩子是有理还是无理，伟大的母爱啊！女儿也永远想着母亲："望着黑色的山峰，玫瑰花开得鲜红；想起那抚养我的母亲，不知道怎样报答她的恩情。……"(《想起母亲》)

安娥本打算安顿好孩子马上返回沪，可是没想到母亲坚决不同意，如果安娥执意要回上海，就不收留这个小外孙。母亲十分害怕女儿被捕或被杀头，就像她几年前硬将女儿从学校拉回来一样的道理。

早先，安娥常常恨母亲，"恨她自寻烦恼！恨她不会享福！"等到她自己生完孩子后，才明白"女人们仍旧流着同样的眼泪！仍旧忍着同样的痛苦！"(《母亲的宣布》)

晚上，安娥静下心来仔细想想，既然性格倔强的母亲态度如此坚决，她也无法可想，只得暂时在家里住上一阵，到时看情况再说。

滞留在母亲家的安娥真可谓是身心两地，作为一个接受新思想、追求自由独立的知识女性，她想早日投身革命实践，甚至两次狠下心来把孩子送到育婴堂去，但作为母亲，她怎么能忍心抛下亲生骨肉呢？赶紧把孩子抱了回来。

安娥利用难得的空闲时间，潜心研究《诗经》等古典文学，打算回沪后用歌曲唤醒群众的抗日热情,除此之外,还进行文艺创作。她常常给上海的文艺界朋友,如金焰、聂耳等人写信,关注形势变化。

安娥困居保定家中的时候,保定发生了一件大事——"保定二师惨案"。九一八事变后,位于保定城郊的河北省立第二师范学校(简称"保定二师")抗日救亡运动迅速开展,共产党共青团力量迅速壮大,引起当局震怒。1932年4月,省教育厅查封了保定二师,宣布提前放假,50多名学生被开除,30多名被勒令退学,引发了二师的护校斗争。根据中共河北省委和保属特委指示,50多名留校学生成立了护校委员会。7月6日凌晨,武装军警冲进校园,用机枪、步枪向学生疯狂射击,学生们用棍棒、大刀同军警展开殊死搏斗。13名学生壮烈牺牲,38名学生被捕入狱。酿成震惊华北的"七六"惨案。

安娥的心和笔从来为勇敢的学生们跳动,呐喊,哭泣!她从学运走上革命道路,六年前1926年的三一八惨案,倒在血泊中的同学,使她毅然从家庭出走;她以长诗《潮》和《古城的怒吼》歌颂1935年的"一二·九";1946年安娥目睹了昆明的一二·一惨案,目睹了倒在血泊中的潘琰,安娥悲愤,她呐喊:"潘琰——我们仰望着的姊妹!你的血,事实上是:争民主反内战的旗帜!……二十年前,哭过同学姚宗贤,鬼也想不到,二十年后又落同样的泪!潘琰,战斗又开始了呀!"(《罪恶的手榴弹》)。今天目睹了发生在家乡保定的惨案,如何能沉默?十三位同学的惨死引起她椎心刺骨的悲痛。她对事件过程和人物做了仔细的调查,以文艺形式写成长篇报道《早四点的枪声》,披露事件的真相,以浓重的笔触描绘了一张张狰狞的面孔,一幅幅血染的图画,也冷静地写出了青年勇士们孤军奋战的教训。但在"剿共"时期,这样的文字是不能发表的。直到1937年才在3—4月的上海《华美晚报》上连载。

孩子还是事业？她的诗《母亲的宣布》宣泄了她的矛盾和苦闷：

我为你，

刻满了心上的伤痕！

我为你，

积满了胸中的郁闷！

我为你，

在笼里度着岁月！

我为你，

泪，湿透了衣襟！

我又不能抛弃我的事业，

我又不能抛弃你不问！

我爱？

不能爱！

我恨？

不能恨！

我整年整月的，

只有：

忍！

忍！

忍！

……

假如说：

男人们是被压迫的奴隶，

我们更是，

奴隶压迫下的牛马！

......

在那个以男人为中心的世界里,女人和男人处于不同的地位,即使像安娥这样的新女性,也同样如此。她凝视着大畏的面容,心里思念着孩子的父亲,不知道他现在在干什么?是与他那个太太在一起,还是与朋友在一起?是在创作,还是与她一样,在思念着她?……直想得她心发痛。

再说田汉与林维中结婚后,林维中于1931年11月生了个女孩,即田野(玛莉),比田大畏小三个月。林维中生产时,田汉在外面忙着,没有陪在太太的身边,使林维中非常生气,给他们的婚姻也留下了阴影。

安娥在保定住了一年多,转眼已到1932年的年底,安娥决定要返沪,母亲在女儿的耐心说服下,终于同意安娥走。她告别了老母和幼子,再一次离开故土。

回上海遇到田汉时,安娥冷静地说,他们的孩子已经死了,田汉听了,相当伤心,安娥看着田汉的脸,有点于心不忍,正想改口,可是想到田汉在感情上的优柔寡断,又把话吞了下去,她暗自思忖着:我要断绝他对孩子的挂念;

1936年12月,安娥从上海来保定看望老母和五岁的儿子。

我要终止两人间的关系。请原谅我，我只能这样说。

然而孩子却无时不挂在她自己的心上。多么想见到孩子、母亲和亲人们，安娥感到自己是永远的游子，只有母亲身边才是自己的家。

1936年冬，安娥登上平沪路的列车，前往风雨飘摇中的北方的家乡。车窗外见到：

> 一家家的老幼男女，
> 一堆堆的破烂衣衫；
> 举落着锄头和铁铲，
> 顾得了高粱麦又残！
> 这一锄头举起来为着还债，
> 那一镰刀割下去为着纳捐！
> ……
> 车上一餐饭，
> 车下活半年；
> 车上和车下，
> 苦乐隔青天！
> （《平沪路上》）

到了北平，安娥看到一座冷寂了的城市。安娥去年还曾讴歌"一二·九"的浪潮："旗帜展开像北岭的雪，队伍列开像长城的墙"（长诗《潮》）。今天潮水已经退去，北平"在帝国主义的刀枪下，已被宰割得遍体鳞伤"（《前门》）。安娥走在天安门前不禁呼喊："我这久别的红砖墙！我这久别的白玉廊！我为什么，听不见你那悲壮激烈的呐喊？望不见你战旗的飞舞？"（《天安门》）但这个北国的女儿对她青年时期的战场仍抱着信心："为什么北平这样冰冷？只因为火势还没有顺风！只需豆大的一点引药,北平立刻就会火烈烟浓。"
(《长安街》)

从千里之外回家省亲的安娥,念念不忘的仍是大众的命运,民族的兴亡。她在保定母亲的家里只做了短暂的停留, 便又回到上海。和孩子、母亲的团聚只留下一张模糊的照片,她的儿子长大后凭这张照片才知道小时候见到过妈妈。

6. 谁之过?

安娥与田汉的生活之路很不好走,有欢乐和幸福,也"刻满了伤痕,聚满了郁闷",在自己和他人的心上。

谁之过?

笔者写出这个题目,并不是为了给出答案,也许根本就没有答案。笔者只是试图根据能够见到的材料,展示出安娥所选择的这条布满荆棘的道路。既然自己选择了这条路,就必须忍受荆棘的刺痛,无需抱怨。

尽管 1931 年起安娥与田汉就有一个孩子,尽管安娥与田汉曾几度同居,尽管他们的爱人关系逐渐被亲友和社会认可,尽管 1946 年田汉与林维中脱离夫妻关系后,安娥与田汉终于可以名正言顺地生活在一起,但是他们一直没有两人的家,1954 年他们搬进分配给他们的宿舍之前,他们从没有过一间可以称为"家"的房

与田汉相识时的安娥。

林维中。

子,也没有过一天平常人的家庭生活。

田汉则于 1931 年至 1946 年有一个与妻子林维中及儿女的家,有作为家的房子。这个家于 1942 年不完整了,于 1946 年完全破碎了。

因为安娥走进了田汉的家庭生活。

由此而产生的后果困扰了他们一生。这种状况给当事人带来烦恼、痛苦,亲属们有的无可奈何,有的愤愤然,朋友们也感到难办。这件事在他们生前和身后成为人们的热门话题。但随着时间的推移,人们逐渐接受了这个现实,他们的下一代充分理解上一代的苦衷,保持着深厚的骨肉情谊。而那次巨大的社会灾难的来临,淡化和压倒了这些恩恩怨怨。

1940 年秋天,安娥从湖北前线到陕南城固,接了逃难中的儿子到达重庆,住在张家花园 65 号中华文艺界抗敌协会的宿舍。在这座小楼里住着史东山、宋之的、徐迟、梅林等熟人,而田汉住在天官府文化工作委员会旁边自己的家里,和夫人、儿女在一起。楼上是老友阳翰笙一家。田汉和安娥忙于各自的工作和写作,只是偶尔见面。

田汉说:林维中几次在公开场合"大闹",这时"我个人就开始最痛苦的生活。我长久苦闷于感情的纠缠之中,难于断然取舍"。

1941 年在重庆,田汉的好友黄芝岗对安娥说:你们(安娥和林维中)无非在争田太太的地位。安娥回答:不,我不争这个地位!

安娥要得到什么?是她在 1942 年写的那首《来吧!一起去!》里的爱:

它,不勉强,不虚假;

非不得已,非有心,非图报;

坦白,无私。

淡得像水,热得像火,

光明得像太阳,

不使你迷,不使你醉,

只使你清醒,

像云,像雾,像水,

滴滴沁人心肺!

……

宇宙间有一种爱,

人类中有一种爱,

超出于家人父子的,

超出于朋友夫妻的,

一种志同道合者的爱,

便是用锯子锯,

用斧子砍,

不能从心里挖下来!

安娥与田汉的关系之所以"锯"不开、"砍"不断,就因为他们是"志同道合者",互相欣赏与理解。虽然也有意见分歧,特别是在家庭观念上,但田汉的热情、诚挚、横溢的才华、共同的政治和艺术观点、共同的处世态度和生活情趣,使安娥永远把田汉当做可以信赖的知己,对他抱有"超出于朋友夫妻"的爱;田汉也说"她(安娥)的才情,世所共见",1939年6月从桂林写给安娥的信,用了"敬爱"两字:"所以深深敬爱吾妹者,以妹女中豪杰能卓然自立不同流俗也。"

皇南事变发生后,按照中共南方局的部署,1941年3月田汉离开重庆,乘船东下,去湖北、湖南。安娥仍在重庆。

20世纪40年代的重庆,真是居大不易。安娥只得到一个"文工会"(政治部第三厅解散后成立的"文化工作委员会")雇员的名义,每月可以拿到几斗米;写作的稿费更是微不足道,而且几个较长的作品都未能发表。屋漏偏逢连夜雨,一个夜间还受到小偷的光顾。她这几年,从湖北前线回来以后,除了参加文艺界活动和一些社会活动外,便是埋头写作:二十三节的长诗《"第四十一"的故事》,八万字的报告文学《五月榴花照眼明》和话剧《警报》《小寨主》(后三部作品当时都未能发表),花费精力最大耗时最长的文学性张氏家族史《石家庄》(从清末写到民国初年,未能完成);此外还有儿童剧《牛鼻子挖战壕》和诗歌等较短小的作品。三幕歌剧《战地之春》也属于20世纪40年代的作品。1940年冬,陶行知同意田大畏免费入育才学校学习,帮助安娥解决了儿子的教育问题,但是忙碌而窘迫的生活,使她的身体日渐衰弱。如果算上夭折的两个哥哥,安娥是母亲生的第十个孩子,她和妹妹张式浓年轻时就有心脏病。1941年7月的一个清晨,安娥把熟睡中的儿子叫到身边,递给他一个黑色的手提包,说:"我不行了,你去找冯夫人(李德全)!"原来是心脏病突然发作。儿子到医院请大夫出诊,病情得到缓解。接着安娥便单独去了璧山歇马场白鹤林,到冯玉祥家里疗养,留下十岁的儿子在重庆处理收拾行李和搬家等事务。安娥疗养数月回重庆后,住在"文工会"集体宿舍。那年冬天,田大畏和育才学校的同学们,从一百多里外的学校步行到重庆市内观看陶行知校长推荐的话剧《安魂曲》,大畏就便去看望妈妈。一进女职员宿舍,看到的都是陌生人。有位女士告诉他:安娥早就走了,听说到桂林去了。大畏一头雾水地返回。关于这件事,安娥在《历史思想自传》中有详细的交代:

冬天我病好了,当时有几位自己的同志对我和田汉的关系不谅解,挑拨、诬蔑,使我非常痛苦。田汉写信叫我到桂林去看病(田汉在桂林),我就去了。我原请了一个月的假,想休养一下就回来,可是当我到了桂林十来天,"委员会"(注:指"文化工作委员会")的负责人在我走后两个星期内就给我下了一张解聘书。我接到解聘书,就回不到重庆了。因为病刚好,再度刺激就又病了,加上我的孩子不谅解,认为我把他丢下不管了。我为这个非常痛苦,又和田汉的家庭不和,又在重庆找不到别的工作(四处托人找工作,小学教员都好),又没有路费,几年中病的一直没有好过。

安娥是一个独立、自尊,把事业、文艺放在首位的人,此时面临着一个两难选择:是不顾压迫和贫病,强压下对爱人的思念,在重庆留下去,对田汉的家庭保持超然的地位?——但重庆已经不是1939—1940年的重庆,朋友们纷纷离去,已经没有多少生存与活动的空间。——还是在桂林留下去?那么就得和"田汉的家庭"(田汉的母亲、女儿和三弟田洪一家)相处,尽管他和田汉的爱人关系一向得到社会的公认,甚至一般认为他们是很般配的伴侣,但田汉有正式的夫人,安娥如进入他的家庭,不仅伤害田汉的妻子,也使自己处于尴尬的境地。

安娥既然选择了后者,就得承受由此而来的烦恼。

田汉要安娥到桂林来和自己在一起,也必须面对一个新的局面。虽然当时社会对此不以为奇,他们的关系得到朋友们的认同,"桂林人经常看到这一对诗人并肩出席文艺界各种聚会。在那些得到他们爱护和支持的艺人眼里,他们是一对"才子佳人"(金素秋《春风化雨漓江畔》),但在重庆的夫人面前,总归是理亏的。

1942年2月,安娥到桂林后,与田汉住在桂林月牙山下的东灵街,这是一家鞋铺,有两间房子,安娥和田汉住楼上,田母和田汉的

安娥、田汉 1940 年代在桂林。

三弟田洪及妻子陈绮霞住在底楼。

　　田汉牵挂着远在重庆的妻子，曾几次写信给林维中，希望她到桂林来，"共承菽水之欢"。可是她始终不愿意到桂林，来信说："我死也不愿离开重庆。"直到 1942 年 9 月，安娥来桂林已经半年，田汉仍盼望林维中"飘然而来"，祝贺母亲的七十整寿。田汉分析她不来的原因："重庆有什么值得她这样留恋的呢？很简单，那儿政治部还有那么一点薪水、津贴和平价米，全由她一个人领取。"但如果林维中真的来到桂林，不知田汉将与安娥如何相处。

　　田汉的母亲自然是支持儿媳的，因此田汉说："安娥在桂林的日子最初过得非常委屈可怜。"

　　当时田家的生活非常贫苦，田汉为了支持新中国剧社和中兴湘剧团，时常要母亲典当家里比较值钱的东西，买米送给剧社。安娥本来患有肺病，身体很弱，可是为了维持家庭生计，撑着病体去桂林中学教语文，每天由施家园走很远的路跑到市内朋友处借钱。可以说，当时田汉家的生活状况都在温饱的水平线之下。有一回，田汉要去学校讲演，家里实在没有一件没打过补丁的衣服可穿，安娥看在眼里，急在心里，怎么办呢？忽然，她看到床上的被子，马上把被子打开，拆开被里，用剪刀剪开，按照田汉的身材，亲手缝了件上衣，让田汉穿上。虽然这衣服又宽又长，田汉穿上新衣服，连声称赞道："好，好极了！"然后雄赳赳、气昂昂地出门讲演去！

1943 年夏天，年届七十的田母染上霍乱，上吐下泻，很危险。田汉和田洪、田申，用一张竹床，把老人家送进桂林医学院附属医院，因为家里无钱，住不起小病房，只能将田母安置在一个大病房。大病房实际上是一个大棚子，四面透风，雨天，雨就飘到病房里，地上湿漉漉的。安娥就在医院里衣不解带地看护着病人，为田母端汤送水，做饭熬药，忙前忙后。十几天工夫，熬红了眼，消瘦了身体。

安娥见田母有时会心神不定，眼睛一直望着门外，知道她在惦念着田汉，就亲切地说："您老人家安心养病吧，家里不用您挂念，寿昌有我照顾呢。"一席话说得老人家差点掉泪。

在全家人尽心照顾下，田母居然闯过生死关，慢慢地痊愈，自称是"两世人"。

人心都是肉长的，安娥为老人家做的一切，田家人都看在眼里，他们的关系逐渐变得比较融洽。

田汉为母亲生病事曾责备作为儿媳的林维中："她老人家不久以前病得那样危险，几致不保，也不见你半字问候。你很安吗？（1942，9，22 函）

田母病好了，可是安娥却病倒了，得的是结核性肋膜炎，住进广西省立医院，出院后又到宜山友人曾宪猷、程炯夫妇家休养，安娥在桂林市立中学的语文课只得由田汉代上。

安娥从沉闷的"雾重庆"到桂林来，不单纯是为了和田汉相聚，当时众多文化人都从四面八方聚到这座环境比较宽松活跃的"文化城"。在桂林的三年,是安娥创作的一个新的旺盛期。她的诗、小说、文章,有了更多的发表机会。见诸报刊的有诗歌《秋风吹着秋叶》《来吧!一起去!》《雪中战士》,长篇战地记行《征途私感》和《征途杂感》(后合称为《征途感怀》),小说《盛四儿》,若干有关历史、绘画、歌剧的评论,记述抗战将士壮烈事迹的《介绍衡阳突围一位将领》也属于桂林时期。安娥在桂林还写了一部重要作品,就是三幕歌剧《孟姜女》,1945年先后在昆明和重庆发表。安娥和戏曲演员们的交往给他们留下深刻的印象。

早在1941年冬,田汉为新中国剧社赶写一个话剧《秋声赋》,为了抢时间,田汉用铁笔直接在蜡纸上写,写一幕印一幕。剧本讲的是一个三角恋爱的故事。

作家徐子羽,一方面不满妻子秦淑瑾在家务杂事中日益短视自私、器量狭小,另一方面却又不能不默默忍受这种没有情感、没有新鲜刺激的已经死亡了的婚姻。实在难忍心头的烦躁时,与妻子发生口角,招来老母的呵斥,于是,他只能逆来顺受。正在这家庭危机时,他的旧情人胡蓼红从重庆来到了桂林,使得他与妻子已然存在的情感裂痕进一步加大。

胡蓼红曾与徐子羽同居,有个孩子,但那时胡年轻、浪漫,不要丈夫,反倒撮合了徐子羽与秦淑瑾的婚姻。但随着时间的推移,胡蓼红越来越觉得自己失去得太多,这一次找上门来是带了手枪,若不能与徐子羽结婚,意欲一死殉情。这又使徐子羽产生了反感。这一来,三角关系中的三方都陷入深深的苦恼之中。

在抗日战争的前线,秦、胡两个情敌相遇,竟在抗日的同仇敌忾与殊死搏斗中化解了怨恨,从情敌变成了战友。

矛盾的解决方法实在是太理念化了,两个互不相容的女性走向和睦相处的原因,也过于堂皇与理想。这并非田汉不会写戏,而是将生活中的情景放到戏剧中去"假想化"。明眼人一看就明白,戏中的三个人就是田汉、安娥和林维中。

《秋声赋》由瞿白音导演,1941年12月28日首演于桂林国民大戏院,一直演到第二年的1月3日。演出非常成功,剧中几首歌,如主题歌《落叶之歌》,在桂林学生、知识分子中广为传唱。尤其是扮演胡蓼红的,是新中国剧社里年轻的演员,才18岁的朱琳,不仅表演好,唱得也好。

1942年应云卫在重庆排演《秋声赋》,因林维中不能容忍剧中的妻子秦淑瑾和情人胡蓼红握手言欢的结局,拼命阻止,使之在重庆的演出流产。此事引起田汉强烈不满,1942年9月写信给林维中说:

> 关于《秋声赋》你的悲愤,你的抗议等等我以为是多余的,不智的,不幽默的。我不过是写一首诗。有抑扬有褒有贬,虽则该剧不无我们的影子而究竟非我们的照片,更非我们的传记。……何况该剧对于淑瑾实际上是"小骂大恭维",……你那样小题大做的抗议我是有反感的,你写信给海男(田申)说要与我绝交。假使你是这样的态度不改,我为创作自由当毅然接受你的绝交。……因为夫妻关系主要建立在感情上,而你在感情的运用上缺点也甚多。

后来田汉追述:"她也不爱惜我作为一个剧作家的创作自由。抗战中我在桂林写《秋声赋》……她觉得其中女主人之一有点像写她,便坚决阻止应云卫先生领导的中艺剧团在重庆上演此剧,虽经夏衍提议负责修改,她仍向应云卫说:'要到剧场拼命。'大家不堪其扰,只得作罢。我也因此搁笔数年。"

裂痕出现了,但不是致命的。

1945 年春,安娥与田汉经贵阳来到昆明。抗战胜利,田汉母亲、三弟和朋友们力促他回重庆,他势必回去。田汉追述此时心情:"但回重庆必然与林女士重合,这是安娥所不愿意的。我们虽相爱不渝,现在无可如何,同意结束六年来在西南充满着痛苦与幸福的生活。我们是乘同一中航机一〇四号回重庆的。飞机愈近重庆,我们心情愈沉重。"田汉并未考虑和林维中离异,而是相反。他说的"六年"是从 1939 年安娥由武汉到重庆算起的,尽管 1942 年以前并未生活在一起。

1946 年 2 月 10 日,发生"校场口事件"那天,安娥和田汉同机到达重庆,安娥一个人住在黄家垭口中苏文协的宿舍,田汉住在九块桥自己家里,同母亲、林维中母女、三弟夫妇、长子田申一起。田汉和林维中谈了几年阔别后的情形,"对云男之死我们不免重复痛悼。实在说我觉得人生的可怜,原想对中年丧子的林女士有所安慰的。"(《告白与自卫》)

林维中知道安娥也来到重庆,把满腔怨恨全部发泄在安娥的身上。她要捍卫自己的家庭和地位;她要争回自己的丈夫;她说她不能实行"不抵抗主义",因而做出了一些不顾一切、不够明智的"抵抗",使田汉重尝了六年前的痛苦,也使她自己获得了相反的结果。

田汉在 1948 年写的《告白与自卫》里描述了林维中的几项举动:

1946 年 4 月 22 日文协(中华文艺界抗敌协会)在中苏文协开会,检讨当前文艺运动得失。林维中在会场外的墙壁上及安娥的住处门上大贴传单,来开会的郭沫若和冯乃超先后各撕得一张,交给田汉,说:"闹到这样子很不好。"田汉只能苦笑。

剧协在抗建堂请翦伯赞演说,田汉正好在安娥处,被林维中得知,立刻带着女友,泼水大闹。

1946 年 4 月，田汉向林维中提出协议离婚。

田汉问林维中："你要多少钱？"

"要五百万。"

"何必学徐太太呢？"

"徐太太要的是美金，而我只要法币。"林维中回答道。

"我是个穷光蛋，出不起那么多些，只能筹三百万，可由洪深、阳翰笙两兄作保，一年交完。"

两人话不投机半句多，说到后来，发生言语冲突，林维中竟骂田汉为"畜生"。田汉说："既然如此，什么也不理你了。"

最后田汉还是将钱付给林维中。先由安娥付给筹集到的一百万，林维中写了收条"收到田汉一百万元"，但不写是"离婚费"，认为是田汉付给的生活费。田汉没想到林维中真会收这笔钱，知道后，"十分感伤"。即便达成了离婚协议，田汉仍感不忍，1946 年"回上海后，对林女士娘家及亲友们绝不谈及此事。免得大家难过"。经济上一直保证着林维中宽裕的开销，尽管自己手头十分拮据。

尽管感伤、不忍，也必须走这一步。非此即彼，在婚姻上，谁也没有特殊的权利。在此以前，田汉对结发妻子——他的一对心爱的儿女的母亲，虽思想感情有隔膜，但从无离弃之心。

1935 年 2 月田汉被捕后，关押在南京监狱，妻子林维中曾来探望和为争取释放而奔走。田汉在狱中曾写下《寄妇》一诗，诗中有这样两句：

> 衾单枕冷不为苦，
> 每忆苏菲白发生。

诗中的"苏菲"是素斐，即林维中。

田汉在狱中度过四个多月后，在徐悲鸿、宗白华的帮助下，终于找到张道藩共同作保,被保释出狱。1936 年 9 月,林维中又生一个男孩子,取名田云男,夫妻情感更巩固一层。1937 年田汉到武汉,虽然"与安娥的感情迅速复活",但他仍旧不能忘情于林维中,"写信接她和两个孩子来武汉。我的家庭悲剧开始发展"(田汉语)。1938 年 11 月,武汉危迫,林维中携儿女由武汉西上重庆,田汉从湖南给她的信里殷切嘱咐:"这是一个伟大的时代, ……只有与大家共命运才能开拓我们的命运。你以为如何? ……不要太着急。总是跟着大伙儿走。一切总有办法的。同在百忙中也不妨抽出些工夫,腾出一些闲情逸致赏鉴三峡的绝景。胸中宜养成一种浩然之气,总是绰然有余裕。我想你倒是还有这一点工夫的。"从 1939 年到 1943年, 给妻子的每一封信都流露对他们一对儿女的深情:"实在我们的儿女太可爱了。"1940 年在广西函告林维中:"必能来渝,一抱儿女。"直到 1942 年 9 月,尽管因《秋声赋》一剧两人之间出现了一些裂痕,田汉给"维中妹"的信中仍写着:"想起你,想起孩子,我的心却真是肉做的, 恨不得飞过来抱抱你们……""……也就凭着这些我们弄得难解难分。我们可不可以稍愉快一点过呢?"

但他们的关系不可能愉快了。

多种原因。首先是田汉与安娥以夫妻的身份同居。

田汉与林维中不是志同道合者,在事业上没有共同语言,这且不论,田汉对妻子的为人,也积累了诸多不满。

此外林维中还说了一些令田汉冒火的话。

即便如此,如果不是林维中的"大闹",重旧情、顾爱女的田汉恐怕也下不了离婚的决心。1946 年在重庆,林维中的"大闹"是要争回丈夫,维护自己的合法地位,但在有了离婚协议以后,已经不是为了争取田汉回心转意,而是用各种手段叫他和安娥不得安生。

1947 年 12 月 20 日,安娥与田汉及林维中所生的女儿田野(玛莉),登上中兴号轮船去台湾,那是应泰山影片公司之邀请,去写关

1947 年 12 月在台湾。右一为泰山影片公司经理伏权。

安娥、田汉在台湾游览。

于高山族的剧本。

他们于 12 月 28 日抵达台南市,30 日下午,安娥和田汉正乘坐在向日月潭开行的公共汽车里,突然读到林维中发表在《读者之页》上致田汉的《一封公开信》和《驳安娥》。

原来林维中在安娥和田汉动身的第二天,即赶到台湾,深夜将公开信交给报社,想给田汉一个"迎头痛击"。"终于她的信登出来了,据说还有几位台大同学同情她,投书《新生报》说:田汉原来是这样一个言行不符的'伪君子'"。(《告白与自卫》)

被林维中的"迎头痛击"激怒的田汉,立即写了一篇《告白与自卫》,发表在台湾 1948 年 1 月的《新生报》上。1948 年 2 月 5 日至 7 日连载于上海《新民报晚刊》,标题为《田汉自述罗曼史在台发表〈告白与自卫〉全文》。文中详述了他和林维中、安娥间几十年的恩怨。文前引王尔德语:"吾人常以误解而结婚,以理解而离婚。"

      ……我对人生有时看得颇为淡漠。我如值得毁灭,我甘心毁灭，但在这样危难的时代我能战到今天也非容易，我在此时此地如此毁灭，毕竟也是一种损失，真爱重我的朋友们，将不愿意。因此我有理由防卫自己。

对于林女士的举动，安娥从来不做反应，总是默默避开。可能是由于对女人的理解，无论有怎样的理由，自己对这位女性曾造成伤害。

安娥在台湾待了一个月不到，即先返

在台湾游览留影。

沪。当上海《新民报》记者问起她对这件事的看法时，安娥沉默很久说：

我很愿意能通过这场纠纷，和朋友们讨论几个在转型期社会里的恋爱问题。因此，我想最好能不涉及到人与事，而只谈原则。……

我有一个看法，那就是：在一个自觉的人群里，假如在感情上发展得不正常或者说处理得不得当，干脆说它是三角恋爱吧，我觉得这种感情是不好的，而且是错误的，这个错误应该由其中的一个人来负责。往往听见人说：爱情的不幸是双方都没有罪过。我不同意这种说法，因为这论调恰恰可以鼓励当事者的某一方面，不负责任的玩弄对方。

他们三人之间的纠纷，安娥认为是社会上千百万件不幸中的一件，不同的是有的已经结疤了，有的却正在流脓、流血。

安娥说：

> 发生这种纠纷以后，较弱的一方面——女人，总离不开争与吵两种手段。这种手段，我并不反对，因为在今天这种社会，男人享有较多的自由时，如果女人不争不吵，那无疑是默认和鼓励男人去随心所欲了。不过，我觉得争吵是可以，却一定要有原则和立场，而不能是无理取闹，要争取是非曲直，而不是争爱情的获得，和人抢夺。因为爱情是建筑在合理生活上面的，这是无法争得的，由于争，或许可以得到一个人的躯壳，但却不一定得到一个人全心全意的爱情。那么吵呢，在这个社会里，女人是弱者，因此，吵变成了女人唯一可怜的反抗方法，一种痛苦的斗争武器。这在被弃者一方面说，是一种仅有的权利。她为了自尊心，必须争是非的水落石出；她为了生活的保障，必须施用仅有的一点可怜权利。不过，我总强调一点，那就是争吵人人都有自由，谁也无法干涉，不应干涉，不过争吵的方式应该用人的理性来决定。
>
> 田先生发表了他的《告白和自卫》，有许多人说，可能给年轻人们一个很不好的影响。其实这种说法是不妥当的，因为我不相信青年人会讨厌一个肯于告白自己的人，而喜爱一个人把自己的一切统统隐匿起来的伪善者。事实既然存在，没有不可告人的秘密。假如说这件事对青年人有影响，那么这影响，是让青年人们可以通过这件事而正视、洞悉这社会的病态原因，使他们怀着戒惧警惕的心情，研究了解这社会的实质，重新建立他们合理的生活态度，这不是没有益处的吧？

自从 1948 年 2 月 8 日上海《新民报晚刊》上安娥这篇答记者

问《田汉罗曼史主角安娥谈恋爱问题》的文章发表后，林维中似乎没有什么回应，大概是安娥比较客观地阐述了对爱情与婚姻问题的看法，使人无法对此有任何挑剔之处吧。

1968年，田汉去世了；1976年，安娥去世了；1985年，林维中去世了。生前都活得很不容易，愿他们的灵魂安息，我们不要再追问"谁之过"了。

安娥的儿子田大畏说："林妈妈晚年孤身住在北京，与我们一家关系很融洽。"与她的遗体告别时，田大畏和妹妹田野都同样地悲痛。上一代的恩怨都过去了，田野说：我们不要再揭他们的伤疤。

1997年编辑出版《田汉全集》时，田大畏向编委会建议，不收入《告白与自卫》，理由是：这是田汉在特殊情况下不得已之作，颇多激愤之词，如他在世，平静下来，未必仍坚持原来的说法，更未必同意重新向社会公布。还是让它作为单独的史料存在，由研究者去探讨吧！

7. 渔光曲

　　《渔光曲》——电影《渔光曲》的主题歌，安娥作词，任光作曲，产生于 1934 年春天。

　　此时的安娥与任光生活在一起。任光与田汉、安娥都是好友。安娥与田汉分手之后，1933 年与任光结婚，一直到 1937 年。

　　在这儿请允许笔者讲一讲任光的身世吧。

　　任光生于 1900 年，浙江嵊县人，从小对农村流行的小调、山歌、莲花落以及越剧前身"的笃班"的曲调感兴趣。在中学读书时，已学会拉二胡、吹铜号、拉手风琴，当时有"小音乐家"之称。1917 年夏任光考入上海震旦大学，在新文化思潮的影响下，逐渐懂得革命道理，积极参加社会上的反帝反封建斗争，并决心以音乐为武器，唤起民众。1919 年 10 月任光进法国里昂大学学音乐。他在刻苦学习的同时，到一家钢琴厂当学徒，学会钢琴校音的技术。由于他技术高超，人又聪明，1924 年老

青年任光。

板派他到越南河内亚佛琴行当了三年工程师兼经理。1926年任光回国，当时法国人在上海开设百代唱片公司，他被聘为音乐部主任，负责音乐节目的选定和制作工作。任光利用自己的职位，大力录制聂耳、冼星海创作的歌曲，如《打砖歌》《码头工人》《铁蹄下的歌女》《义勇军进行曲》等。许多抗日救亡歌曲也都是通过他的关系由百代录制成唱片的。

这时任光住在上海哈同路（今铜仁路）民厚南里，田汉住在对面的民厚北里，在中华书局任职。民厚南里和民厚北里都是上海典型的石库门房子，二楼二底，弄口有过街楼。1988年笔者代笔为郁达夫夫人王映霞写自传时，王映霞说当年与郁达夫住在民厚南里880号，现在称慈厚里，但是我查了很多资料，也没查到这条弄堂。现在这些弄堂均已拆除，幸亏我的朋友孔海珠到那儿拾了块砖头留作纪念。

任光认识许多左翼文化界人士，参加由中共地下党直接领导的音乐组织，成为左翼音乐运动的积极的一员。1934年发表与安娥合写的音乐论文《音乐小讨论》，针对社会上流行歌曲低迷的现状，两人深感必须赶紧创作出"真正的、正义的"大众歌曲。他们尖锐地指出：

> 我们只有刻不容缓地去提倡和创作真正的、正义的大众音乐，赶快去代替这种病态的大众音乐歌曲。

十年后的1945年，安娥在昆明发表的《为纪念聂耳而写》一文中，以欣慰的心情回顾了1930年代音乐创作潮流的转变：

> 文化潮流不断向前迈进，那些颓废落后的作者们，日被大众所遗弃。"新人"代之而出。

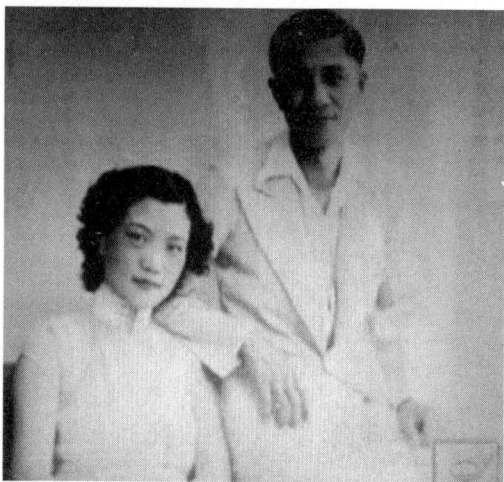
安娥与任光。

以《渔光曲》为书名的安娥作词歌曲集，2006年版。

任光家里有一架很好的钢琴，由于他在外国公司做事，比较不被当局注意，音乐组织很自然地多在他家集会。吕骥、张曙、聂耳等是他家经常的客人，他们在这儿探讨作曲方面的得失，在艺术上相互帮助；也在这儿研究国内外革命形势，参与一些拥护苏联、拥护苏区、保卫和平和人民民主权利的政治活动。

在任光的介绍下，安娥到百代唱片公司歌曲部工作，后两年任歌曲部主任。生活相对稳定，歌词创作甚为丰富，夫妇俩合作了大量旋律悦耳、意境优美的歌曲，最为突出的就是《渔光曲》，给他们带来很高的声誉。

1934年6月《渔光曲》电影放映，影院门口人头攒动，摩肩接踵，争相购票。影片创下连续爆满84天的票房纪录。《渔光曲》是无声片，它的主题歌出色地烘托了影片的内容，使闻者莫不垂泪。这首歌很快风行一时，满城争唱，流传全国。

《渔光曲》电影及主题歌的成功，骤然提高了歌曲在电影中的地位。聂耳撰文说，这首歌(《渔光曲》)形成了后来的电影一定要配上音乐才能卖座的一个潮流。安娥1935年在《艺声》杂志上发表的论文《中国电影音乐谈》生动地描写了一年来出现的这种新的现象：

> 一年来，中国电影对于音乐，特别是歌曲，感到非常的兴趣。于是每部影片，每个演员，只要可能的话，都要加上一两支歌曲，或是配上点音乐，才觉得是"完全"了。同时在观众的眼光里，无论一部任何的影片，任何的演员，如果不唱一支歌曲，也好像缺少点什么似的。在这样双方的供求之下，一时电歌形成"歌曲狂"的现象了。……

安娥统计一年来生产的配声歌唱片不下二十余部，如《渔光曲》《红楼春深》《再生花》《女儿经》《飞花村》《纫珠》《空谷兰》《大路》《新婚的前夜》《新女性》《人间仙子》《生之哀歌》《乡愁》《船家女》《风云儿女》等，包含四五十支歌曲，其中不少正是安娥与任光创作的成果。论文接着说：

> 于是曲词作者的人才渐渐增多，社会的音乐空气，也渐渐浓厚。虽然在这"歌曲狂"的过程中，影片摄制者、曲词作者、歌唱者各方面的缺点自然不少，但在贫乏的中国音乐中，却不能不说是好现象。……我们只希望着，由这数星之火，渐渐燎起伟大的新音乐之原！

谈到电影歌曲作词的问题，安娥强调词作者应当去熟悉"歌中人"的实际。她说：

> 又有些歌词文字的采用欠实际。常常农工群众会说大学生的术语。乡下姑娘，谈着文人的恋爱。小孩子带上大人的口腔。弄得有时像黄天霸站在大马路，或是高跟皮鞋去田里插秧似的不合适。这种缺点，大致因为词作者本身没有切实的去了解"歌中人"的生活状态、意识感情。

文章的"结论"部分，客观地总结了一二年来电影音乐的"挣扎与吼叫"的重要收获。

> 不少的影片，都给了音乐以立足地，展开了音乐一种新的发展形式。……电影与音乐，现在已是非常密切的朋友了。电影离开音乐，便觉得孤凄。音乐没有电影，也失掉了园地。

正如安娥所希望的，中国的新音乐在电影的园地里果然燃起了燎原之火。

《渔光曲》表现了贫苦渔民的痛苦生活，是对黑暗社会的有力控诉。主题歌用生动深刻的语言、凄切悲愤的音调，描绘了广大渔民在祖国广阔的大海里摇船撒网，辛勤劳动，却是"捕得了鱼儿腹内空"。在这祖祖辈辈世世穷的极为困苦而又十分危险的劳动生活中，又有多少善良的渔民被夺去无辜的生命啊！但他们不绝望，他们还要生活下去，还在期待着那幸福日子的到来。

《渔光曲》的主人公们那种摆脱困境的强烈要求和十分执著的求生欲望，在处于彷徨、困惑、苦闷的人们心中，不仅引起怜悯、同情，它也像敲起警钟，激励大家觉悟。

安娥在锻词炼句方面颇具功力，《渔光曲》的歌词既渗透着古

典诗词的传统风格,又糅合了现代生活语言的质朴清新,听:

> 云儿飘在海空,
> 鱼儿藏在水中,
> 早晨太阳里晒鱼网,
> 迎面吹过来大海风。
> ……
> 鱼儿难捕租税重,
> 捕鱼人儿世世穷。
> 爷爷留下的破鱼网,
> 小心再靠它过一冬!

　　歌曲的成功,还是由于作者对"歌中人"的"生活状态、意识感情"有"切实的了解"。这首歌来源于安娥的生活感受,1926年她与丈夫邓鹤皋到大连为党工作,住在黑石礁,那儿靠海。安娥时常到海边,看到渔民在海边的生活,见到他们的悲惨遭遇,心中充满了同情,没想到经过几年后,这些情景激发了安娥的灵感,创作了令人心醉的《渔光曲》。

　　1935 年 2 月,田汉在上海大搜捕中被捕,关在南京。一天,他在监狱中忽然听到看守监狱的士兵们唱《渔光曲》,不禁激动万分,作诗《狱中怀安娥》。诗曰:

1930 年代中期海滨留影之一。

君应爱极翻成恨，

我亦柔中颇有刚。

欲待相忘怎忘得，

声声新曲唱渔光。

诗中流露出田汉对安娥的殷殷思念。

当时在人们的脑海里认为：安娥就是《渔光曲》，《渔光曲》就是安娥，在日常生活中影响之广，安娥自己也没想到。1940年安娥从湖北前线到陕南城固，接孩子田大畏到重庆。她在川陕公路的褒城车站随着一个"拉黄鱼"的士兵走到开往成都的军事运输车队旁，准备登车时，被带领车队的军官拦住，不让上车。安娥情急之下，把战地记者证拿出来，希望能通融一下，可是不行。就在她一筹莫展时，那位军官忽然看到夹在记者证里的名片，立刻笑容可掬地说："原来您就是写《渔光曲》的安娥先生啊！久仰，久仰！"这位军官热情地邀请他们上车，到成都后，又联系好另外一辆军车将他们送到重庆。这位军官姓石，当时是副连长，1949年起义参加解放军，1950年在北京还来看望过安娥。

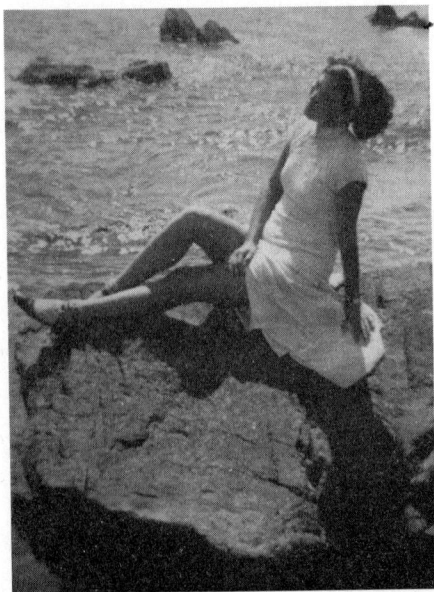
海滨留影之二。

听我父亲丁景唐说起他小时候的一件事。有一次姑姑（我称为姑婆）带他到北京路贵州路新落成的金城电影院看王人美主演的《渔光曲》。姑姑看毕回家后,心情激动好几天,不时低声地哼着电影插曲《渔光曲》,还让我父亲(就是她的侄儿)和他齐唱。姑婆曾在宁波、上海受过中等教育,是宁波城内早年反对缠脚和买卖婚姻的反封建新女性,当过多年的小学教师。大革命时期,和女友到武汉参加北伐军,父亲曾见到过几张她戴着军帽的戎装照片,就如谢冰莹式的女兵照片。

多少年过去了,可这首歌仍然在人们的记忆中深深地埋藏着,就像大海的浪花永不消逝。有一位新四军老战士回忆,抗日战争时期,每当在紧张频繁的战斗间隙,战士用口琴伴奏,大家一起唱《渔光曲》。特别是军区首长粟裕司令员用手风琴尽兴弹奏,粟司令在战斗中曾受过伤,弹奏此曲除表明对《渔光曲》赞赏外,还可以转移头部的伤痛,以利指挥千军万马去夺取歼敌的胜利。1940年安娥与史沫特莱进入新四军鄂豫边区,纵队政治部主任介绍客人时,特别强调:这位就是《渔光曲》的作者!在妇女联席会会场上,大家一致要求并不善于唱歌的安娥唱《渔光曲》。

2009年初夏,笔者与上海戏剧学院的老同学聚会,听66届表演系唐汤民同学说:当时延安广播电台的开始曲,用的就是《渔光曲》。我问他:"这个消息可靠吗?"他说:"我也是听一位老同志说的,要不,你去问问去过延安的前辈吧。"

我想此话对啊,真得去打听一下。于是我打电话给孟波老师。他上世纪30年代即在上海从事进步音乐活动,奔赴延安后,于1940年起,历任新四军政治部抗敌剧团团长、鲁艺华中分院院务委员、鲁艺工作团团长等。1946年后,在延安中央党校文艺工作室、中央管弦乐团、华北戏剧音乐工作委员会担任领导工作。创作过许多歌曲,如《牺牲已到最后关头》《长工歌》《路东大合唱》等。我想问他准没错。

谁知一问,回说根本没有放过《渔光曲》,不过,这也是一种答案。2010年1月10日上午10时,唐汤民打电话来,说刚才看电视,是讲述毛泽东的遗物。1940年延安广播电台没有开始曲,毛泽东把自己收藏的唱片给电台去挑,结果挑中《渔光曲》作为开始曲。

此时,我想起孟波与安娥共同参加过一些团体,他们应该是很熟悉的,如1936年初,在中共中央八一宣言的召唤下,在上海相继成立了"词曲作者联谊会"和"歌曲研究会",参加者有来自各方面的词曲作家,有安娥、孟波,还有任光、施谊、周钢鸣、陈子展、塞克、柳倩、关露、吕骥、冼星海、贺绿汀、江定仙、刘雪庵、沙梅、孙慎、周巍峙、麦新、吉联抗、盛家伦等。创作出一大批救亡歌曲,有《五月的鲜花》《救亡军歌》《救亡进行曲》《中华民族不会亡》《打回老家去》《心头恨》《松花江上》《上起刺刀来》《保卫国土》《全国总动员》《大众的歌手》等。

2009年7月18日我又打电话给孟波老师,他给我说了好些事情。原来孟波是在1935年或1936年在冼星海家里认识安娥的,他们那时候每一两个星期到冼星海家里开会,在底楼讨论创作歌曲的事,冼妈妈住在二楼,每次只要听到母亲的咳嗽声,冼星海马上叫大家说话轻点儿,自己立即上楼去看母亲。当时冼星海住在建国西路仁安坊(今建国西路217弄)7号,现已拆除。幸亏我曾去拍过照片,不然手边什么都没有了。

安娥与任光共同创作于1936年的《打回老家去》,最初发表在孟波1936年编辑的歌曲集《大众歌声》里,安娥署名"前发"。全曲每一句差不多都作了重复,如第一句:"打回老家去",重复了四遍,接着是"打走日本帝国主义",重复两遍,下面是"东北地方是我们的!他杀死我们同胞,他强占我们土地,东北同胞快起来!我们不做亡国奴隶,"最后与开头相呼应,"打回老家去!"重复三次。唱词朴实无华,朗朗上口。

《打回老家去》当时非常流行,几乎唱遍全国。同年10月19日鲁迅去世,孟波和一些音乐人不约而同地聚集在冼星海家,这儿是"歌曲作者协会"经常集会的地方。周钢鸣传达了以蔡元培为主席的治丧委员会的决定,要在22日为鲁迅举行葬礼。时间非常仓促,大家没有多讨论就立即投入挽歌的创作。许多同志彻夜不眠,把无限悲痛化作诗歌和音符。21日,经治丧委员会选定,张庚、任钧、周钢鸣等作词,冼星海、吕骥、任光等作曲的三首《鲁迅先生挽歌》供送葬时组织挽歌队员唱。

但新的挽歌群众不容易唱,经过讨论,决定用《打回老家去》的曲子,请周钢鸣重新填了唱词。唱词如下:

> 哀悼鲁迅先生,
>
> 哀悼鲁迅先生,
>
> 他是我们民族的灵魂,
>
> 他是新时代的号声;
>
> 唤起大众来争生存!
>
> 他反抗帝国主义,
>
> 他反抗黑暗势力;
>
> 一生到老志不屈,
>
> 始终为着革命努力!
>
> 哀悼鲁迅先生,
>
> 哀悼鲁迅先生,
>
> 我们的导师!

孟波和麦新组织挽歌队,到印刷所连夜赶着排印成活页歌片儿,22日中午,这些活页歌片儿就在胶州路万国殡仪馆前发放给为鲁迅送葬的群众,同时在马路边和附近弄堂里设立教歌站,由孟波和麦新分头教大家唱挽歌。游行队伍一边唱着这首歌,一边送鲁迅。当送葬队伍经过有日本兵站岗的同文书院门前,挽歌队突然自发地将唱词换成《打回老家去》的一句原唱词:"打走日本帝国主义!打走日本帝国主义!"

那时大家都很穷,到冼星海家去,不是步行就是坐电车,只有任光比较富裕,有一辆"福特"汽车(孟波记忆中,是"奥斯汀"汽车。待考),安娥每次都是坐汽车来的。

安娥与任光曾一起参加一些音乐团体。1930年8月1日,中国左翼戏剧家联盟(简称"剧联")成立,之后成立了"剧联"音乐小组,参加者有安娥和任光,还有田汉、聂耳、张曙。在"剧联"的影响和领导下,组织了苏联之友社音乐小组。

1932年田汉担任"剧联"的领导工作,与安娥、任光、冼星海、张曙、聂耳、吕骥等成立中国新兴音乐研究会。

1935年6月在上海创办了一种电影音乐月刊《艺声》,陈嘉震、金焰主编电影栏目,安娥与任光主编音乐栏目。安娥在创刊号及第二期上发表了《中国电影音乐谈》和《乐片短评》,任光则发表了《音乐家传》。

关于当时安娥与任光的工作情况,我们在老同志的回忆文章中略知一二。如许文霞写的《许如辉名曲〈永别了,我的弟弟〉》一文里说:"1929年许如辉写出《永别了,我的弟弟》……1935年灌制唱片时,是著名戏剧家安娥的开场白,百代唱片公司音乐部主任、音乐家任光亲自弹的钢琴,由当时最红的广播歌星江曼莉女士演唱的。电台里天天都唱这支歌。"

我们在1938年出版的安娥诗集《燕赵儿女》里看到有一首《朝霞曲》,诗曰:

……

记得前年的一个月夜,

咱们在玄武湖里摇着船，

故意说着些不相干的话，

故意摆出些不相识的脸；

只管迟迟的，迟迟的，

逗留在荷花中间。

……

"记得前年的一个月夜"，指的是 1936 年 9 月安娥与任光到南京与田汉会见之事。田汉在《扫叶楼》(载 1936 年 9 月 9 日南京《新民报》日刊)中写着："昨天因为有好一些日子不见的几位朋友(安娥、任光)来了，百忙之中又替他们做了半天向导。燕子矶回来之后就叫车子一直开到清凉山下，带他们攀登扫叶楼。这时已经五点多了。乱云拥着落日，电光闪烁，石头城下露出一湾惨白的河水。"

当他们在玄武湖里摇船时，田汉几次追逐安娥的目光，可是安娥几次躲过，田汉还是感觉到那双眸中含蕴着复杂的感情，有怨恨、有遗憾、有恋情……想那时候，她"以痛苦的心情接受了我的好友任光先生的爱"，这是田汉在《告白与自卫》里说的话。"痛苦的心情"是什么意思呢？安娥深爱的田汉随林维中去了，自己不得已与任光结了婚，现在再次与心爱人见面，他会怎样想，她又会怎样想呢？

望着安娥憔悴的脸庞，田汉很心痛，不知她与任光生活得怎么样？找些话问她，可是安娥答非所问，"故意说些不相干的话，故意摆出些不相识的脸"，弄得田汉很尴尬。

其实，安娥与任光结合后，就开始生病，每年总有一两次小产。"和任光生活得很不愉快，因为碍于社会言论，不敢离婚。抗战爆发后，我资助任光到法国学习，这样无言地解除了夫妇名义。"(安娥：《历史思想自传》)

1937年安娥送任光赴巴黎音乐师范学院进修。

1937年8月13日,日本侵略者在上海发动大规模军事进攻。正在这时候,安娥在医院里做手术,一病好几个月,还经历过长久昏迷。任光一边忙着创作,一边照顾安娥。安娥很着急,希望自己能留下反映这个壮烈时代的作品,所以只要她从昏迷中醒来,马上写诗《生死线上》,融生病经验与抗战奋斗之间,表达自己"冲过死亡线"后,仍然要以笔抗战的决心和激情。

1937年秋,任光在法国巴黎音乐师范进修。虽然人在国外,可心仍然惦念着国内受苦受难的民众,他担任法国左翼组织"民众文化协会"的委员,发动旅法侨胞在巴黎组织华侨合唱团,为中国抗战难民举办募款义演,开创了海外抗日救亡音乐的先声。他还参加世界反法西斯侵略大会,会上指挥华侨高唱《义勇军进行曲》《大刀进行曲》《牺牲已到最后关头》,赢得各国代表的好评和赞扬。法国报纸评论道:"中国的现代歌曲隐藏着中国的无限希望。"同年12月,在巴黎民众歌唱团为西班牙受难儿童募捐举办的歌咏比赛会上,任光上台为自己在巴黎创作的《中国进行曲》担任钢琴伴奏,当时法国舆论界称赞道:"中国人民作曲家任光先生所作的《中国进行曲》,能充分表现出他对祖国人民抗战的同情与反抗日本帝国主义的决心,是这次节目中最成功的。"

1938年10月1日,任光与陶行知一起从法国回国,经香港到达武汉,与安娥再次相遇,此时安娥已回到田汉身边,但两人仍然像往常一样共同创作歌曲,有《劳动节歌》《少年进行曲》《妇女节歌》《空中哀歌》，以及为电影《王老五》写的插曲《王老五》等。

同年 10 月 19 日，他们俩还一起参加武汉青年会举办的鲁迅逝世二周年纪念会。会议由郭沫若主持，周恩来、邓颖超、田汉等数十人出席。

1938 年，安娥由武汉到重庆后，写作反映台儿庄军民抗战光辉事迹的歌剧剧本《台儿庄》，1939 年与任光同去北碚访问正在筹办育才学校的陶行知时，交任光谱曲。任光携剧本到新加坡完成谱曲，他从新加坡写给陶行知的信中说："我在北碚静养了两天，不告而别，同安娥到了重庆。……于六月十五日到新加坡。这里抗战情绪非常高涨……在半个月中奋斗写作《台儿庄》歌剧，有钢琴的帮助，成绩甚为满意。"陶行知回信说："安娥先生为我们小朋友写了一个儿童歌舞剧本，叫做《牛鼻子上前线》，还在别的事上帮我们的忙。我们也推举她做'育才之友'。"1940 年春，任光回重庆在育才学校任教，在学校排练《台儿庄》的选曲。这部歌剧的简谱本于任光牺牲的次年在桂林出版，剧名改为《洪波曲》，成为中国抗战史上歌颂台儿庄战役胜利的唯一的一部大型音乐作品，也成为他们姻缘与合作的一份珍贵纪念。

1940 年 4 月，任光在重庆参加郭沫若的政治部第三厅艺术处工作，同年 7 月，叶挺将军到达重庆，邀请任光去皖南，经周恩来同志批准，任光参加了新四军。

据赵清阁回忆，重庆大轰炸时，安娥住在她家。

一天晚上音乐作曲家任光来找安娥，据说他要去前方参军，发现有人盯梢，好不容易扔掉了尾巴，为了翌日离开重庆，他要在我家过一夜。这天夜里我们关了电灯摸黑谈话，任光显得很紧张，安娥很镇静；黎明时安娥护送任光悄悄地走了，永远地走了！不久，我以工作关系，搬到北温泉去，安娥仍住在两路口。

　　任光在新四军里,分配在战地文化服务处,负责音乐工作,他在军里创作的第一首歌是《擦枪歌》,后来为《别了,三年的皖南》(新四军政治部主任袁国平作词)谱曲,后改为《新四军东进曲》,歌声充满坚强不屈、勇往直前的精神,有泰山压顶,无坚不摧之势。唱词是这样的:

> ……
> 三年的皖南,别了
> 哪个来拦路,哪个被打倒!
> 冲过重重叠叠的封锁,
> 冲过日本鬼子的碉堡,
> 我们一定要胜利,
> 我们一定要达到目标!

　　这首曲子是任光的绝笔,也是新四军全军最爱唱的歌。

　　1941年1月6日,国民党突然发动"皖南事变",任光随叶挺军长奋勇突围。1月13日在一次战斗中,任光不幸被一颗流弹击中,此时叶挺正在附近,闻声立即赶到任光身边,双手抱住他,连声呼唤他的名字,可是任光已无法张口,在叶挺的怀里牺牲了。叶挺忍着悲痛,对任光新婚不久的爱人徐韧说:"任光同志是为国家、为民族、为中国人民而光荣牺牲的,中国人民和中国共产党将永远牢记任光的这段光荣历史。"

　　叶挺走后大约半小时,国民党的军队赶到,其中有一个少校军官,听士兵报告说:"《渔光曲》的作曲家任光被打死了。"那个军官特地走到任光的遗体旁边,立正敬了个军礼后离去。

1941 年 2 月,叶挺在从江西上饶集中营被押解到重庆途中,秘密投书给政治部第三厅主任秘书阳翰笙,请他转告周恩来副主席,说:"任光已在我身边阵亡。"

离开育才学校时,任光将从法国带回的乐谱和他自己作品的手稿以及部分衣物交给陶行知校长,保存在育才。在任光留下的唯一的箱子里,有许多安娥的照片和为安娥的词作谱写的曲稿。任光牺牲后,为纪念他,育才学校曾展出过他的遗物。

8. 和音乐人的友谊

1930 年代中期，与歌唱家李丽莲及演奏家等合影。

安娥创作过近百首歌曲，与聂耳、冼星海、盛家伦、张曙、舒模、力丁、石林、费克、江定仙、沙梅、安娜、雪庵、张文纲、守廉、李惟宁、马可、严金萱、焕之、晓河、李金声、贺绿汀、李伟、李群、何士德、大鸣、郑律成、安春振、劫夫、彭孝纲等众多音乐家合作，并结下了友谊。

1930 年 7 月，聂耳到上海，开始早期的音乐创作。

1932 年 8 月，聂耳到北平。此时，于伶是中国左翼戏剧家联盟北平分盟(简称北平"剧联")的负责人，他接到上海"剧联"党团书记赵铭彝的来信说："有一位聂君到了北平，请你到云南会馆去找他，望接谈，我在上海已向他介绍过你，可做北国的朋友……"

聂耳很快投入北平"剧联"的工作，成为"剧联"、"音联"的活跃分子。

正当北平"剧联"准备吸收聂耳入党的时候，由于上海更需要聂耳，他不得不回上海。聂耳1933年初加入中国共产党，在赵铭彝和田汉的介绍下，由夏衍监誓，在联华一厂的一个摄影棚的角落里举行了入党宣誓仪式。

1934年6月在上海八仙桥青年会礼堂，首次演出聂耳导演并主演的《扬子江暴风雨》，戏里的《卖报歌》《码头工人歌》《前进歌》《打桩歌》《打砖歌》等，全部是聂耳谱写的。

最近我去采访了陈一鸣伯伯，他是我国著名教育家陈鹤琴的儿子。他告诉我，《扬子江暴风雨》首演时，是田汉的儿子田申(海男)和杨碧君演孙子的AB角，田申与他是上海麦伦中学的同学，演出是为麦伦中学体育馆筹款。1935年5月4日，麦伦中学再一次演出此剧，由陈一鸣和田申演AB角，可惜没有留下照片。麦伦中学是1898年由英国基督教伦敦教会在上海沪东创建的一所教会学校，可是在30年代它又成了有名的"民主革命的教育基地"。麦伦中学还每周举行一次学术讲座，请社会著名学者和爱国人士演讲。救国会领袖李公朴、章乃器、王造时、沈钧儒、陶行知，教育家陈望道、陈鹤琴，文化艺术家田汉、陈波儿、安娥等都来校作过演讲和指导学生的课外活动，形成了校内校外联合办学的格局。(《艰苦办学为革命》《杨浦党史》)

《卖报歌》是安娥作词，歌的开首用了叠词"啦啦啦！啦啦啦！"接着亮出自己的身份："我是卖报的小行家"，然后介绍卖报状况："不等天明去等派报，一面走，一面叫，今天的新闻真正好"，告诉大家"七个铜板就买两份报"。

说起这首《卖报歌》，还有段故事呢。1933年秋天，聂耳住在霞飞路曹家弄(今淮海中路1522弄)。一天，他约周伯勋出去散步，路上，聂耳说，他发现有个卖报的小姑娘，卖报的叫声很好听，也很顺耳，大家都叫她小毛头。今天特地约周伯勋出来一起去听听。

他们沿着霞飞路，经过金神父路（今瑞金二路），走到吕班路（今重庆南路），在有轨电车站附近，看到有个小姑娘，年龄十岁左右，身穿褪色的打着补丁的小花布罩衫，下着深色裤子，头上扎着两条小辫子，背了一个放报纸的大厚布袋子，另外还有一个放钱的小口袋，跑来跑去地叫卖晚报，声音清脆悦耳。

聂耳和周伯勋将小姑娘手边的报纸各买一份，同时问她家里有什么人，做什么事情？小姑娘见他们没有什么恶意，就讲了起来，说：家里有个失业并生病的父亲，母亲在家做家务，靠她早晚卖报养家，如果碰到天下雨，报卖不了，家里人就得挨饿。说着小姑娘又去卖报。

看着小姑娘忙碌的身影，聂耳对周伯勋说自己打算为小姑娘写一个卖报歌。聂耳请安娥去观察小姑娘卖报的情形。安娥很快写好歌词，聂耳觉得很满意，觉得唱词意义深刻，没过多少时间就谱好曲子。他马上去找周伯勋，小声地唱了一遍。聂耳说，我们还得去唱给那个小姑娘听，如果她觉得好听，就算通过。

那天，他们带着歌纸去找那小姑娘，去得早了一点，小姑娘还没来，过了一会儿，老远就听到清脆的卖报声，周伯勋上前打招呼，说："这位聂先生为你写了首歌，想唱给你听听，如果耽误你卖报，现在就由我们全买下来。"她说："没关系，只剩几张。快唱给我听听吧。"

聂耳在马路边唱了起来，小姑娘听完后，高兴地跳起来拍着小手连声说好！接着静下来说："如果把'几个铜板能买几份报'的话也唱出来，我卖报时就可以唱这首歌儿了。"聂耳说："你这一改非常好。"后来他去找安娥商量，安娥也同意，按照她的话改为"七个铜板就买两份报"。结果那小姑娘果真把这首歌唱了出来。

后来，聂耳把小毛头介绍到联华影业公司当演员，小毛头从此走上了一条新的生活道路，参与拍摄《人生》《暴雨梨花》《寒江落雁》《秋海棠》《慈母曲》《迷途羔羊》等电影。

不久，"八一三"抗战爆发，小毛头参加抗日救亡运动。在上海儿童界救亡协会和报社举办的同乐会上，在救济难民募捐和慰劳伤兵时，她总是高唱《卖报歌》。"昔日卖报女童，今日歌唱女郎"，成了当时轰动申城的消息。

2004年5月28日《新民晚报》刊登了一篇文章：《小毛头，你在哪里？——聂耳侄女聂丽华谈一段难忘的经历》。聂丽华说："小毛头的真名叫杨碧君，今年该八十岁左右了。"第二天，即5月29日《新民晚报》上，刊登了《"小毛头"找到了——昨晚走访莘庄杨碧君老人》。老人已83岁，说起当年与聂耳的交往，记忆相当清晰："那时，我卖报的地方就在现在淮海中路上的一个车站旁，乘客下车时，我就钻到人堆里叫喊。聂耳每次看到我，总要帮我卖报，后来我们熟了，他就带我去和他的朋友一起去打球。"有一次，聂耳告诉她："我要为你写一首歌，让你来唱。"小毛头吃惊地回答："这怎么行啊？我既不识字，也不会唱歌。"聂耳笑着说："这首歌就你唱最合适。"果然，过了不久，聂耳写好了《卖报歌》，小毛头成了《卖报歌》的首唱者。甜蜜的回忆，亲切的话语，使老人仿佛又回到了那个年代……

1938年陈鹤琴在中共地下党的帮助下，创办了十所报童小学。现在黄浦区还有一所报童小学，我去访问时，该校的党支部书记带我参观了学校陈列馆，并送我两本书《我为报童唱首歌》和《报童之歌——上海市报童学校师生回忆文集》。我在陈列馆的墙上读到几行字，特别有意思："校长第一句话：做人，做中国人，做现代中国人。开学第一堂课：陶行知的《手脑相长歌》。学唱第一首歌：《卖报歌》。国语第一句诗：杜甫的'朱门酒肉臭，路有冻死骨'。"

当时报童学校的学生几乎个个都会唱《卖报歌》。有一次报童学校开运动会,参加的人有千人以上,陈鹤琴致开幕词后,表演开始,其中以歌舞《卖报的小行家》最为出色,"啦啦啦,啦啦啦,我是卖报的小行家……"台下的观众纷纷议论道:"这些小瘪三真有两下子!"

时间的年轮到了2009年9月1日,剧场里响起"啦啦啦,啦啦啦,我是卖报的小行家……"清亮的童声,小歌手们唱着《卖报歌》,手里捧着《新民晚报特刊》,走进观众席纷纷派发。顿时,人手一份、灯下读报的景象出现眼前……这是在上海大舞台举行的庆祝《新民晚报》创刊80周年"中房之夜"华人群星演唱会的现场。

《卖报歌》的经久不衰就在于受到民众的热爱和传唱。

1935年聂耳主动请缨,为田汉创作的《风云儿女》电影剧本作曲,这首《义勇军进行曲》,后来成为中华人民共和国的国歌。当聂耳将曲谱定稿后,由贺绿汀出面,邀请阿龙·阿甫夏洛穆夫为《义勇军进行曲》进行管弦乐配器。这位犹太裔俄国作曲家是中国现代音乐的开拓者之一,1914年起侨居中国,1925年以中国古老的传说故事和民族传统戏曲音调创作了第一部新歌剧《观音》。1932年到上海,担任百代唱片公司乐队指挥和上海工部局图书馆馆长,成为安娥、田汉的朋友,与聂耳、冼星海、贺绿汀等中国作曲家交往颇多。

1935年7月17日,聂耳不幸在日本去世,各报都发了消息。在1935年7月25日《中华日报》刊登了《著名青年作曲家聂耳在日海浴逝世沪上知交筹备追悼》的报道,全文如下:

> 著名青年作曲家聂耳氏、于今春赴日准备作短时期之考察后转欧洲、研习音乐、此间友人得其最后来信、本谓将于7月17日起赴京都、大阪、神户、参加日本"新协"的旅行公演、不料另据友人报告、即于17日在日海浴为浪卷去逝世、遗体

失踪、电通画报社同人于其第 6 期画报中、将刊出如下之启事、"青年作曲家聂耳先生于 7 月 17 日在日本神奈川县藤泽町鹄沼海浴逝世、本报同人、多与先生有旧、噩耗传来悲痛不已、兹拟于第 7 期本报特辟专页、以纪念此划时代的中国电影音乐作者、各方不乏先生生前知好……不仅吊天才之不寿……惠件请尽 8 月 10 日前寄荆州路 405 号本社收"云云、聂耳生前知友、现正为其筹备追悼、并搜集遗作、举行演奏、以资悼念、其作品如《毕业歌》、《开路先锋》、《大路歌》、《新女性歌》、《飞花歌》、《铁蹄下的歌女》、《义勇军进行曲》、皆已脍炙人口、无俟介绍者、此诚中国电影音乐界一大不幸也。

安娥当即写了悼文《纪念第一个合作者》,刊登在 1935 年 8 月 16 日出版的《联华画报》第六卷第四期上,悼文不仅表达了悲痛,而且号召以十倍的努力补偿这个重大的损失:

> 今天再不得不相信,聂耳是真死了!
>
> 既是死了,也就不必去回想当刚听到他死讯的一刹那的感觉,和这一星期来种种自慰的幻想吧!
>
> 提笔的现在,也只好再多加一次公开的自欺,说你还没有死,而我却是在给老朋友写信。
>
> "啊!聂耳:
>
> 我们不是常谈吗?'天才不足贵;努力不足贵;学问、经验也不足贵;只有这三种东西合起来,能实际给社会以利益,才是可贵。'但是,聂耳!不幸你已把这宝贵之点,葬于'水深火热'中了!
>
> 啊!聂耳!你一撒手投于了'水深火热',但是你可想到,这千千万万的火热水深中的未死者,等待着你的歌呢!

啊！聂耳！这是不能忘记的：两年前，我们合作一本歌剧，虽然那本东西，我们都觉得幼稚可笑。但自从那时起，你开始了制谱工作，我继续了作词尝试。水深火热中的聂耳啊！我纪念你！"

聂耳死于水，葬于火。

水火本来是无情的，生死本来是无凭的，悲痛是不可挽救损失的，眼泪是医不活死人的。我们追悼聂耳，不用眼泪！我们补救音乐的损失，不用哀呼！一个聂耳死了，我们要用十个聂耳来代替！我们要用十倍的力量来偿补！

努力文化运动的人们！努力音乐运动的人们！追悼聂耳的人们！纪念聂耳的人们！我们用努力，来偿补这次的大损失！聂耳何尝死！你们听听他的《大路歌》正震响在天空！聂耳没有死！你看看他的艺术根叶正茂长在地上！聂耳是活着！我们想：聂耳的功绩是深印在大众的脑中！

1935 年 8 月 16 日，上海各界人士在金城大戏院（今黄浦剧场）举行聂耳追悼会。上海文艺界几乎所有知名人士都自发出席。当时还被关押在南京的田汉在狱中写了那首著名的悼诗：

一系金陵五月更，
故交流落几吞声。
高歌正待惊天地，
小别何期隔死生！

乡国只今沦巨浸，
边疆次第坏长城。
英魂应化狂涛返，

重与吾民诉不平。

这不正是安娥的悼文中所说："千千万万火热水深中的未死者，等待着你的歌"吗？与聂耳从未谋面的冼星海曾两次撰文悼念这位音乐战友。

1945年，聂耳去世十周年，安娥又在聂耳家乡昆明市的《扫荡报》上发表了一篇纪念文章。

安娥一开始就肯定了一·二八抗战后"整个文化运动的倾向，却显然的迈进了一大步"。电影产生了《狂流》《肉搏》《无家者》等；话剧有《扬子江暴风雨》《暴风雨中的七个女性》；歌曲有《十九路军赞》《义勇军》。她还说，连在"大世界"演出的江笑笑也有《难民叹》《一·二八》等反对日本侵略军的节目。虽然《毛毛雨》《桃花江》的歌曲还在播送，但越来越多的人开始写救亡歌曲，"这是我们可慰告于聂耳的"。最后安娥写道：

> 纪念聂耳，需要努力工作来纪念他，如何使音乐运动更广大深厚的发挥威力，是我们纪念聂耳的时候应该想到做到的。我希望我们每年都能够拿出更好的音乐成就来纪念他。更希望音乐戏剧工作者，在最近的将来打开中国的歌剧之门，明年纪念聂耳的时候，将有更多的歌剧、小歌剧（只采用它的形式，换过内容）或歌曲搬上纪念聂耳的舞台。（安娥：《为纪念聂耳而写》，1945年7月18日，《扫荡报》）

安娥自从与冼星海认识后，一直保持着纯真的友谊。

冼星海家境很困难，就靠母亲替人干活来培养他。1926年，冼星海入国立北京艺术专科学校，次年转上海国立音乐院，1929年去法国留学的船票是安娥为他买的。安娥在长诗《寄给星海》中追忆，当她将票送到冼星海家去的时候,冼妈妈正在给东家洗衣服,见到安娥来,马上将手上的水珠甩甩干,接过船票,说:"姑娘,正式的船票,我们买不起。/儿子要到法国去读书,我同意。/我的两只手可以养活自己!"一席话,说得安娥好感动。她心里默默地对星海说:"没有你的母亲,就没有当时的你。/是你的母亲,把你送到边区。"

1960 年 10 月 29 日,《人民日报》上发表了田汉的文章《回忆聂耳、星海》,纪念冼星海逝世 15 周年,他说:

> 星海十分敬爱他的母亲,当星海在巴黎苦学的时候,他的母亲也在上海给人家做工度日,以成就她儿子的学业,星海回国后才把母亲接回来。星海的曲子《顶硬上》等就是呈献给他母亲的。

冼星海在巴黎学习西洋乐,1935 年由巴黎音乐院毕业后回国,参加抗日救亡音乐活动,努力把西方音乐原理和中国民族旋律相结合。1936 年到 1938 年间,安娥与冼星海合作创作《路是我们开》《山茶花——一个小女工的故事》《我们不怕流血》《战士哀歌》《抗战中的"三八"》《六十军军歌》等歌曲。安娥写的唱词简单有力,爱憎分明,比较短小,容易记。如《路是我们开》:

> 路是我们开哟,
> 树是我们栽哟;
> 摩天楼是我们亲手造起来哟,
> 造起来哟!
> 好汉子当大无畏,
> 运用铁腕去创造新世界哟,
> 创造新世界哟!

好汉子当大无畏，

运用铁腕去创造新世界哟，

创造新世界哟！

《我们不怕流血》的唱词是这样的：

我们不怕流血啊！

我们不怕流汗啊！

只要这血汗流了啊，

是为我们自己来干啊！

敌人的毒计虽然凶狠，

不能动摇我们铁似的决心！

我们要得到最后的胜利，

还要坚持我们抗敌的血战。

啊！

我们要使田园长得更好！

我们要使兄弟们的希望实现！

我们不怕困苦啊！

我们不怕艰难啊！

只要这苦难的牺牲啊！

是为我们自己的情愿啊！

在《山茶花——一个小女工的故事》里，作者把勇敢的女孩小红，比喻为五月里的山茶花，表扬她抗日救国的英雄行动，赞她为"妇女之光"。《抗战中的"三八"》也是为抗战妇女写的赞歌。《战士哀歌》则是为牺牲于战场的抗日战士所写的哀歌，一共才四句唱词：

你们为着抗战勇于牺牲，

你们活得伟大死得光荣！

我们踏着血迹继续前进，

我们抱定志愿誓达完成。

《六十军军歌》是安娥与冼星海在 1938 年写成。1937 年 12 月 13 日，云南妇女战地服务团离开昆明赴抗日前线。服务团成员 60 人，最大的 25 岁，最小的只有 15 岁。1938 年春节到达武汉 60 军驻地受训，讲课的有郭沫若、邓颖超、田汉、史良等知名爱国人士。安娥和冼星海受服务团之请，写成这首激励抗日将士、威震敌胆的《六十军军歌》。我们在《六十军军歌》里可以读到这样的唱词：

我们来自云南起义伟大的地方，

横穿过贵州湖南开赴抗敌的战场。

弟兄们，用血肉争取民族的解放，

保卫蔡松坡留给我们的荣光，

不能让敌人横行在我们的国土，

不能等敌机轰炸我们的澜沧江。

云南是六十军的故乡！

六十军是保卫中华的武装。

这首军歌的词谱，今天用立体的大字展示在昆明云南讲武堂纪念馆的墙壁上。

冼星海 1938 年参加中国共产党，1939 年往延安，任鲁艺音乐系主任，写出了震撼世界的《黄河大合唱》等优秀作品。

安娥在 1955 年 5 月写长诗《寄给星海》，热情奔放地回忆着与

冼星海一起的日子,又以高昂的语句歌颂冼星海的精神面貌。诗人开首就写道:

> 星海,是你高举着音乐的战旗,
> 勇猛地冲向反动势力!
> 星海,是你把民族音乐的语言,
> 发挥得如此的强壮,朴素,美丽!
>
> 记得你善良的眼里,
> 闪烁着柔和的忧郁;
> 你微驼的肩和背,
> 是饥饿的表记;
> 生活残酷地虐待你,
> 而你总是为人民而欢喜;
> 从不记得你为个人的事,
> 把眼皮抬高或放低。

接着,安娥亲切地记起冼星海说过的话,"你说:要是不革命,人们就活不下去。/我问你,你为什么要回来?/你说,我不能没有祖国,像个孤儿。/我问你,你为什么要革命?/你说:我耻于和敌人共一个天地。"

1940年5月,冼星海受党组织委托前往苏联,为抗战新闻片《八路军与老百姓》作曲配乐。1941年6月22日苏德战争爆发,他们被迫停止工作,准备回国。可是星海归途受阻,1944年1月他来到哈萨克斯坦的库斯坦奈州时,生活非常艰难,身无分文,而且生病。二战快结束时,冼星海被送至莫斯科,入住莫斯科一家医院。由于他患的是白血病,医生无回天之力,于1945年10月30日病逝。

安娥在长诗的最后沉痛地写道：

星海，这封信怎样寄给你？
你是在遥远的、遥遥的那个地区。
人们说，那里不通邮电，
只通朋友间内心的呼吸。
我认为我是诚恳的，
相信你会收到我这忠实的敬意！

她不知道冼星海的骨灰一直到 20 世纪 80 年代，才从莫斯科回到祖国怀抱。

9. 安娥与电影明星

1933 年元旦,由明星电影公司主办的《明星日报》在上海创刊。为了招徕读者,扩大销路,提高明星公司的知名度,报社发起读者评选"电影皇后"的活动。

报社在发起的宗旨中说:此次活动是为了"鼓励诸女明星之进取心,促成电影之发展"。参加选举的三位演员的票数非常接近,竞争十分激烈,她们是明星公司的胡蝶、联华公司的阮玲玉、天一公司的陈玉梅。

为了引起人们的注意,该报每天刊出得选人员的选票数量。《明星日报》的这个活动得到不少影迷的热烈支持,历时两个多月,到 1933 年 2 月 28 日上午 10 时截止。报社召开了新闻发布会,到会的有上海名流、电影界代表和著名律师等四十余人。先由主持人将选举经过和加冕典礼的筹备情况向来宾作简单的介绍,然后在律师监督下检票。结果胡蝶得 21334 票,陈玉梅得 10028 票,阮玲玉得 7290 票。胡蝶当选为电影皇后。

其实客观地说,除了胡蝶在电影艺术方面的造诣获得大众认可之外,我们还不得不承认媒体的巨大作用。明星公司为了胡蝶能当选电影皇后,发动猛烈的宣传攻势。胡蝶塑造的银幕形象多为端庄娴静的淑女,而阮玲玉饰演的大都为底层角色,从这一点来讲,胡蝶的观众缘已胜过阮玲玉。若单纯论演技,阮玲玉还要胜胡蝶一筹。

1933 年 胡 蝶 当
选电影皇后颁证
会场外的横幅。

选举揭晓后，明星公司准备举行一次盛大的电影皇后加冕典礼，因为胡蝶本人一再推辞，主办方只得将加冕典礼取消。后来明星公司将这次庆祝活动和"航空救国游艺茶舞大会"结合在一起进行。

大会于 1933 年 3 月 28 日在静安寺路大沪跳舞场举行。由于事关救国，大沪跳舞场的经理免费出借会场并免费供应茶点。会场门口悬挂着"庆贺胡蝶女士当选电影皇后，航空救国游艺茶舞大会"的横幅，场内摆满了各界赠送的大小花篮两百多只。

庆祝会是下午 2 点开始，可是在 1 点 40 分，会场外已是一片车水马龙的景象，场内更是人如潮涌。为了防止出现意外情况，工部局派来了多名巡捕在会场门口维持秩序。一些名牌商店也抓住这个难得的商机纷纷送来礼物，一则表示祝贺，二则进行广告宣传。如：福昌香烟公司将新出品的胡蝶牌香烟分赠来宾，中西大药房将明星花露水奉送各位，总统公司送来了"乖乖果"，冠生园食品厂献上了巧克力……到场的有海上闻人和阔佬吴铁城、杨虎、杜月笙、虞洽卿等。

由于胡蝶正患眼疾，所以到傍晚 5 点才来。当新诞生的电影皇后出现时，会场上立即爆发出雷鸣般的掌声。

几位社会名流在致完贺词后，大会即当场颁布"电影皇后证

书",证书全文如下:

盖闻彩凤衔来,云里颁蕊珠之榜;丹虹献出,河中呈镂玉之图。胜事既成,良辰斯遇,不有佳证,何伸雅怀?电影选举,久畅行于列邦;此次提倡,实中国之嚆矢。

而女士名标螭首,身占鳌头,倏如上界之仙,合受人间之颂;声华熠尔,舆诵翕然,足征殊艺冠群,有水到渠成之妙。灵心绝世,是花开见佛之才,今日者裙展联翩,香云馥郁,莫不欢从掌起,喜共眉舒。盖无皇后不能树银幕之先声,非女士不克居金屏之独座也。且秦暴方强,鲁难未已,飞机救国,日相喧呼,积款乘时,借资号召。

蒙女士现毫端之艳彩,色相示人,舒口角之春风,歌音餍众。玲珑肝胆,与朱家郭解相期;旖旎光辉,岂小玉双成可比。红尘推戴,岂徒然哉!绣闼尊荣,从兹始矣。允垂嘉话,播世界于三千;竞仰芳姿,抚栏干兮十二。缅想昭阳昼永,日影方中;顿教歌浦名离,花枝常好。此呈首届电影皇后胡蝶女士。

这张证书当天陈设在会场中。证书由刘襄亭撰、陆澹安书,词采富丽,文情并茂,书法秀美,镶以精良的镜框,真是一件可贵的艺术品。大会完成后,由《明星日报》派代表专程送到胡蝶家中。证书颁布后,胡蝶手持由"爱国童子"崔锡恩所献的一朵鲜花,表示了答谢并演唱了一首歌:《最后一声》。这首歌

百代公司灌制的安娥作词、任光作曲、胡蝶演唱的《最后一声》唱片。

是胡蝶请安娥和任光特地为庆祝会写词和谱曲的。歌词充满对东北沦陷的悲愤之情,强烈地呼唤为民族解放而战斗。唱词如下:

亲爱的先生,

感谢你殷勤,

恕我心不宁,神不静,

这是我最后一声。

你对着这绿酒红灯,

可想到东北怨鬼悲鸣?

莫待明朝国破恨永存,

今宵红楼梦未惊!

看四海沸腾,

准备着冲锋陷敌阵,

我再不能和你婆娑舞沉沦。

再会吧,我的先生!

我们得要战争,

战争里解放我们,

拼得鲜血染遍大地,

为着民族争最后光明!

胡蝶唱这首歌是有来由的。1931年11月20日,《时事新报》刊登马君武的《诗二首》,其中有"赵四风流朱五狂,翩翩蝴蝶最当行。沈阳已陷休回顾,更抱佳人舞几回"之句,指责张学良和胡蝶在国难当头寻欢作乐,由此激起人们的愤慨。明星影片公司于次日在《申报》上以胡蝶名义刊登辟谣启事,导演张石川、洪深等人也刊登启事于报端,为胡蝶澄清事实。1986年出版的《胡蝶回忆录》称此事"是日本通讯社从中造谣中伤张学良,以引起国人对他的愤慨"。胡蝶本人十分注意自己的社会形象,在颁奖大会上,演唱了这首充满报国之情的新歌。《最后一声》由百代公司灌录了唱片,同年6月7日隆重推出。这是电影皇后胡蝶"破题儿第一遭"为百代灌录的唱片。

歌词表达了胡蝶在国难当头发出的心声。在她主演的影片《空谷兰》(1934年出品)里,她和高占飞唱出了同样由安娥、任光创作的同样悲壮而高昂的《抗敌歌》:

我有敌人凶似狼,
强占我地方。
抢掠屠杀后,
再烧我村庄。
可怜我同胞们,
千万命遭殃。
不打倒野心狼,
国家将沦亡。
……
拼一命,死战场,
夺回我地方,
为民族解放!
杀! 攻上!

田汉在1932年九一八纪念日发表的《评郑正秋君胡蝶女士合演之〈贵人与犯人〉》一文中,评说了"胡蝶女士的人与艺术","很吃惊于她能扮乱头粗服的娘姨,这是许多漂亮的小姐们所不干的",希望她"从'蝶梦'里赶快挣扎出来认识真实的社会"。从她以上的表现,可以看到这位电影明星朝着这个方向的努力。

《空谷兰》《姊妹花》和《渔光曲》等八部影片共同参加了1935年在莫斯科举办的"国际电影展览会",胡蝶作为代表团成员出席了展览会的活动。

就在胡蝶当选为"电影皇后"时,中国电影界有了一个重要的动向。那就是大量的左翼艺术家开始介入电影界,并由此掀起轰轰烈烈的进步电影运动,拍摄了一大批好电影,如夏衍根据茅盾小说改编的《春蚕》,创作的《狂流》《上海二十四小时》《脂粉市场》《前程》;田汉编剧的《三个摩登女性》《民族生存》;阳翰笙的《铁板红泪录》;沈西苓编导的《女性的呐喊》;郑伯奇与人合作的《盐潮》和《泰山鸿毛》等。

安娥也参与了进步电影运动。她不仅因电影《渔光曲》的插曲而声名鹊起,还为影片《红楼春深》《大路》《女性的呐喊》《四姊妹》《空谷兰》《凯歌》《迷途的羔羊》《狼山喋血记》《王老五》《保卫我们的土地》等写插曲或主题曲,其中,《新凤阳歌》《抗敌歌》《新莲花落》《王老五》等,成为脍炙人口的流行曲。

安娥与当时的电影明星有很好的人缘,如主演《三个摩登女性》《母性之光》《大路》的陈燕燕。陈燕燕(1916—1999),原名陈茜乾,旗人。她的艺术生命很长,1930年出道,至少到上世纪80年代仍出现在屏幕上,如在大陆家喻户晓的台湾电视连续剧《昨夜星辰》中饰演一位慈母的形

1930年代与电影演员陈燕燕合影。

象。1933年,安娥进入上海百代唱片公司歌曲部工作,在此后的四年时间里,安娥为包括陈燕燕在内的许多电影明星写歌词,录唱片。1934年,陈燕燕演唱了安娥作词任光作曲的《落叶》和《燕燕歌》,尤以后者最闻名。《燕燕歌》是影片《大路》的插曲,在《大路》中,观众不仅欣赏到了陈燕燕的曼妙风姿,还听到了她演唱的《燕燕歌》,这首歌曾经风靡一时,它的词曲与"美丽的小鸟"陈燕燕纯真可爱的形象特别相称, 又和她的名字巧合, 令人怀疑是不是"量身定做"的?

> 花儿红又鲜,
> 开在了小河边,
> 对对小燕儿
> 飞在那柳树间。
> ……
> 穿穿穿呀,
> 飞回梁间喂小燕。
> 唧唧唧
> 小燕晚安。

安娥与陈燕燕的亲密合影至今仍是一幅网上频传的受人喜爱的照片。

安娥对电影艺人们的酸甜苦辣感同身受, 她作词聂耳谱曲的两首歌道出了女明星们表面风光下的艰辛和痛苦:

> 昨夜的悲欢离合,
> 今天的饭碗衣裳,
> 昏昏的走进家门,
> 好像是隔世风光。

......

今宵的光荣富贵，

明天的饭碗衣裳，

昏昏的来到灯前，

好像是热火滚烫。

(《走出摄影场》,1934 年)

一个女明星，

天天拍电影，

人人都欢迎；

一个女明星，

真会做表情，

人人都要捧。

......

新片一出来，

明星更要明，

东也请,西也请,

汽车快如风；

大餐厅,跳舞厅,

更加都欢迎。

影片里,讲爱情,

有阔也有穷,

都是做表情；

家庭里要吃饭,

才是真事情,

人生最显明。

(《一个女明星》)

安娥作词星海谱曲的《女性的呐喊》可以视为《最后一声》的姊妹篇：

与其这样痛苦等着死，
不如拼死奋斗！
打出这毁人的牢笼，
创造个光明的宇宙；
齐在救亡的血境里，
唱下自由的前奏！
……
打倒这黑暗的世界，
创造我女性的光明；
齐在救亡的战线里，
唱下解放的先声！

唤起女性的觉醒，是安娥终其一生的目标，也是她许多作品的主题。为胡蝶写歌词，正是为了完成这个使命。

安娥不但为影片写歌，还写了不少影评，如《〈女性的呐喊〉的质和量》，为刚出世的左翼电影摇旗呐喊，并实事求是地指出其艺术上的不足。

《女性的呐喊》是一部反映女工生活的影片，第一次在中国银幕上展示了中国工人的生活，展示了最受剥削、最受压迫的包身工的非人遭遇，表现了她们的觉醒。

安娥在文章的最后说："我们现在对影片的要求只是充饥的面包，所以影片所给我们的，哪怕是很粗很粗的面包，我们都马上觉得可以解饥，否则影片哪怕给我们的是最上等的西洋细点，而我们终于吃不消哟！努力啊！由这一星之火而发出灿烂的火花来啊！"

当夏衍的《狂流》公映时,安娥对这部反封建的左翼电影提出了更高的要求。认为它反封建还不够充分,尚存在一些"拥护封建道德的气息"。剧作者不甚同意她的看法,但安娥对复旧主义的敏感与抵抗,略见一斑。

安娥为胡蝶写歌词,是她运用艺术服务于现实斗争的一次实践。安娥和她的左翼战友们还利用艺术手段进行了一次呼唤正义、冲破黑暗的"突击行动"。这不是"左联"早期举行的那种脱离阵地、脱离群众、曲高和寡的"飞行集会",而是选择了适当的方式和场合,表达人群的心声,因而取得了一呼百应的效果。

1937年2月10日是普希金逝世100周年的纪念日,上海文化界,包括中外人士,发起普希金逝世100周年音乐会,并决定为普希金竖立铜像。宋庆龄是这个建像筹备委员会的主任,委员有蔡元培、法国总领事、苏联总领事以及中苏文化协会等。

纪念普希金去世100周年音乐会在上海北四川路上海大戏院里举行,这家戏院经常放映苏联电影。负责音乐节目的,苏联方面是乐队指挥如鲁茨基,中国方面是任光。安娥将自己写的一首歌献给音乐会。大会开始时,她把印好的歌片儿发给与会的群众,歌曲的调子很简单,当场由指挥教大家学唱,而且别出心裁地每唱两句,用锣鼓敲打一下,钢琴伴奏是夏曼蒂。

那天到会的有宋庆龄、蔡元培、苏联驻华大使鲍格莫洛夫等人。观众都是文化界人士,其中大多数是青年,因此一学就会,群情激昂,在沉痛哀悼伟大诗人普希金的氛围中,既歌颂大诗人的杰出成就,又斥责沙皇迫害诗人,抨击法国外交人员阴谋陷害普希金。安娥的歌激发了大家的情绪,使得整个音乐会变得愈发热烈和悲壮。

10. 新的旅程

1937 年 11 月 12 日的夜间,上海沦陷前夕,安娥与摄影家郎静山一家搭英国船"同和"号,准备到南京去。

离开上海! 离开她体味了八年酸甜苦辣的上海,离开经历了三个月血战的上海,不禁思绪万千。

> 啊,我可纪念的上海啊!
> 在你那伟大的三个月中间,
> 烟火每天都是这样的红;
> 血水每天都是这样的鲜;
> 三十万战士的白骨,
> 撑住了西南半个天!
> (《红焰曲》,"三十万"是淞沪战役我军伤亡数。)

恰好田汉与三弟田洪也乘了同一条船。田汉在 1948 年发表的《告白与自卫》一文中说:"在船上我与安娥重逢。"这"重逢"二字回避了一件事:昨天(11 月 11 日)夜晚,他还和安娥一同走在上海的马路上,倾心交谈。

安娥记下了这次给了她"意外的安慰"的谈话:

直到了今年十一月十一日上海沦落的前一天夜里，天上的月亮被乌云遮盖着，露出一副阴暗悲惨的脸，好像哭吊我们十万保卫大上海烈士的英灵。乌云又被战火照着，像一片殷红无边的血海。我同寿昌同走着上海最后的马路——最后我们还可以偷着自由走的马路的时候，我才敢对他说：

"我和你说，我并不是消极，不过我一想到明天的上海，想到这十万牺牲的烈士，想到千百万被难的同胞，想到北方的一切时，我总想哭！我总觉得我非要痛哭一场才舒服似的。不过，我并不消极。"

当时出我意料之外的，寿昌不仅不反对我，反而答复我说：

"哭，不一定是消极；消极的人，根本就不哭。"

我听到了这样一句圆图的话，好像得到了意外的安慰！雅不欲去追究这句话的定义。第二天就踏上了西征的长途。(《高粱红了》自序)

诗剧《高粱红了》手稿由上海带至武汉出版。

撤离上海前不久，田汉还在"暗暗的台灯下"细读安娥的诗剧《高粱红了》手稿，他给予这部作品很高的评价。1937年12月18日在汉口永贵里为安娥这部即将出版的作品写的《序》中说：

大场不守之后我军挥泪退出江湾闸北，主战场移到北新泾苏州河之线，梵王渡、徐家汇一代终日炮声震耳，流弹四飞。在这样紧张危迫的一个晚上，我倚着暗暗的灯台看完了式沅的《高粱红了》。这是一个以现在还进行着的民族解放斗争的血史做题材的长篇歌剧。她很生动的描写了一个自发的农民队伍，经过了残酷的战斗，接受了许多宝贵的教训后，渐次把他们运动的意义提到更高的阶段。他们知道了让敌人割别人的高粱，结果别人完了，会割到自己头上来。他们知道只有大家武装起来直接同敌人拼命才是一条生路。

和他当时写的许多文论一样，田汉把视野扩展到更广的全民抗战的领域：

　　他们终于更知道这一解放运动还要求更好的政治的军事领导。必须不分一切阶级党派结集在一个统一的正确的巧妙的指挥之下才能获得更大的战果，而不能单靠良心和蛮动。

对安娥的艺术尝试给予充分肯定，并且以共同"朝着胜利的道路前进"而互勉。字里行间可以读出，田汉与安娥的心是紧紧地连在一起的：

　　因此单就故事说，这中间已经充满着许多可宝贵的Suggestion（暗示），若是真能经过优秀的作曲，在舞台上演奏起来，那将是一个很稀见的壮观，这我可以替观众保证。
　　但是高粱红过了！不仅广大的满洲之野至今还驰骋着敌骑，就是这"天堂"般的江南也惨遭敌人的蹂躏而未有已。写这序的时候我们是由上海、南京而流亡到汉水之滨，这儿已经又是兵火仓皇，我们再不奋然而起，作有效的保卫华中的运动，莽莽神州将没有我们立足之地。我们实在没有踌躇的余地了，

快像这高粱间的队伍一样朝着胜利的道路前进。（《高粱红了》序）

撒离上海的前夜,分手时,彼此是否没有告知明日离沪的行程(这似乎是不可能的)？如果事先不知,他们在"同和"轮上见面时,也许会感到惊喜,但不会出现有的传记作品中描写的那种意外重逢的生动场景。

他们这次风雨同舟,标志着安娥与田汉开始了在抗战的大时代中的新的旅程。

安娥和田汉心中都燃烧着对祖国、对民族、对家乡、对大众的热爱,国土的沦丧、同胞的苦难在他们心中引起着同样的痛苦,同样的愤怒。

安娥写道：

当东北四省沦落以后,我虽然感到了"国破"的悲哀,但是对于"家亡"的痛苦好像感到的还不够十分深刻。因此我在那个时候的许多写作,对于东北同胞的痛苦,多少还带些"同情者的意味",缺少切身的实感。对于日本帝国主义的压迫,也好像少有一层身受的愤怒。但是到了一九三五年当我在报上读到：平津被迫的撤兵,冀东伪组织的成立,日本帝国主义对中国奴隶的压迫,汉奸走狗们丧心病狂、认贼作父的可耻行为,以及成群成伙青年们被屠杀拷捕,使我不禁对报纸痛哭起来！我感到了亡国奴的悲痛！当时我在眼泪中曾写了一篇《燕赵儿女》。那时候我真想立刻跑回北方,和燕赵慷慨悲歌的儿女们,一齐揭起反抗日本帝国主义的民族革命的战旗。但事实上,这种事情哪能像写文章似的那样容易啊！(《高粱红了》自序)

在民族危亡的关头,安娥和田汉都发出了中国人民"最后的吼声"。

1935年,安娥在《抗敌歌》中发出"不打倒野心狼,国家将沦亡"的警号。

1936年,她在《打回老家去》中呼唤:"全国同胞,快起来!我们不做亡国奴隶!"据说这是第一支公开喊出"打走日本帝国主义!"的群众歌曲。

一曲《丧家失业的人啊》拨动了多少离乡背井的流亡者的心弦:

> 丧家失业的人啊!
> 山是故乡的高,
> 水是故乡的深,
> 田是故乡的绿,
> 人是故乡的亲。
> 妈妈,还留着她最后的一滴血乳,
> 等候我们打回老家去的儿女们。

田汉的《义勇军进行曲》号召中国人万众一心,冒着敌人的炮火前进,是我们民族面对侵略者发出的最强音。

今天终于爆发了全面的抗战,他们的兴奋非言语可以形容。

船行至南京时,安娥已经决定加入田汉一群中。他们先与叶剑英、廖承志等在陈铭德寓所聚餐,过后,又搭陈铭枢的汽车离开南京前往湖南。

在"西征"(从上海到武汉)的烽火道路上,一对赤诚的中华儿女、激情的救亡歌手的心紧密地连在一起了。沿途的观感,两人都用诗歌记录下来。安娥写了六首:《过出云舰》《海安的早市》《到了首都》《京芜公路》《徽州道上》《天国的江南》；田汉的收获更多，有旧体诗三十首。

他们航行在黄浦江之际，从"同和"号的甲板上，"忽见三烟囱两炮塔之日巡洋舰'出云号'赫然入目，虽屡经我空军轰炸，未受巨创，痛惜之至"。安娥见此写了一首《过出云舰》：

> ……
> 我们的飞机和炮，
> 虽然没有奈何了你；
> 但我们老百姓的拳头，
> 你便是金刚做成的，
> 我们也打得透！

田汉同题的一首绝句是：

> 工事曾无土木勤，
> 遂教黄浦聚倭军。
> 三囱两塔赫然过，
> 恨未雷击葬"出云"。

田汉惋惜我军未在江岸构筑坚强工事，控制日舰通过，我空军也未能将"出云"舰炸沉。安娥则更寄希望于"老百姓的拳头"。

安娥过南京的印象是：

> 好容易到了首都南京，
> 满耳一片的搬家声；
> 沿街十里的马龙车水，

排排是面朝西背朝东。

（《到了首都》）

田汉在南京下关码头目睹"人山人海，皆等船赴上游"的情景，写了一首《望下关》，表达了同样的愤懑心情：

虎踞龙盘入壮眸，

金陵王气未全收，

如何肉食锦衣者，

争向江头买客舟。

但他对南京还是怀着深情："仓皇烽火别金陵，回首河山想爱憎。百万人民无吼处，更从何处乐中兴。"诗注："式沅(安娥)谓，她本不甚欢喜上海，但在抗战三月后，她不觉想爱上海，及至沦陷，曾为痛哭。予于南京亦然。"最后这句话含有深意。几个月前，田汉还在南京坐牢，被软禁于丹凤街，本不应欢喜这个城市，但今天在仓皇烽火中辞别它，怎能不为这座成为中国首都的古城一哭。田汉认为南京的保卫战仍有可为："河山尽使成军垒，直到倭奴屈膝时"，但为广大群众的抗战热情遭受压抑而感到忧虑。

在由南京去芜湖的公路上，安娥焦心地看着路上的混乱情形：

惊心的走着这条公路，

注视着路身和水湖；

只要是一辆车马的陷落，

便断送整个队伍的前途……

（《京芜公路》）

而田汉面对同样的场面,写了一首更富哲理的绝句:

细雨微波清水河,

堤边柳下覆车多,

后车不引前车鉴,

故辙依然可奈何!

(《经清水河》,清水河在芜湖市东。)

后事证明,田汉为之扼腕的痼疾,酿成过多少灾难。田汉曾将这首诗写成条幅,挂在壁上。

经过山清水秀的皖南,安娥和田汉时时想着,这块丰饶的土地浸透着祖辈的汗水。田汉的《过绩溪某山》首句就说"何日辛勤辟大荒?"接着赞美皖南的秋色:"远山起伏凝深紫,秋叶萧骚带杏黄。"

而安娥的诗则直接与抗日联系起来,她说的都是"百姓的话":

这样幽美的山径,

都是我们百姓的手工;

我们绝不能让,

帝国主义的炮来轰!……

祖宗的血在这里流尽,

爷娘的汗在这里流干!

把这样的地方给日本人占去?

我们老百姓怎么会心甘?

从上海到武汉,二十几天的旅途,使安娥与田汉的关系进入了一个新的阶段。

在湖南浏阳河对岸的一座山头上,安娥告诉田汉,他们的儿子还活着，正随着外祖母一家在逃难的途中。田汉急切地想见到儿子的模样，1939年从湖南写信问安娥："大畏那孩子最近有照片寄来么？我要看你们娘儿俩的照片甚急。可用快缄寄来。至盼。"接着又在另一封信里说："妹妹（安娥的妹妹张式浓）有信来说大畏很有进步，他没有给他爸爸写信原因是他爸爸也没有给他写信。这爸爸难做得很，请你这妈妈暂时代劳吧。"

田汉第一次见到六岁的大畏照片。

对儿子的牵挂又成为他们之间的一条新的纽带。

到武汉后，他们以空前高涨的热情各自在相同的和不同的领域投入了如火如荼的抗战工作。安娥留在武汉，1938年元旦刚过田汉就返回了长沙。安娥写诗为他送行：

> 今天，
> 咱们又重逢在武汉；
> 正是抗战的鲜血，
> 染遍整个奴隶的河山！
> 每一个中华的儿女们，
> 都为着祖国的存亡而战；
> 因此，我们便觉得更紧密的相关。
> 一缕朝霞
> 伴着点儿炊烟；

我送你

回到不屈的湖南。

　　1931 年以来笼罩着心头的阴霾终于散去，安娥在民族战争的
火光中迎来了情感的朝霞。

11. 华彩乐章

　　武汉,武汉! 抗战初期中国剧烈跳动的心脏。中国人在强敌面前挺站了起来。"你们穿着戎装,你们配着刀枪;你们的神情,是这样的英勇而健壮! "(《献给女战士》)"抗战的歌手们,一对对唱着走过来。他们的步伐是那样的坚定,他们的歌声是那样的和谐"(《战士之声》)。1937年安娥到武汉,三十二岁,正当华年,活动能力和心情都是最佳期,一篇篇紧扣时代的作品,涌现于她的笔端。安娥这时心情的愉快,还由于一个错觉:她以为恢复了她1933年失去的中共组织关系。她在《历史思想自传》里说:"在武汉田汉常常把党的政策告诉我,并告诉我做哪些工作。我以为党是派田汉来领导我了。过去给我派的领导人,经常采取这种方式。这时我以为我又是党员了,很骄傲愉快,一年之久没有生病。"

　　如果将安娥跌宕起

1938 年安娥在武汉。

伏的"人生旋律"比作一部交响乐,那么她的武汉时代,直到她奔波于抗日前线的1940年,便是其中的华彩乐章。从1937年12月南京沦陷后中国政治中心转移到武汉到1938年10月武汉撤退,也是中华民族抗日大潮的一段华彩乐章。田汉别南京时见到的"百万人民无吼处"的压抑状态,如今变成安娥笔下的:

老的,

少的,

男的,

女的,

武装和徒手,

挤满了黄鹤楼!

他们大声的谈论,

他们大声地吼。

……

我们要吼得帝国主义发抖;

……

我们要唱出:

中华民族的解放和自由!

(《武装了的黄鹤楼——武汉各界第二期抗战宣传周美术歌咏水上火炬大游行》)

1937年12月,与田汉一同抵达武汉,1938年年初,送田汉去长沙。田汉在她心中是"一团鲜红的火焰",送走田汉,"我的心,微微有点孤单!我愿追上这团焰火,去到抗战的湖南!"(《红焰曲》)但这不是谈情说爱的时候。她这几年的大事记,足以证明她没有虚度这波涛汹涌的伟大时代。

在武汉的几个月,安娥几乎马不停蹄地奔走,在案头、街头,在社会活动中,把自己的能力发挥到极致,而且成果丰硕。

1937年12月27日至31日,参加"中华全国戏剧界抗敌协会"筹备会工作,被推举为协会理事。同月,积极参与筹备成立"战时儿童保育会"(以下简称"保育会")。

1938年1月,报刊公布保育会发起人名单,安娥名列其中。同月,被公推为筹备委员。21日至29日,参加"中华全国电影界抗敌协会"筹备委员会工作,出席成立大会。

2月,与沈兹九、曹孟君、许镜平等发起"救救孩子"签名运动。诗剧《高粱红了》在武汉出版。为开赴前线的云南部队写《六十军军歌》,星海作曲。28日,田汉返回武汉,大力支持安娥筹建战时儿童保育会的工作。

3月,在安娥的影响下,田汉为保育会起草发起《宣言》,并著文称赞全武汉十七家中国戏园将2月25日演剧所得捐给保育会的行动为"戏剧的荣光"。"从此,田汉和安娥便经常一起在社交界露面,安娥当了三厅雇员,仍从事妇女儿童工作,不断得到田汉的支持。"(董健《田汉传》)

10日,在保育会成立大会上,安娥报告筹备经过,被推举为常务委员。27日,参加"中华全国文艺界抗敌协会"(简称"文协")成立大会,被推举为理事。

4月4日,参加保育会组织的儿童节庆祝活动。7日,台儿庄大捷传来,参加抗日宣传周武汉三镇各界水陆火炬大游行,写诗歌《武装了黄鹤楼》、长诗《台儿庄》。

5月,"文协"会刊《抗战文艺》创刊,安娥为编委之一。5月20日至25日,出席宋美龄召开的"庐山妇女谈话会",成为"新生活运动妇女指导委员会"委员。22日,发表《介绍长沙儿童剧团》,文中说:"我们对这些天真英勇的小战士们,应该如何钦佩、爱护与协助啊！"

6月，发表战时儿童保育院报道文章《孩子们到四川去了》。多次与田汉去孩子剧团、七七少年剧团。发表诗歌《孩子们的队伍》，歌颂孩子剧团冲过敌人炮火来到武汉的"长征"。6月末参加孩子剧团在昙花林礼堂欢迎河南小学生宣传队的盛会。

8月4日至8日，上街向市民宣传保育会的宗旨和保育儿童的措施，收容流落在武汉街头的难童；13日发表《抢救孩子去》，介绍这次抢救活动经过。5日，《妇女生活》刊出安娥作词、张曙作曲的《战时儿童保育院院歌》。

7月出版的《抗战文艺》上登载了安娥的一篇随笔《江上歌声》，描绘了抗战热潮中武汉的一道特有的风景线：长江轮渡上的歌咏宣传活动。安娥遇到一群在轮渡上唱保卫武汉歌曲的"三八歌咏队"的女孩子，便想"为什么不组织一个经常的轮渡宣传队呢？……当这第三期抗战开始，动员武汉三镇民众保卫大武汉的时候，是应该怎样大量的来宣传民众，来组织民众，务使大武汉每一张口，每一双手都为保卫大武汉而努力！"安娥每时每刻都在想着文艺工作者应尽的责任。安娥所说的轮渡上的歌咏活动，当时就被电影记录下来，今天有时还能在反映抗战期间武汉的纪录片中看到这个镜头。

9月，诗集《燕赵儿女》出版。安娥从1930年起，在上海报刊上发表过不少作品，但从未结集出版。在武汉出版的《高粱红了》和

1938年安娥在武汉出版的第一本诗集。

《燕赵儿女》，是她印出的最初的两本专集。

9月至10月，与郭沫若、彭子冈等20余人赴第五战区司令部采访。发表《他是我们的敌人吗？》，记述和日本俘虏的谈话，号召中日人民联合起来，打倒制造战争的法西斯侵略者。

10月19日，参加鲁迅逝世二周年纪念会。

忙碌的社会工作，并没有使安娥放下写作的笔，这一年发表的作品，除前面提到的外，还有歌词《团结抗日》《少年进行曲》《妇女节歌》《山茶花》《战士哀歌》《抗战中的三八》《受难的孩子们》《保卫我们的土地》《抗战的女工》《怀念着祖国的儿女》《秋风》《收获谣》《王老五》等多首；诗歌《抗战的歌手》《飞将军凯歌》《冲出了象牙塔》等；随笔《残翼》《歌手》等篇。

在这民族救亡图存的时刻，她的歌词和诗作，多了些战斗的强音，激昂的呼号，但仍保持了韵律和谐、朗朗上口的特色，即使描绘战地景色，也用了柔美抒情的笔调，让人看到了《渔光曲》作者的风采：

> 晚霞轻轻地吻着疏林，
> 鸟儿歌唱着战地之春，
> 花儿无言地伴着流水，
> 青山爱抚着地之女神。
> 啊！春到了战地，
> 战地又逢到春。
> 若不是帝国主义的蹂躏，
> 这该是一副春景如何宜人！？
> （《战地之春》主题歌）

10月22日，田汉与政治部三厅人员及演剧四、九队离武汉

1939年安娥在重庆与文艺界朋友合影。

去长沙。26日，武汉失守，安娥撤退到重庆。

安娥到了战时陪都重庆，只是转移了一个战场，仍旧保持高度紧张的工作状态。她积极参加"文协"的各项活动，一度与陆晶清、戈宝权一同负责"文协"国际宣传委员会的工作。"文协"的晚会自1938年7月间一直到退出武汉，每星期六晚上举行，晚会由安娥、蒋碧薇、方令孺等筹备。发表文章《"下乡"与"入伍"》，提出："文协必须立刻有组织的有计划的发动文艺作者大量的'下乡'，大量的'入伍'，否则，不仅是文协放弃了目前的文艺任务，同时文艺作者本身如果现在不下乡，不入伍，将来在中国经过了这样一个伟大时代，作家竟写不出几部反映这个时代的作品，也是作家的耻辱！"

1938年11月，中苏文化研究会成立，安娥任音乐组的副组长；同年担任阎宝航主持的"国民外交协会"理事。

以"战时儿童保育会"常务理事和"妇女指导委员会"委员的身份，从旁协助陶行知创办育才学校，被陶行知聘为"育才之友"，为育才小朋友写儿童歌舞剧《牛

1939年安娥在重庆与文艺界朋友聚会。

鼻子挖战壕》。陆续发表多篇文章,介绍和赞扬战时儿童保育院的可喜成绩。保育院"川五院"院长蒋鉴积劳病逝,安娥写了一首感人至深的歌词,该院师生在追悼会上唱这首《哀歌》时,泣不成声。

1939年安娥在重庆参加文艺界聚会时与茅盾交谈。

1939年春,创作反映抗战军民英勇事迹的五幕歌剧《台儿庄》(出版时改名《洪波曲》)。插曲《和敌人决战去!》的歌谱被印在军校校刊的扉页。歌剧《台儿庄》突出民众的力量,军民一致,万众一心。其中有一个感人的情节:一个父母死于日寇屠刀的穷孩子,敌人对他欺骗利诱,要他刺探我军情报。敌人的残暴和我方军民的英勇,使孩子幡然醒悟,向敌人递送假情报,帮助我军开炮轰毁了敌人的弹药库,为此献出了幼小的生命。中国孩子在日寇占领下的命运,牵动着中国妈妈们的心,也是成立战时儿童保育会的动机之一:"使人痛心的,敌人到处使用其以华制华的毒策,把我们一部分的儿童,迁移到他们的后方,施以奴化教育,使将来打我们父老兄弟姊妹的敌人就是我们自己辛苦生养的子女,这是多么令人痛心的事体。(《战时儿童保育会缘起》)教育家陶行知在一次演讲中,讲述了一个故事:台儿庄胜利前夕,儿童宣传队到一个村庄,告诉大家不要当汉奸,不要上日本人的当,一个十来岁的小孩被感动,说自己曾帮助日本鬼子作恶,现在知道不对,他告诉我军日本人放军火的地方,我军发炮将其炸毁。几乎和歌剧里情节一样,可见安娥的作品有真实的依据。

1940年5月至6月,以五战区政治部下属宣传队为题材的歌剧

《战地之春》发表于重庆《抗战文艺》。这时人们已从抗战初期的亢奋中冷静下来，面对并不美好的现实，思考自己的前途和人生的价值。歌剧向战时的女青年们提出一个尖锐问题：是依附有权势的男人苟且偷安，还是做一名人格独立的战士投入时代的洪流？妇女的解放和人格独立，是安娥自1933年发表的许多歌曲以及小说《打胎》以来锲而不舍的主题。《战地之春》里的战争只是背景，青年男女的人生道路，才是作者的主要关切。

长期的生活磨炼使安娥形成了一种从不张皇失措的沉稳冷静的性格。她这个特点，在1939年日寇对重庆进行的"五四"大轰炸中，被老舍敏锐地捕捉到了。老舍留下一篇炸弹声中的"陪都"作家群的生动的特写：

> 五四。我正赶写剧本。……警报！……五时，又警报，大家一同下了地洞；我抱着我的剧本。……七时了，解除警报。由洞里慢慢出来，院里没有灯光，但天空全是亮的。……只见满天都是红的。这红光几乎要使人发狂，它是以人骨，财产，图书为柴，所发射的烈焰。……之的、罗烽急忙跑出去，去看家里的人。……只剩下周文与我，到屋里坐下。有人找，出去看，赵清阁！她头上肿起一个大包，脸上苍白，拉着一个十二三岁的小学生。……她拉着他，来找我，多半因为只有这条路可以走过来；冲天的火光还未扑到这边。安娥也来到。她还是那么安闲，只是笑不出；她的脸上有一层形容不出的什么气色与光亮；她凝视着天上的红光，像沉思着什么一点深奥的哲理。清阁要回家，但无路可通。去看陆晶清，晶清已不知道上哪里去了。……院中喊起来，"都须赶快离开！"……大家静静的奔向公园。……领周文到胡风处，他一家还未睡；城外虽较比安静，可是谁能不注意呆视那边的火光呢？……安娥与清阁都到了

家,倚窗望着刚才离开的火城。……警报解除,已到天明……次日早晨,听到消息,文艺协会幸免于火! 住在会中的梅林、罗烽、辉英,都有了下落。(老舍《五四之夜》,载1939年7月《七月》第四集第一期)

1939年12月,由重庆出发,赴第五战区鄂中前线采访。1940年1月进入新四军鄂中敌后根据地。从2月起,在《广西日报》和重庆《大公报》发表多篇战地通讯报道。

安娥这两年多,意气风发,文思泉涌。她对难童保育事业的热诚,不辞辛劳的实干精神,善于团结共事的能力,永不放弃文艺家对民族和大众的应尽责任,使她受到各方面的重视和孩子们的热爱。她后来创作的若干重要作品的素材,也是在这时期积累的,如1942年在桂林刊出的长篇战地纪行《征途感怀》、小说《盛四儿》,以及没能发表的记述新四军活动的《五月榴花照眼明》,话剧《警报》《小寨主》。

可惜这一华彩乐章,不久便曲终人散。1938年10月,武汉撤退,安娥赴重庆,田汉随三厅撤往长沙。1940年秋天,安娥带着9岁的儿子经陕南重返雾重庆,生活让她再次尝受苦涩的滋味。

12. 致力于战时儿童保育会

　　1937年12月下旬，从南京来到武汉的救国会领导人之一刘清扬女士与汉口基督教女青年会总干事陈纪彝女士组织了一个形势座谈会，每周座谈一次。在一次座谈会上，陈波儿说，战区有很多受难儿童，失教失养，能否把他们收养起来进行教养？到会者一致认为应该把战区受难儿童集中起来进行教育。

　　那段时间，武汉各界进步妇女人士，经常聚集在一起，或举行形势座谈会，或召开抗战妇女座谈会，商讨如何救助战火中受难儿童问题，促进保育会的建立。安娥拿出了大部分时间和精力，投身于这项民族解放事业的特殊工作，在发起、筹备和宣传方面，都作出重大的贡献。

　　1937年冬，安娥约了杜君慧、徐镜平去拜访刚到武汉的刘清扬。她们首先谈起：决心献身于抗日救国的女朋友，有些人因为有孩子的拖累，难得集中全力，投入工作，似乎需要设法安置孩子们集中教养，可以解放出一些母亲的力量来参加斗争。谈话很热烈，从小我谈到大我的问题，安娥说到在大后方的无家可归的孩子，毕竟是少数，而在前线战区，遭受敌人摧残的同胞必然有很多家破人亡，会有更多的儿童流离失所，这些都是我们的后代，应该设法得到抢救。

　　大家你一言我一语，谈话越来越深入，说到这些儿童抢救来以后怎么办，而且肯定不在少数，在座的各位谁都没有能力来培养这些孩子啊！这时，刘清扬想到去找冯玉祥的夫人李德全，看她是否赞成。大伙一致同意，决定由安娥和刘清扬一起去。

安娥和刘清扬到武昌郊区找到了冯夫人，谈话很成功。冯夫人非常热心，很关心这个问题。当她们研究到孩子抢救来以后的教养和经济问题时，安娥认为，如果没有有权有势的人来支持这项重大工作，我们便不可能办成功。安娥和刘清扬建议冯夫人去会见蒋夫人宋美龄，试探她对此事有无兴趣。冯夫人想了想，点头应允。因为以这样一个"头号夫人"向全国号召准备接受难童，谁能不向她表示奉迎和支持，不但国内有名人募捐，还可以向国外号召捐款，为了抢救下一代，不得不利用她的优越条件。（以上参见《刘清扬自传》）

徐镜平、朱涵珠、曹孟君去找邓颖超，邓颖超指示：把力量集中起来，好好干！

说起曹孟君，如果您看过笔者写的《在男人的世界里——丁玲传》，您一定会记得她，是个了不起的女士。1925年丁玲在北京与曹孟君住在一起。曹孟君正与左恭谈恋爱，她经常带同室的女友到左恭与胡也频同住的公寓去玩，丁玲和胡也频也就相识了，所以曹孟君还是丁玲和胡也频的红娘呢。

1938年1月起，安娥、曹孟君、刘清扬、沈兹九、李德全、陈逸云、陈纪彝、唐国桢、沈钧儒、邹韬奋、杜君慧等，围绕"救救孩子"这一主题写文章，对其现状紧迫性与国家民族的关系进行充分论述，分别在《大公报》《抗战三日刊》《妇女生活》《妇女呼声》《妇女共鸣》《抗到底》等刊物上发表。这一系列的活动终于引起社会的重视，在战时儿童保育会发起人上签名的人越来越多。公布的"战时儿童保育会"首批发起人名单，有沈钧儒、郭沫若、邓颖超、李德全、沈兹九、刘清扬、安娥等共184人。

那时候宋美龄正积极投身抗战工作。武汉会战之际,她奔波于前线,曾几次遇险。

当冯夫人向宋美龄提出此事时,很容易就得到了她的同意。

在宋美龄影响下,蒋介石1938年3月26日公布命令:"确切调查难民中之孤儿,设法移送后方安顿。"武汉沦陷前,战时儿童保育会共抢救15000余名儿童到四川。1938年3月10日至4月12日期间的保育会捐款名单显示,宋美龄负担着2459名难童的生活费。1939年春末,湖北均县保育院院长罗叔章带领500多名难童向重庆转移,乘民生公司轮船到达重庆,正赶上敌机大轰炸,奉命向江北大田坎转移,路遇宋美龄,宋美龄了解情况后,立即帮助拦截车辆,又让随从找食品给孩子们充饥,师生们乘车顺利到达大田坎。宋美龄数次视察保育院。1940年4月3日,宋氏三姐妹一起来到歌乐山的川一院,与孩子们共度儿童节。

当时宋美龄的助手张蔼真要安娥做保育会秘书长,但安娥以"我是搞文艺工作的"为由,拒绝了她的提议。最后宋美龄给了安娥一个她的秘书的待遇,每月200元,安娥取了两个月便借故不收了。

1937年年底,郭秀仪随黄琪翔将军到达武汉,住在德明饭店。安娥去动员她参加儿童保育会的工作。她后来说:"我实在是在作家、诗人安娥的动员下,参加到救救孩子的队伍中来的,跟她们一起发起筹备保育会。"

2000年5月,在九十华诞祝寿会上,郭秀仪遇见安娥之子田大畏时说:"我本来不想出来参加社会活动,由于你妈妈安娥的多次动员,激起了我的热情,我也就积极参加了保育会的筹备工作,特别是抢救培养民族后代——难童的募捐和宣传活动。"2003年1月8日郭秀仪在家里对来访的田大畏等人说:"保育会筹备工作,安娥奔走最卖力,出力最大。安娥做实事,不宣扬自己。"1949年10月后,郭秀仪曾担任农工民主党副主席。

在安娥的带动下，田汉也积极参加了战时儿童保育会的发起工作。田汉后来追述："我随郭沫若兄任职政治部三厅,安娥主要为组织儿童保育会而努力。保育会的发起宣言即出我手。后来有许多人参加,组织扩大了,我和安娥之间的感情迅速复活。"(田汉《告白与自卫》)

田汉撰写的《战时儿童保育会缘起》全文如下：

自卢沟桥事件发生以来,我们的儿童们,直接或间接被日本帝国主义杀害而死的, 不计其数。即便幸而能够侥幸活着的,也是流离失所,孤苦无依,当严冬到来的今日,他们虽不曾死于炮火刺刀之下,也要丧亡于饥寒疾病之中,更不幸的,许多儿童在敌人残暴的轰炸下,变成了缺手断足的残废者,使他们在小小年纪, 还没有享到国民的幸福, 就先受到残废的悲哀,最使人痛心的,敌人到处使用其以华制华的毒策,把我们一部分的儿童,迁移到他们的后方,施以奴化教育,使将来打我们父老兄弟姊妹的敌人,就是我们自己辛苦生养的子女,这是多么令人痛心的事体。儿童是国家的幼年主人,民族解放的后备军,我们为着希望民族胜利,建立民主自由幸福的国家,我们对这些国家的幼年主人,应该如何的爱护他们才对,我们还不仅爱护就完了,我们应该启发他们的民族意识,训育他们集体生活,施以合于时代要求的教育,使他们有能力担负起幼年主人翁的任务。这便是我们组织战时儿童保育会的第一个原因。妇女问题与儿童,原是一条打不开的索链,儿童离开妇女,便不能得到慈祥和蔼的爱护,以安慰他们小小的心灵。而妇女不能从家庭劳动中解放出来,便不能参加社会工作。所以为要使国民半数的妇女参加救亡工作, 就必须使她们从家庭的绊羁中解放出来。妇女们能够独立参加组织起来,男子们减少家室之累,也可以全心力去参加各种救亡工作。壮丁们可以毫无顾虑的开赴前线。实现我们保卫华中争取最后胜利的信念,这是我们发起组织战时儿童保育会的第二个原因。但是我们的力量薄弱,并且保育战时儿童,不是一件小事,必须是由政府的领导及人民的努力才可以完成这个任务。所以希望爱国爱民族的同志,"有钱的出钱,有力的出力",共同完成这个保育中国幼年主人的任务,为我们阵亡将士,死难的父老兄弟姊妹和儿女报这血海似的冤仇!使他们虽未得享受自由解放于生前,但能安慰于壮烈牺牲之死后!并望友邦人士,勿吝人类的慈爱与同情,予以有力的援助!我们爱护和平的中华民族,在政府及蒋委员长领导之下,必为世界人类的和平幸福,奋斗到底,以报诸位的隆情盛意。

1938年1月24日,战时儿童保育会筹备组成立,公推李德全、郭秀仪、安娥、钟可托、唐国桢、吕晓道、于汝州、朱涵珠、曹孟君为筹备委员。

此时,安娥与徐镜平、金家骥、赵一恒一起,借汉口基督教青年会房子办公,为建立战时儿童保育会做筹备工作。

赵一恒回忆此时的安娥说:"她为人善良和蔼,帮助朋友。在保育会筹备期间,我们的工作都是她安排的。保育会成立后,她当选为常务理事,经常到会里来,我和她就成了好朋友。我们互相了解,互相信任。记得有一个冬天,我还是穿的夹衣,她向我要了两件旧旗袍,铺了一斤多棉花,做成一件棉衣给我送来,使我穿得暖和和地。这件棉衣,我靠它度过了几个冬天。这件事永远铭记在我的心的深处,因那时我们是参加抗战工作,是义务性的,比较穷困,没有钱去买棉衣,只好挨冻,冻的发抖,就是安娥这样的好心人帮我渡过难关。"(赵一恒写给郭良藩的信)

1938年1月下旬,筹备成立战时儿童保育会期间,与妇女界人士在武汉冯玉祥将军大院门前合影。(自右至左):谢兰郁、郭秀仪、刘清扬、安娥、陈纪彝、唐国桢、邓颖超、冯弗伐、李德全。

关于邀请宋美龄出来主持保育会的原委,有不同的说法。一种是:"在筹备委员会宣布儿童保育会召开成立大会的日期后,特务机关狂呼要破坏大会,使大会开不成。我们便去约请宋美龄出来主持保育工作并出席大会,她欣然同意。"(邓颖超给战时儿童保育会成立50周年纪念大会的贺信)

与此稍有不同的是同为当事人的李文宜所说:"大家首先提出由孙夫人宋庆龄任会长。同时还提出由冯玉祥夫人李德全为副会长,可是没想到邓大姐让刘清扬、史良、沈兹九请蒋夫人宋美龄出来领导战时儿童保育会的工作。宋美龄在同意的同时,要求把这项工作纳入她原来的工作轨道。于是她将战时儿童保育会命名为"中

国妇女慰劳自卫抗战将士总会战时儿童保育会"。(李文宜《关于战时儿童保育会的片断回忆》)

另一种说法是:邓颖超找李德全商量,建议李德全出面邀请宋美龄出来主持。

第四种说法是:"1938年武汉各界妇女筹备庆祝三八妇女节,于3月7日致函宋美龄,请其'届时出席指导',故沈兹九、史良、刘清扬受邓颖超之托,持此邀请函去见宋美龄,同时邀她出来主持战时儿童保育会的工作并得到应允。"(曾洁英《战时儿童保育会缘起》)

这几种说法与笔者前面所述有很大的出入,可是根据资料分析,还是本文前面的说法比较合情理。第一,筹备委员会宣布成立日期,到正式成立,不可能有很长时间;因为听说特务要来捣乱,才考虑邀请宋美龄出面救急,这对于双方来说,都未免过于匆忙;说3月7日才由三女士借机会口头邀请宋美龄"出主"保育会,三天后蒋夫人即在成立大会致辞,更是不可思议;第二,看来,宋美龄早有准备,她是以中国妇女慰劳自卫抗战将士总会的名义来筹设保育会的。第三,李德全在成立之日作的报告里说到"前两个月来一般人已发起并受蒋夫人之领导而有今日之成立"。另据《刘清扬自传》称:"1938年大约在3月间,就在汉口女青年会,由宋美龄召集了一次小型座谈会,共计十余人商讨的结果,决议扩大参加的各界热心妇女,进行筹备成立战时儿童保育会。在此后不久,我们就团结了许多左派爱国朋友,并邀请了邓颖超同志,当时以代表我党也参加了发起人,并当选为理事和常务理事。"可见宋美龄在决定筹备成立保育会之前,就参加了这项工作。不过据许镜平说,3月10日保育会成立之后,"宋美龄在武昌召开第一次理事会。李德全宣布开会,宋美龄主持会议。"地点与内容不同,可能与刘清扬所说不是一回事。

同样,关于战时儿童保育会的发起,也有不同的说法。一种是:

当初,中共长江局妇委会负责人邓颖超与沈钧儒、郭沫若、李德全、刘清扬、沈兹九等联络国共两党及社会各界爱国人士184人,联名发起筹备战时儿童保育会。(需说明:长江局妇委当时的负责人是孟庆树,邓颖超是妇委成员。)

一种是:"杜君慧、安娥、朱涵珠等同志来医院看我,我就把这些想法(抢救难童)给大家说了,她们也正在考虑这个问题,她们并告诉我,南京来的曹孟君等同志也有同样的想法。我出院后,和朱涵珠一起去找邓颖超同志,那时孟君也在场,邓大姐当即指示说:把力量集中起来,好好干!"(徐镜平《回忆战时儿童保育会》)

一种是安娥的说法:"共产党的邓大姐、民主人士史良、国民党

1938年5月,中国战时儿童保育会常务理事及部分负责人合影。前排左起:黄卓群、吕晓道、陈纪彝、沈兹九、徐镜平、钱用和、陈逸云;中排左起:张霭真、安娥、庄静、宋美龄、李德全、谢兰郁、杨崇瑞、吴贻芳;后排左起:孟庆树、刘清扬、唐国桢、沈慧莲、曹孟君、郭秀仪、史良、邓颖超。

唐国桢等,我都找她们做发起人。终于由于李德全的支持,条件是如果小孩们没撤退完,敌人到了武汉,我和孩子们一块儿留下。找到了财主宋美龄,才真办成了。因为孩子们进门就要衣食,只好咬牙把'会'送给了宋美龄。"(《历史思想自传》)

关于谁去找李德全,也有与前面所述不同的说法:"1938年1月12日《妇女生活》社在武汉'一江春'举行过一次座谈会。会上一致认为抢救难童是当务之急,应与舆论界共同进行宣传活动,争取社会各界的支持。为此邓颖超亲自找冯夫人李德全商谈,请她出面主持保育会筹委会工作,李欣然同意。"(曾洁英《战时儿童保育会缘起》)

总之,众说纷纭,且留待史家去耙梳。

战时儿童保育会成立的时候,武汉市剧业剧人劳军公演团为他们举行募捐公演,以票资充作他们的经费,接着又在金城银行大楼举行茶话会,招待保育会的理事李德全、安娥等。田汉在茶话会上发表了热情洋溢的讲话,还特地发表《戏剧的荣光》一文,大大称赞了一番此次为儿童公演的义举。不用说,这是为了整个"运动",自然也少不了对安娥的一份情。(董健《田汉传》)

田汉的文章说,抢救受难儿童就是挽救"民族的将来":

……当"一·二八"火中,目击许多儿童牵衣挽手,号泣于途,曾为联华公司写《幼年中国》剧本,将以唤起国人注意这一严重的民族问题。不幸,这剧本以种种原因终未摄制,只看到蔡楚生先生的《迷途的羔羊》。在黄浦滩边废墟上刚刚建起新上海的楼台时,又爆发了"八一三"英勇惨烈的战争。将士伤亡达三十万人,难民逾七千万人,受难儿童岂止数千百万?其中大部分多随其父母成了炸弹下或炮火下的牺牲,幸得逃出者,饥寒与疾病又加以无情的侵迫,结果哀啼满耳,死亡相继。

若想到中华民族的将来建在此辈小生命身上，真使人不寒而栗！幸而，各地文化战士们有见及此，发起了一个保育战时儿童的组织，蒋李两夫人又相继与以热烈的赞助，登高一呼，凡有慈幼心肠者莫不响应，一时得款数万元。最难得者武汉剧业剧人为慰劳将士已举行三十余次之公演，一闻此有意义之号召，立即奋其仁勇，以二十五日全武汉十七家中国戏园一日演剧所得，全部捐给保育会，为幼年的中国主人造福，这真足以为百业楷模，群伦倡导！……（田汉《戏剧的荣光——为汉口市剧业剧人保育战时儿童公演》，原载1938年3月6日《新华日报》）

1938年3月10日下午三时，在圣罗以女中举行战时儿童保育会成立大会，成立大会推定宋美龄、李德全、郭秀仪及张霭真、黄卓群、陈纪彝、曹孟君、安娥、徐闾瑞、吕晓道、唐国桢十一位为主席团成员。由李德全任大会主席。由安娥报告筹备经过，再由宋美龄致词。记录是周楚材。

先由李德全作报告，她说：

中国儿童在社会应享受其应享受之权利。暴敌侵华，不但男儿应抗战，妇女应拒敌，即儿童受其残酷行为，实属万恶。东战场儿童死伤甚多，即幸而生存亦已残废、流亡。……因此，前两月来一般人已发起并受蒋夫人之领导而有今日之成立。其最大目标拟将战区儿童移送后方。希望中西人士共起帮忙，使两万儿童均能达到幸福的教养。

接着安娥分9个方面报告筹备经过：

1. 发起之动机。
2. 发起人之召集，共获得两百人。

3.成立各种委员会：

      甲　经济委员会

      乙　保育会计划委员会

      丙　运输工作委员会

      丁　宣传工作委员会

      戊　武汉临时保育所委员会

      己　难民儿童服务委员会

4.工作大纲之规定。

5.拟收儿童性质之规定。

6.保育地带之规定与设立院所之省份。

7.征集保育人才之计划。

8.经济征募之计划。

9.与各慈善机关联系之经过。

然后由宋美龄讲话：

    今日各界中西代表、妇女领袖等来此一堂，讨论保育儿童问题，颇为荣幸。我们甚感谢许多国外人士来此，并曾以实际经济帮助甚为感谢。当国家存亡之际，谁为男子应尽之职务？谁为女子应尽之职务？希望分别，只与抗战有关，乃均能参加。尚在此时期，大家都联合起来，使国人看我中国有新的气象。对于教养儿童，本为女子天责，因女子天赋性静故焉。目下中国一部分儿童已为敌人残杀掳走，施以奴化教育，此实我国之大损失。要知历来优秀人才，原出于贫苦之家。我们苟能于苦儿中培植成材，十年二十年后，不特为民族谋幸福，切为全世界谋真正和平。我们今日所做儿童事业，不特为民族而做，实亦为全世界而做。实在来做儿童团体，在武汉亦不仅一二团体。但能大家联合去做，使此光明伟大事业得以完成。

省政府代表、吴国桢市长、国民党中宣部邵力子部长、吴德施主教(鲁兹,美国人)、东北赵洪文国老太太、西古贤主教、杨惠敏、唐国桢先后致词;李德全主席宣读战时儿童保育会的宣言,这是田汉撰写的。郭秀仪报告捐助数字,最后,当场有人捐献。

成立大会后,保育会理事会推举安娥为常务理事,担任宣传委员和秘书处干事。

1938年8月初,武汉形势危急,中共长江局妇委负责人孟庆树和安娥各带领一支"抢救武汉儿童宣传队",上街宣传。宣传队经常人数有四五十名。夏天的武汉,骄阳似火,但大家都很努力,为了不让武汉的孩子们遭受战火的摧残。

沿码头一带,树底下、马路边、趸船上,挤满了难童和流浪儿,横七竖八地躺在地上喂苍蝇,七八岁的卖开水、卖梨膏糖;十二三岁的做挑夫,十五六岁的做车夫,身体瘦得只剩下几根骨头……

面对这样的惨景,宣传队演讲起来:"同胞们! 我们是儿童保育院宣传队……小孩送到我们那里去,我们管吃、管穿,还送到敌人打不到的地方去教他们读书……现在敌人常常轰炸武汉……敌人把中国的孩子抢去,逼他们做小汉奸,还用机关枪扫射;抽他们的血输给日本伤兵! 我们要保卫我们的孩子! 不能让敌人把他们抢去、杀死……"

这时站在宣传队面前的一位十来岁的讨饭女孩, 眼睛里透露出希望的目光,安娥上前轻声地问道:"你有家吗?"

"没。"小姑娘怯生生地回答。

"你有爸爸妈妈吗?"安娥亲切地问。得到的回答还是一个字"没。"

围在旁边的宣传队员关心地问小姑娘,"你从哪里来?"

"河南。"

"一个人来的吗？"小姑娘点点头，"你跟我们去好吗？我们给你饭吃，给你……"小姑娘没等话说完，连忙说："好的。"安娥对大家说："快，快给新小朋友唱歌！"随着歌声，人们都围了上来，许多小朋友都自动地跟宣传队走。

宣传队经过一个兵营，与士兵们谈起来。忽然一位年轻的士兵跺着脚向他们埋怨道："你们为什么不早说？早说了我的老婆和两个孩子也不至于掉到河里去了！"说完，抹起了眼泪。

"同志，这都是我们后方民众工作做得不好，同志才受到这样的灾害。过去的，我们已经没有法子了。现在……战时儿童保育院，对于抗日将士的子弟，格外优待。同时……对于抗战将士们家属的安全非常注意。"

战时儿童保育院的宣传，果然引起社会各界的关注，由于武汉慈善团体与儿童救济团体的迅速投入，没几天，武汉地区竟然收容了一千多名难童和流浪儿。

1938年8月4日，《新华日报》报道：儿童保育会开会议研究结束在武汉工作的问题。曹孟君、李昆源、孟庆树、安娥等在会上发了言。安娥说要仿照新安旅行团的办法，组织儿童步行离开武汉。

1938年10月26日武汉失守，安娥撤退到重庆。她发表了好几篇保育院观感——《歌乐山上的保育院》《小总队长》《进步着的孩子们》《流浪儿在保育院》，赞扬保育难童的成绩。

歌乐山保育院院长曹孟君，带领着安娥、赵一恒等一路走，一路介绍。最令安娥吃惊的是，孩子们竟然出版三种刊物：《时事简报》《壁报》和《抗战画报》。保育院里有个制度：每天睡觉前，各队在自己的宿舍里，开半个小时的自我检查会。

参观重庆临时保育院。孩子们的歌声深深地打动着大人们的心。他们流着泪唱《流浪儿》、《流亡三部曲》，情绪激昂地唱《大刀进行曲》《以战争消灭战争》《打回东北去》，小朋友们一边唱《救国军歌》，一边喊"打倒日本帝国主义！"

抗战使我们大人进步了，抗战更使我们的孩子们进步了！

蒋鉴，周明栋医生的夫人，在武汉护理伤兵，贡献卓越，被尊称为"伤兵之母"，"中国南丁格尔"。1938年护送200名伤兵和100名难童入川，任保育院合江"川五院"院长，难童们亲热地称她为"周妈妈"。因积劳成疾，1940年11月5日客死合江，时年38岁。"川五院"师生在追悼会上唱安娥写的《哀歌》，泣不成声：

> 杜鹃伴着凄雨在鸣唱，
> 可数不尽我们的悲伤。
> 啊，伤兵的母亲，
> 在这血红的季节里，
> 你走了，走得那么悄然。
> 你为战士裹起了创伤，
> 看着他们重踏上战场。
> 啊，第二代的保姆，
> 你高兴的笑了，
> 笑声里蕴蓄着胜利的音韵。
> 献给你行行哀泪结成的泪圈。
> 安眠吧！时代的保姆。
> 瞧，你的孩子们已扛起了枪杆。
> 自由的曙光中，
> 让我们歌颂在你的灵前。
> ……

1939年年末，陶行知先生在重庆保育院院长会议上，称战时儿童保育事业是"中国破天荒儿童公育运动"、"伟大的社会运动"、

"伟大的教育运动"。的确,如此规模和如此内容的以国家和社会之力抢救难童并以新的方法施以教育的工作,不仅在中国而且在全世界都是"破天荒"的;更可贵的是,这项工作能够贯彻始终,为中华民族培育了大量的有用人才。陶行知说:

> 自从前年三月十日在汉口成立了战时儿童保育会,在蒋夫人和冯夫人领导之下,已经先后开办了四十八所儿童保育院,收容难童将近二万人。这个中国破天荒之儿童公育运动,是一个伟大的社会运动,也是一个伟大的教育运动。我应当在这里向这一运动之贤明领导者蒋夫人和冯夫人致敬,向这一运动之目光远大之发起人安娥先生致敬,向这一运动之劳苦功高之实行者,全国保育院院长致敬。(陶行知《儿童保育问题》,原载1940年2月10日《战时教育》第5卷第7期)

1941年3月10日,安娥出席战时儿童保育会建会三周年纪念会,那天到会六十多人,有宋美龄、李德全、邓颖超、史良、郭秀仪、徐镜平、刘清扬、陈纪彝、陈逸云、张霭真、钱用和、吕晓道、唐国桢、冯光灌、黄卓群、庄静等。保育会成立三年来,已有四十八所保育院,十四五个分会,收容、保育三万多难童。

1988年3月18日,在邓颖超支持下,全国妇联于人民大会堂小礼堂举行"战时儿童保育会成立50周年大会"。来自各地的保育生们唱开了1938年由安娥作词、张曙作曲的《战时儿童保育院院歌》。这些保育生们说,他们是随着这首院歌长大的,每唱到这首歌就会想起他们尊敬的安娥女士。院歌如下:

> 我们离开了爸爸,
> 我们离开了妈妈;

我们失掉了土地，

我们失掉了老家；

我们的大敌人，

就是日本帝国主义和他的军阀。

我们要打倒他，

要打倒他！

打倒他，

才可以回到老家；

打倒他，

才可以看见爸爸妈妈；

打倒他，

才可以建立新中华！

我们不依赖爸爸，

我们不依赖妈妈；

我们自己求新学问，

我们自己创新的家；

我们的好朋友，

来自日本军阀炮火的轰炸下。

我们要帮助他，

要帮助他！

帮助他，

一齐来打回老家；

帮助他，

一齐去看望爸爸妈妈；

帮助他，

一齐来建设新中华！

13. 五月榴花照眼明

史沫特莱是美国女作家,1928年作为《法兰克福日报》特派记者到中国来,1938年活跃于中国红十字会,任《曼彻斯特卫报》特别通讯员,参加中国进步文化运动,抗日战争爆发后,她前往延安,是中国人民的朋友。史沫特莱连续在中国生活12年,那正是中国革命斗争最艰苦的阶段,她写了不少关于中国的著作,有《中国人的命运》《中国红军在前进》《中国反攻了》《中国的战歌》,最后在美国于贫病交迫中又写了《伟大的道路》,即《朱德传》。

安娥和史沫特莱这两位不同寻常的女性,一起深入抗日前线,访问新四军鄂豫挺进纵队,写了多篇激动人心的报道。

1939年初冬,安娥作为《广西日报》和《珠江日报》的特约战地记者,到河南、湖北一带的第五战区去。安娥在莫斯科中山大学的同学韦永成当时担任第五战区政治部主任,应他的邀请,安娥前去采访。

安娥和"女兵作家"谢冰莹一起乘民生公司"民觉"号轮由重庆至宜昌,换乘汽车到襄阳。途中谢冰莹曾邀安娥同去安徽,安娥没去,而谢冰莹自己到西北去编辑《黄河》了。

安娥到襄阳后,同小说家姚雪垠一同到枣阳前线采访,在鄂北防区遇到了史沫特莱。

驻鄂北厉山前线的125师师部的一位副官对安娥说:"有一位

美国女记者史沫特莱也在这儿住。"

"真的！"安娥的兴奋和激动无法用语言来形容，因为在征途中得女伴是不大容易的，现在有个她知道但没见过面的同行也在这里，怎不叫人高兴呢。

"人呢？"安娥迫不及待地问道。

"此刻她到伤兵医院去视察还没回来。"

"她什么时候回来？"

"不清楚。"副官接着问安娥："你能不能同史先生住一个屋？不然，再要老百姓腾出一间空房。"

"我随便，但是不知道史先生的意思如何？等她回来再说吧。"安娥跟着那副官也称史沫特莱为"史先生"。

吃饭前，两位女性见面了，剪着同样的短发，穿着同样的灰棉军装，相谈甚欢，只是一个长得高大些，年长些；一个比她矮小点，年轻点，可是这丝毫不妨碍她们的友谊。

这位热情支持中国抗战的美国左派并不认同中国人的某些看法。

二十二集团军孙震总司令派来护送记者们的钟秘书，在行军途中向客人们介绍他们出川作战和孙总司令为人处世的种种情况，也谈到他自己的一段曲折感人的恋爱经历。开始他有点难为情，在姚雪垠的追问下，便滔滔不绝地讲述起来：部队驻扎樊城时，他爱上一位襄阳外国医院名叫蕙的护士，但女院长以"你们军队里坏人很多"为由，不许他们见面。他与这位外国女人争辩也无法改变她的决定。他反复的启发和顽强的努力，终于打动了蕙，使这个上帝的羔羊对基督教的信仰产生动摇，毅然参加了抗战的部队。她走后，医院举行庄严的祈祷会，祈求上帝饶恕这个"迷途的羔羊"，让她死后可以登主的天堂。

安娥的《征途感怀》(1942年发表)中有这样一段记述：

当钟先生一面述说他的戎马恋爱的时候，史先生一面要方(练百)先生翻译给她听。她一开始听得非常有趣，后来听到说外国女院长不许中国女护士会男朋友、恋爱或结婚的时候，她便怫然而持异议。她不信有这种事，并且要在回到襄阳的时候，亲自向这位院长去问这件事经过的实情。

雪垠听完了以后，说他一定要把这件事写成一个小说，题名作《戎马恋》或《戎马姻缘》。因为他对于这件事异常感有兴趣。他要求钟先生回到枣阳的时候，一定要介绍蕙女士和他谈谈，为着将来小说写出来时一定更真切。史先生听了便问我，雪垠说的什么？史先生稍稍懂得几个中国字，她对这件事很关心，在人们的谈话中，她只要听到有钟先生和蕙女士及医院几个字时，她一定要把这些谈话弄得清清楚楚。

我把雪垠的意思告诉了她，她立刻愠然而反对！她说：

"这事情一定不要这么做！如果姚先生要照着钟先生的片面之词而写出来的话，对于中美邦交是很不好的！因为美国人现在是同情并帮助中国的，×院长对于中国伤兵也出了不少力，不能抹煞她的热诚。我不相信她会这样，我回到襄阳的时候，决定去问问×院长自己。姚先生若是这样写出来的话，我决定写文章声辩！"

史先生是一位非常正直而热情的人，她对于美国和中国有同样的深爱。因此她的话也非常直率而关切。

她不信宗教，她是宗教的叛徒，但是她佩服真正宗教的服务精神，和具有这种精神的教徒。她往往不喜欢人家误会或毁谤一个中国的革命的人物，和不喜欢人家误会或毁谤一个美国的进步的或开明的人物一样。今天她听了钟先生这一段述说，有不利于×院长，这使她非常痛苦而愤怒。

她问我对于这件事的看法如何,这倒叫我颇难于答复。

"我不认得×医院,"我说。"我原先也不认得钟先生,更不知道有这样一件事,因此我很难判断。"

史先生不大满意我的答复,她举例力辩并无此事,且力言若如此宣传出去,对邦交友谊上是很不利的。我几乎被她说得无话可说,只是说了一句:

"也许事实不如钟先生所说的……"

史先生听了才敛怒容而笑,表示对我这句答词的满意。可是我的内心却又对于我的答话表示怀疑,于是我又说:

"我早先便曾见过一个已经结了婚的女朋友,到女青年会去做事的时候,却只好说她没有结婚。"

史先生为着纠正我的成见,又给我举了多少例子。我虽然对这些例子并不完全同意,但史先生对她的朋友们的热情与诚意,令我十二分感动。

这时新四军豫鄂挺进纵队政治部张执一参谋(实际职务是联络科科长),为了送日军俘虏,来到五战区二十九集团军司令部,返回纵队时,就带着安娥和史沫特莱去了新四军的豫鄂边区。

1940年1月10日,当他们进入新四军豫鄂挺进纵队(第五师前身)的活动区域——豫鄂边区抗日游击根据地的时候,一个正在纳鞋底的女人远远看见他们,迎上来说:"啊!是张参谋吗?你们回来了,日本人都送到了吗?怎么这么久才回来?"

忽然,她看见安娥和史沫特莱,以为又是日本人,张参谋连忙解释道:"这是两位客人。"他指着史沫特莱说:"这位是美国太太,世界上有名的女记者。"又指着安娥,"这位是我们中国的女作家,都会写文章,写得比男人还好。"

那女人朝里屋喊自己的男人出来看黄头发、蓝眼睛的外国人。

史沫特莱大约经常遇到这种情况，倒也没说什么，只是对他们微笑着。

第二天，他们一行人到达京山八字门政治部的招待所，那是一间从民房腾出来的屋子，当安娥和史沫特莱踏进屋，抬头一看都乐了，破土墙壁上大幅的漫画和中英文的欢迎词，好像糊墙壁似的贴满了整个的墙。再看看窗上也糊着雪白的新纸，床上铺着白被单和绒毯，还点起了蜡烛，屋里烧着炭火，觉得非常暖和。这一切都让两位女士非常感动，因为这是在战争年代，物质异常缺乏，为了接待她们，不知道费了多少精力，才做到如此的。一位新四军老战士这样回忆说。

安娥和史沫特莱到达的第三天，也就是1月13日，一大早，张参谋对她俩悄悄地说："今天我们准备用紧急集合来欢迎你们。等一会儿会有人来通知你们去集合。你们只装作不知道，他说什么你们就答应什么。"

安娥和史沫特莱对这次行动都特别感兴趣，不一会儿，有人来通知，说："你们两位来得真不巧，刚到就要行军。司令部下了命令，半个钟头以内，到篮球场去集合。"

安娥和史沫特莱的心里都在笑，可是表面上装得很严肃，史沫特莱故意地问："为什么？"

"有情况。"

等到安娥和史沫特莱走出屋子，发现院里到处都贴着红红绿绿的标语，"欢迎主持人道主义的史沫特莱女士！""欢迎国际战友史沫特莱女士！""欢迎正义的呼吁者！""欢迎史沫特莱女士的批评指导！""中美两国人士携起手来，打倒法西斯蒂！"……

到了篮球场，只见中间搭了个台，用松柏枝扎了台口，上方的红布上写着"欢迎国际友人大会"，旁边的柱子上也贴着标语。这时政治部主任任质斌宣布大会开始，说："我今天报告大家一个可喜的消息,我们这里来了三位客人,三位朋友。他们都是爱护我们的,帮助我们的。他们这次的来,一定会给我们很多很多的指导与益处,我们不要放掉这个机会啊!"

"三位客人",指的是安娥、史沫特莱和英语翻译方练百。

任主任又说:"这位黄头发的,是我们的国际友人史沫特莱女士!这位是写过《渔光曲》的安娥女士。"她们俩在长久而热烈的掌声中和大家见了面,史沫特莱说了一段话,陶铸要安娥讲话,可是安娥最怕讲话,答应等另外一个机会。

就这次欢迎会留下的一张照片,曾为纵队宣传队员的吴道英后来回忆说:

> 在纵队召开的欢迎大会上,我们宣传队有幸在会上演出节目,她看了我们这群娃娃兵的表演非常高兴。演出结束后,史沫特莱特地为我们拍了这张照片。当时我们大多数是第一次照相,大家感到很新奇,也很兴奋,个个笑容满面。但我们处在敌后的战争环境下,没有条件洗印照片,当时没有看到照片……直到上世纪八十年代,曾任新四军五师政委的任质斌告诉我们:中国人民解放军历史博物馆保存了一批新四军第五师的照片……我们在军博发现了好几十张照片,都是四十年前史沫特莱采访鄂豫边区时留下的,其中有一张就是我宣传队的合影。

宣传队的战友们看到40年前的照片,无不感慨万分,因为照片里有不少同志已光荣牺牲,看着照片里的人,不禁沉痛缅怀这些烈士,深情思念共同奋斗的时光,他们的身影就会显现在脑海里。(吴道英:《史沫特莱为我们拍摄的一张照片》,载2010年10月19日《作家文摘》7版)

1940年春,与美国记者史沫特莱摄于湖北战地。

　　安娥和史沫特莱在近三个月的随军采访中,足迹遍及京山、安陆、应城、汉川等县的山地、平原、湖区,采访了很多人,不停地走啊,讲啊,问啊,听啊,看啊,记啊,十分勤奋,十分敏锐,亦十分快乐。他们见到了好多位领导同志,其中有一个叫陈少敏的妇女干部,人称陈大姐。

　　陈大姐是边区党委书记,这几天正在开妇女工作联席会,安娥与史沫特莱跟她去边区党委的路上,开始和她聊了起来,问了许多问题。

　　"你们几时开的妇女工作联席会?都决定些什么问题?"

　　"是不是女同志不喜欢做妇女工作?为什么?"

　　"妇女是不是常常因男人的工作移换,也随着变动她们的岗位?"

　　"为着培养妇女干部,丈夫们不也可以随着妻子工作变动,而改换工作地点吗?"

……

她们边走边聊,显得很轻松,有意思的是安娥问起假如男性有第三者,怎么办呢?

陈大姐说:"自然是男的该多负责。但如果影响到工作,则双方都应该负责。我们不承认男女间三角关系。如果发生这样的事,三方都要负责。但我认为在目下,妇女一切知识、认识水准还较男人低的时候,这样的事应该男性多负责,多受批评才对……"接着她们又谈起妇女生孩子后,男人是否会帮着做些事?还是都推给女同志呢?她们三个人说着说着,不知不觉到了会场。

会上,史沫特莱介绍了她所知道的大后方的一些情况和国际局势,特别是关于美国的妇女运动情况。当安娥问在座的要她说些什么时,她们一致要求安娥教唱歌,这下可难住了安娥,这时,不知是谁说:"不教歌,就给大家唱《渔光曲》吧!"

唱就唱吧,安娥腼腆地唱了这首脍炙人口的歌曲,史沫特莱与大家一起轻轻拍手,为安娥打拍子。

陈大姐则代表边区党委介绍了边区的抗战情况:1939年初,我新四军挺进鄂中以后,边区党委坚持独立自主开展敌后游击战争的原则,广泛发动群众,建立地方党组织和武装,大力开展抗战工作,打开了抗战局面,纵队指战员在敌伪层层夹击中艰苦奋斗,进行了著名的新街战斗和马家冲反"扫荡"战斗,打击了日军的嚣张气焰,抗日军民人心大振。同时,陈大姐还讲了边区开展妇女解放运动,发动、组织妇女参加抗战的一些情况。

史沫特莱对陈大姐的讲话非常感兴趣,虽然听不懂中文,可是她一面注视着陈大姐,一面仔细地听着翻译,做着记录,还不时地竖起大拇指点头表示称赞。

下午,大家早早地吃过晚饭,陈大姐邀请安娥和史沫特莱到山坡上散步。陈大姐和史沫特莱并行,安娥居中当翻译,她们迈着轻松的步伐,在亲密的气氛中诚恳地交谈着。

史沫特莱首先讲了自己的身世,她说,她出生在美国一个贫苦的工人家庭,当过侍女、烟厂工人、书刊推销员等,1919年赴欧洲,在柏林侨居8年,1928年到中国来了。史沫特莱讲完后,天已黄昏,大伙坐在一块山岩上休息片刻后,便往回走。

这时,陈大姐说起了自己的往事,她出生在一个贫困农民家里,当过童工,走上革命道路后,爱人被内奸告密后,不幸被捕牺牲,她只得把孩子送回老家,不久,孩子染上痢疾死去……

夜晚,安娥和史沫特莱、陈大姐和几个青年,留在李先念司令员的屋里,他们在炉边谈着天。史沫特莱要陈大姐唱那天晚上唱的那支歌,她喜欢这支歌,要陈大姐教她。

"我就会唱这么一支,别的没有。"于是,她唱道:"……九月里菊花香,九月里菊花香,小张生呀跳过了粉墙。又怕那小红娘呀,大门儿关上。……"

陈大姐唱了几遍,史沫特莱记住了旋律,这头刚唱完,那边有人要李司令员唱歌。"我就怕这个,因此我晚会都不大敢去参加。"李司令员笑着说。

"不要紧,就唱那个老调子吧。"一个青年说。"好吧,反正我就那么两支歌:一个嘛,《到东方去》;一个嘛……"李司令员还没说出歌名,自己先笑了起来,陈大姐赶紧抢着说:"叫《二姑娘倒贴》!我给你说了吧,就唱这个得了。"

李司令员笑了笑,果然唱了起来,唱得和婉而细腻,不像一个带兵打仗的将军唱的。

张参谋指着两个小孩子,对安娥和史沫特莱说:"这个大些的叫王兴人,这个小鬼叫盛国华,你们有事情可以找他们两个做。"

这两小战士不过十三四岁,是豫鄂挺进纵队司令员李先念派来照顾安娥和史沫特莱的,为她们端饭、送水、打扫房间,夜晚烧好木炭,使屋里变得温暖。安娥和史沫特莱很喜欢这两个孩子,特别是盛国华,把他当成自己的儿子一样。

盛国华常对乡亲们说:史沫特莱"是我们的美国朋友,为我们救死扶伤,亲自喂伤员吃药、洗澡。你们看她那双绑着绑带的手,是为了给伤员洗澡,端起一锅开水,烫成这个样子,她是我的再生父母"。

当史沫特莱离开豫鄂边区时,向李先念提出要带盛国华走,让他去深造。李先念让盛国华自己决定去留。盛国华考虑了两天,最后告诉美国妈妈说:"作为抗日战士,我现在需要留在抗日前线,在取得最后胜利后,我再跟您去。"

史沫特莱走的那天,李先念、陈少敏等领导同志,把她送到湖边。当小船载着她由岸边划开的时候,史沫特莱看到盛国华挥舞着衣服,边哭边喊:"妈妈,妈——妈——"他答应过史沫特莱等抗日战争胜利后过继给她当儿子。

有一次,安娥生病,两个孩子守着她寸步不离,比正式的护士还好,凡是安娥需要的,他们无不设法弄来。

安娥因为生病,没有事,便和盛国华谈起天来,才知道他的童年非常苦,父亲被人杀死,娘帮佣,养不活他,他就出去讨饭,当过放牛娃等,终年所得的是:饥寒、冷酷、打骂和摧残。安娥觉得他们只要得到哪怕只是一星星大的帮助或同情,都可以使他们感激涕零,那么我们为什么不去给风雨中的寒者送炭呢?

房屋里暖和和的,外面风在呼呼地吼着,安娥叫盛国华把内衣脱下来,帮他在火盆里灭虱,他的眼睛里闪着感激的目光。

安娥和史沫特莱在行军时,带着盛国华走了两个多月,不管走到什么地方,不管是夜里还是白天,凡是她们所需要的东西,他都可以办得到,找得来。只要这个地方有,他便可以办到,或是他可以想到很巧妙的替代品。

盛国华很用功,只要是带字的东西,他都要看一看。游击队发了一本课本,他将它藏在口袋里,一有空就掏出来看,前后书皮被磨掉了好几页。他还喜欢写字、记日记。有一次他给安娥看日记,上面写着:"今天早起一出门,天气有些雾蒙蒙的,看见新到的王老汉在场上散步,我高兴地跑上去和他说话,他像不认识我似的,我心里很难受。"

盛国华只念了一年多的书,还不能完全把这篇日记写完整,常常有不少的错别字,但是安娥一看就能明白其中的意思,于是帮他改了改,就变成一篇字句通顺的日记。

安娥听盛国华说过一个故事,有一天,他在铁路边要饭,一个人从窗口扔出几片鲜黄的东西,盛国华拾起来一闻,啊,真香!就把它们藏起来,每过一会儿就拿出来闻闻,谁都不让看,还用块破布将这些东西包裹得严严实实的,后来有人告诉他,这是橘子皮。

安娥听后,心里很难过,后来她找到橘子,给盛国华,见到他吃的时候,安娥不知道该喜还是悲,常常想,如果是我儿子,我会怎样待他?

后来她给他买了手套、袜子、日记簿、牙刷盒、牙膏等,以及他没吃过或没见过的,都给他买。

在安娥快要离开边区前,用了许多人情,达到盛国华的愿望,送他进了宣传队。那天她看着他量了新衣服,填了表格,才离开他往武汉的方向走去。不久。安娥接到盛国华的信,信是这样写的:

先生:

　　我离开您,像离开娘一样。不对!先生,我从没受过娘的亲爱,不知道母亲的爱是个什么样子。不过小朋友们都说您像我娘,所以我就这么写。

　　先生,我一定要打到最后胜利那天再来见您!您以后还是要多多给我指导。

　　队长对我很好，小朋友们也很好，我的学问还赶不上他们，我努力就会赶上的，您放心吧！

　　先生！一个放牛娃做了宣传队员，真是想不到的事吧？在前两年人家要向我说我会成为儿童宣传队员，连做梦也梦不到！我感谢游击队，我更感谢您！您给我的那只洋瓷碗，很多小朋友愿意用两三样东西和我交换，可是他们就是给我二三十样东西，我也不换给他们，因为这是先生给我的纪念。我看见它，就想起您对我说的话和帮助。

史沫特莱回国后，写过一篇《我的中国儿子》。可是她哪里知道，1940年7月宣传队撤销，男队员都分配到部队从事文化宣传工作，在一次战斗中，敌人的罪恶子弹夺去了盛国华的生命。

安娥和史沫特莱对孤儿盛国华的母性流露，使她俩更为相知。

安娥在湖北抗日正面及敌后战场访问期间，写了许多报道文章，有《五月榴花照眼明》，还有《擂鼓墩和滚山的争夺战》《忆钟毅师长》《敌后行军记》《伪军的话》《敌后的经济》《敌后的民众生活》等，史沫特莱的《中国的战歌》中也有这次访问的相关章节。这些文字对我军民英勇抗战的事迹，对敌占区的状况，作了翔实而生动的报道。

安娥的《五月榴花照眼明》是介绍新四军鄂豫挺进纵队的战斗生活的日记体访问记，它的问世过程，可谓漫长而曲折。安娥之子田大畏对此有详细的记述：

　　1940年夏秋，我母亲从前线辗转到达陕西城固，接着又经成都回到重庆，住在张家花园65号中华全国文艺界抗敌协会的宿舍里。《五月榴花照眼明》大约就是在这时完成的。

原稿是经过母亲誊清的，但涂改之处仍不少见。看来，主要的涂改，是当时为了争取在政治形势逆转的大后方发表，想瞒过国民党图书审查官，使其一眼看不出它报道的是哪一个前线。不仅著名人物、领导人的姓名改了，一般干部姓名多数也改了，行军路线、地名、部队番号、机关称呼都改了。……司令员成了"司令"，政委成了"政训员"，同志成了"弟兄"，小鬼成了"勤务兵"，爱人成了"太太"，救亡室成了"中山室"……而且，有的段落特别是作者抒发激情与议论的段落都删去了。但无论带上什么样的伪装，它依然明明白白地是一首对共产党领导下的人民军队与敌后抗日革命群众的热情颂歌。《五月榴花照眼明》全文包括它的标题本身，就表露了作者鲜明的政治立场。

尽管如此，这篇报告文学作品仍未能闯过图书审查关，不可能在重庆出版。田大畏继续谈这篇稿子后来的命运：

原稿写在浅绿色土纸印成的四百字一页的稿纸上，残留的半页封面上写明有"八万余字"按这个字数计算应有二百多页。这二百多页稿纸随着母亲从重庆到了桂林，又随湘桂大撤退的逃难人流到了贵阳。抗战胜利后，由昆明而重庆……

1946年4月7日邓颖超在重庆写信给在张家口的丁玲，委托她将《五月榴花照眼明》(误写为"剧本")在解放区出版。邓颖超在信里说：

丁玲同志：
常从报端看到有关于你的消息，知你正努力于解放区之

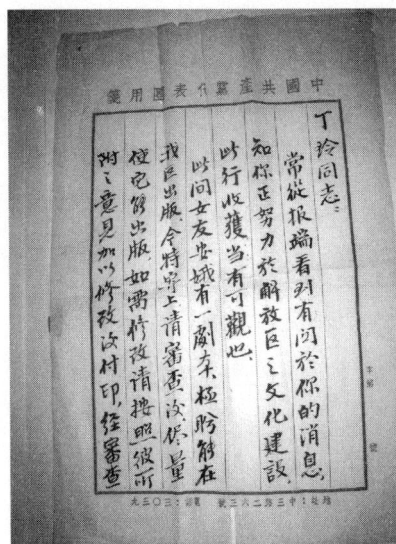
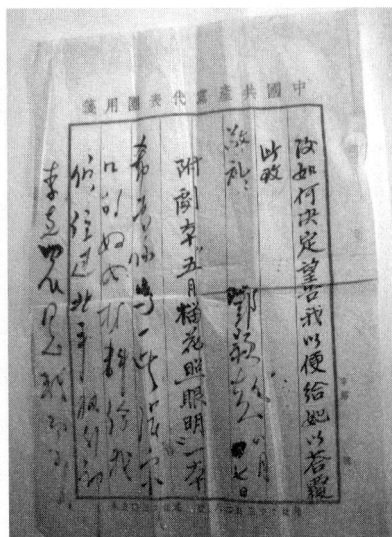

邓颖超为在解放区出版《五月榴花照眼　　周恩来在信后的附言。
明》事致信丁玲。

文化建设，此行收获当有可观也。此间女友安娥有一剧本，极
盼能在我区出版，今特寄上，请审查后，尽量使它能出版，如需
修改请按照彼所附之意见加以修改后付印，经审查后如何决
定望告我以便给她以答复。此致
　　敬礼！

　　　　　　　　　　　　　　　　　　　　　邓颖超
　　　　　　　　　　　　　　　　　　　　　四月七日

　　附剧本《五月榴花照眼明》一本。
　　周恩来附笔："希望你写一些张家口的妇女材料给我们，经
过北平执行部李克农同志转即可。"

　　在当时形势下，不知什么原因，这个愿望未能实现。这二百多
页稿子后来的命运则是：

……而上海，而石家庄，最后进入刚解放的北平，一直是带在身边的。……"文化大革命"前夕，我表姐张琦铭借原稿去看，还没有看完，便惨死于那场浩劫之中。此稿没有来得及归还的部分，也就不明下落了。母亲知道了，说了一声："可惜呀！"便拖着艰难的步履(因患脑血栓，说话、走路都很困难)，给幸存的一百七十三页原稿找到一个避难的地方，这才使它得以保全下来。……不久前，我的老同学、参加编写新四军五师战史、鄂豫边区革命史的朱虹同志来北京征集资料，见到这部稿子，说它保存了不少史料，可以编印出来。原来稿中所描述、所报道的那支英雄的人民军队新四军鄂豫挺进纵队就是五师的前身。原纵队司令员李先念同志、政治部主任任质斌同志等老一辈无产阶级革命家都极重视此稿之出版。

为了使这篇报道在解放前通过国民党当局的审查而不得不做的避讳、修改和省略，使它的面貌受到一些损失。这些都通过调查研究考证而尽可能地恢复了它的本来面貌。(田大畏：《安娥小传及其遗稿〈五月榴花照眼明〉》。1985年1月2日)

这部沉埋了49年已经残缺了的报告文学作品终于在新四军老领导和老同志关心与帮助下于1989年5月与史沫特莱的有关作品一道以《五月榴花照眼明》为书名出版了。原纵队首长李先念、任质斌等都曾帮助核对文中史实。李先念在回复关于当年他谈长征的一段记载的询问时说：他"当时是这样谈的"。原纵队政治部主任任质斌同志还为此书写了长篇序言。其中说：

读过这两篇作品(《五月榴花照眼明》和《中国的战歌》第九章)的五师老同志一致认为，它们忠实地反映了豫鄂边区抗日民主根据地军民战斗在武汉外围敌后的崭新历史风貌，反映了这支新四军部队艰苦卓绝、团结奋斗、英勇抗战以及与广大群众血肉相连的生动情景,具有重要的史料价值。

我清楚地记得1940年初史沫特莱、安娥和翻译方练百三位客人到达大洪山东南麓的湖北京山八字门我纵队首脑机关驻地时的情景。那时安娥的身份是《广西日报》战地记者。她约摸30来岁,享有《渔光曲》歌词作者的赫赫声名,给人印象是个很有才华、思想进步、性格文静而又刚毅的新女性。……她笔下对我纵队及边区的描述,具有细腻、详尽的特点,但又不是自然主义的猎奇,而自有其独立采访所得与新鲜见闻,实属不可多得的报导新四军的力作。(1989年3月于北京)

这位参加过长征的新四军老首长对安娥作品的肯定评价自然是对她的极大褒奖。

2005年,抗日战争胜利60周年之际,此书再版,并且增入了安娥在五战区的其他战地报道。抗日军民的感人事迹, 真如五月的榴花, 以耀眼的光辉展现在读者的面前。

活跃在游击区的史沫特莱的身影,出现在安娥的《游击队出发了》的诗行中:

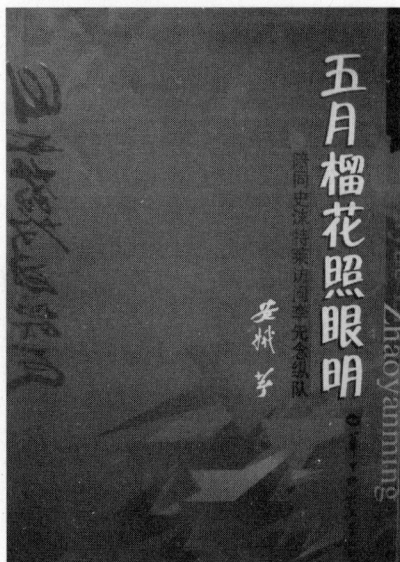

报告文学集《五月榴花照眼明》2005年版。

一
"同志! 我要是诗人,
我一定不放弃这个景况! "
斯麦特来 (即史沫特

菜)带着寒风跑进屋来，
兴奋地倚在了门框。
阴暗的屋子看不清楚她的脸色，
只望见她的眼睛闪烁着光芒。
我还没有弄清楚是怎么回事，
她一把把我扯到了麦场。

二

原来是游击队出发了，
大队已经远远越过山冈，
眼前只剩下最后的一短行。
这有什么关系啊，
哪怕是最后的一个，也照样，
描绘着民族勇士的风光！

让我们再来读读《五月榴花照眼明》书中安娥为宣传队娃娃兵写的诗吧：

中国是光明的啊！
可爱的孩子们，
从你们可以看出祖国的新时代。
尽管你们还会跌跤。
在你们的手里，
四季的气候将变化，
山河的面貌将更改，
大地将为你们而温暖，
鲜花将为你们而盛开。
只有你们能批判地继承过去，

能辉煌地创造未来。
你们现在几乎一无所有——
头上缺帽,脚上也没鞋。
但孩子们,战斗下去吧,
你们将有一个新世界!

　　田大畏说,根据原稿上的笔迹可以断定,这首诗是田汉在安娥原稿的基础上重写的。

14. "鲜血换回民族魂"

　　这个标题是安娥填词的歌曲《举杯高歌救国军》中的一句,全段是:"救国军,铁似心,鲜血换回民族魂;救国军,铁似心,拼性命,救沉沦。"安娥为"为民族牺牲不顾身"(同曲的一句)的抗日将士,唱出了激昂的赞歌。

　　1939 年末,安娥应第五战区政治部主任韦永成之邀,到鄂北前线采访。

　　安娥从襄阳经枣阳走到随县地区。这是 1939 年 5 月随枣会战中我军浴血奋战收复的地方, 现在由孙震指挥的第二十二集团军和以王瓒绪为总司令的第二十九集团军防守,173 师钟毅师长和 125 师王仕俊师长热情地接待了安娥、姚雪垠和美国记者史沫特莱。安娥中途去新四军豫鄂挺进纵队访问数月之后,又回到老河口第五战区李宗仁将军的司令部,继续她在湖北前线的采访。安娥把她的采访报告随时寄到桂林的《广西日报》发表,让大后方读者及时知道湖北前线、游击区和敌占区的状况。

　　全民抗战改变了中国,改变了中国的老少男女。安娥的心和笔都沉浸在兴奋中。去随县的途中看到:"沿路的大地在你眼前经过。队伍,行人,彼此一条心似的走着一条路;互相让着路,互相让着马,互相投以熟识的目光。战地——日本鬼子把我们的战地弄得这么融洽,这么进步!"途中遇到一群女政工队员,她们小小年纪,动员民众、做士兵政治工作、救护伤员，意气风发地唱着"中国女青年，不怕苦，不怕难，只向前！""中国新女性！新的女性，生长在大时代中！"安娥也不由得唱起来。

她怀着崇敬的心情详细地报道了1939年12月随县西北擂鼓墩和滚山争夺战中我军官兵不怕牺牲的精神。"战士的英勇，那是我们的笔不能形容的。只看死在三层铁丝网后面、寨墙脚下的一堆尸首，便知道他们是如何英勇地冒着敌人的炮火，要进攻石寨啊！"指挥这次作战的22集团军125师王仕俊师长"是一位英勇有办法的军官。他从娘子关、石门口、徐州一直战到这儿。他永远在离敌人最近的阵地上指挥作战。这次攻滚山，他甚至跑到离敌只有一里多路的地方，留在那儿指挥着作战"。

安娥1940年5月从前方回到老河口，就听到"钟师长成仁了"的消息，简直不能相信，因为5月5日还在他的师部。

1939年末，安娥到襄阳，立刻和姚雪垠去看望隶属于第11集团军第31军的173师钟毅师长。钟毅一见面就和她谈起文学上的问题，并写了一首诗送给安娥。"钟师长于诗于字也有深爱，戎马倥偬中常常不离文墨。钟师长

1940年秋由湖北前线回重庆，经成都时与田汉长子田申(海男，时为中央军校学员)合影。右侧是田大畏。

1946年在黄琪翔将军宅前合影。左起：田汉、洪深、黄琪翔、阳翰笙、安娥、常青真（洪深夫人）、周信芳。枣宜会战时，黄琪翔将军任第十一集团军总司令。

要我写点东西给他，我答应了。"安娥纪念文章《忆钟毅师长》说"钟师长很好读书，每次见面第一句话便是：'带了什么书来没有？'因此对于各种学识都有相当基础，很有儒将风度"。她详细介绍了钟毅在樊城整训时给部队拟定的三原则和十守则，其中包括："精兵救国"，"百姓如家人，亲切莫结怨；国家如爱人，爱护永不变。"5月4日师部移动，安娥见到一位老太太拉住一个士兵大哭，起初以为士兵得罪了老太太，后来才知道是老太太舍不得这个士兵走。这次钟师在尚市店战斗，全连弟兄和敌人的战车肉搏，壮烈牺牲；部队撤退时，一个机枪手自动留在敌人后方，从背后射击敌人，击溃敌人队伍。这些模范事迹，三原则十守则起了不少作用。

　　1940年5月，日军集中重兵，向我军发起突然进攻。疯狂的日军在飞机、大炮及装甲车的掩护下，向我阵地发起集团冲锋。钟毅指挥 173 师将士浴血奋战,打得敌人尸横遍野,血流成河。由于我火力太弱,伤亡惨重。5 月 5 日,日军突破第 173 师左邻部队的防线,企图迂回包抄我主力。军部指示第 173 师担任后卫,牵制日军,掩护主力撤至唐县镇一线,向枣阳集中。在危急关头,钟师长坚决执行命令,但在激烈的战斗中无线电通讯失灵,钟师长与上级失去联系。他判断敌主力必直袭枣阳,遂兵分两路,自率左翼纵队及师直属部队进入枣阳以北的太平镇与苍台之间。不料正与日军主力相遇,被敌包围。5 月 8 日,钟师长率部到达河南省边境之苍台附近时,又遭日军骑兵追袭。双方短兵相接,杀成一团,队伍失去控制。5 月 9 日,钟师长身边只剩下一个卫士排。他宁死不屈,率领卫士与日军厮杀了两个时辰,弹尽粮绝,官兵伤亡殆尽。钟将军右胸负了重伤,血染前襟。他顽强地支撑着,下令士兵迅速分散突围,然后把笔记本、作战资料等机要物品埋在阵地的芦苇根下,从容地举起左轮手枪,扣动了扳机,自戕殉国,时年 41 岁。

安娥的纪念文里说:"不过在他自己,死,是他时时刻刻都准备好了的。抗战以来他曾遇过三次危难而未死,他刻了一个'三生有幸'的图章常佩在身边。他常常对人表示,假设他遇敌不能脱身时便自杀。这次不幸应了他的话!他是那样壮烈,高呼'中华民族万岁!'把手枪向着自己的左胸射进去。"

文章最后说:"敌人欠了我们的血债,我们要他用血来还我们!"

1940 年 2 月至 8 月,重庆《大公报》和桂林《广西日报》先后登载了安娥的战地通讯 9 篇,其中 7 篇是报道第五战区正面战场和敌占区情况的,2 篇是反映新四军战斗生活的;她 1939 年末去鄂北战地采访的日记体长篇报道《征途感怀》1942 年才由《广西日报》连载,而她去新四军地区的访问记《五月榴花照眼明》完稿后 49 年才初次与读者见面。

1944 年,安娥在桂林。日寇在湘桂线发动攻势,桂林吃紧。6 月至 8 月的衡阳战役牵动着人们的心。7 月底田汉率桂林市文化界抗战工作队到湖南前线,仍抱着胜利的希望:"从中原到三湘,敌人还肆着疯狂。胜利虽已在望,当前的困难,等待我们这一代担当。"(田汉)

此时桂林文化界举行了声势浩大的"扩大动员抗战宣传周"。为配合宣传周,新中国剧社演出了大型活报剧《怒吼吧,桂林!》,安娥为这出戏写了多首插曲:"同胞们,同胞们!战士把生命献给国家,我们把血汗献给抗日军!"(《献金运动歌》)"我卖花不为了别的事,给将士们买一双草鞋穿。"(《卖花曲》)"中原已燃起了烽火,洞庭已掀起了巨浪。残暴的日本军阀,想打通平汉和粤汉,万恶的法西斯强盗,想穿破我们的心脏。放下你的酒杯,丢下你的麻将,别再纸醉金迷,纵情歌唱,拿出你的良心,献出你的力量,团结民众,起来共同抵抗。醒一醒吧,大后方!"(《醒醒吧,大后方!》)面对危机日益逼近的形势,面对民众日见低落的抗战热情,安娥坚持不懈地呼唤着民族魂的归来。

这时美国空军积极参加了中国地区的对日作战,6 月 15 日美国重轰炸机 B29 轰炸日本,8 月 4 日中国入缅远征军与美军协同攻占日军战略要地密支那,奠定了缅甸战役的胜局。安娥以高昂激越的诗句欢呼反法西斯战争新局面的到来:

听!美国健儿们在空中歌唱,
机翼穿过了天空的白云朵。
看!中国的健儿们在伊罗瓦底江,
炮火射穿了日本强盗的心窝。
看!中美英苏合成了一家,
我们的抗战再不寂寞。

我们大声地唱,

我们大声地歌,

这民主的歌声永协和。

不分黑与白,

不分红与褐,

全世界民主的力量势如江河。

……

西自大西洋,

东自古黄河,

爱自由的人们热情炽如火。

……

(《天下一家》,1944 年)

在任何局势下,安娥对抗日战争都抱着如火的热情。

8 月 8 日衡阳失陷,9 月安娥与田汉离开桂林,走上逃难的艰苦旅程。11 月 13 日的《扫荡报》上登出了安娥的《介绍衡阳突围的一位将军》,可惜现在只见到第二部分,第一部分没能找到,不知这位将军的姓名。本文是一位将军的谈话记录,讲述衡阳战役的最后阶段。那是一场英勇而惨烈的保卫战,守军第十军坚守孤城 47 天。我军 18000 人,死伤 15000 人,毙伤日军 29000 人以上,敌军伤亡超我近一倍。衡阳保卫战在抗战史上与同期的远征军出国作战、滇西反攻战役具有同样辉煌的意义。在弹尽粮绝、伤亡殆尽的最后时刻军长方先觉为保全数千伤员的生命举白旗投降。对这桩历史公案,不管有何评说,都不能改变中国军人为捍卫中华国土浴血奋战、重创敌军的事实。安娥通过这篇突围将军的谈话记录颂扬抗日将士们誓死抵抗、"为民族牺牲不顾身"的精神,以鼓舞国人的抗战决心:

我们没有了兵，便把所有的辎重兵、伙夫、马夫、护士兵、勤务兵等等都编成战斗兵，去守阵地。军佐们、军医们也都上了火线。指挥干部们表现的英勇力量是惊人的，牺牲也是惨重的。三分之二的营长阵亡了，连排长死的更不用说。……最后的一个星期，弹药缺乏到令人不可置信的程度，每个人只能分到十颗手榴弹。……当然战斗力就差了，但决心与士气却相反而更行旺盛。

突围的少数人，"沿途看见同胞们流离颠沛的苦况，惨不忍言！……我们这次突围后，更知道祖国的可爱，国土的宝贵，誓将此身与敌人战斗到最后一滴血！"

安娥在整个抗战期间，自始至终坚定不移地通过一切文艺形式歌颂这场伟大的民族解放斗争。她有多篇诗文热情赞扬敌后的抗日斗争，也同样热情而真诚地歌颂和报道正面战场的我军英勇将士不怕牺牲的精神。但作为一个进步作家，她在支持政府抗战的同时，又与当局保持一定距离，写文章不回避抗战现实中消极的一面。

安娥始终保持着自由职业者的地位，她在《历史思想自传》中说，1938年"宋美龄给了我一个她的秘书的待遇，200元，我收了两个月便借故不收了"。1940年安娥在五战区采访，李宗仁夫人郭德洁"留我在她的妇委会工作，她当众宣布已把我留下来了，我始终没答应，我说我是搞文艺的，不好工作。她为这个对我不满"。

安娥和国民党上层人物认识得很多，她到五战区来采访主要是因为和韦永成的关系。韦永成是白崇禧的外甥、蒋介石的侄女婿、李宗仁三弟李宗义的妻弟，1925年由李宗仁资助到莫斯科中山大学学习，1927年初安娥到中山大学，和他同学。1927年底，国民党方面的学员全部撤出莫斯科中大，韦永成回国后成为桂系少壮派骨干，担任过《广西日报》社长，所以安娥到第五战区采访是以《广西日报》战地记者身份。1938年韦永成担任第五战区政治部主任后，先后成立文化工作委员会和政工队，吸收进步人士、共产党人和大批抗日青年，工作进行得有声有色。

1938年10月武汉失守后，鄂北的襄樊、老河口先后成为文化名人云集的地方，这些文化人士在老河口第五战区办报纸、搞讲演、开书店、搞演出、写文章、办画展，使老河口的抗战文化宣传活动空前活跃，第五战区政治部在老河口办有《阵中日报》，韦永成兼任社长，特约撰稿人有老舍、臧克家、碧野、姚雪垠、艾芜、鲁彦、安娥、宋之的等数百位著名作家和进步文化人。1940年该报登载了安娥的文章《中国靠着他们》。

安娥的歌剧《战地之春》、散文《马上行》以及未发表的剧本《警报》基本是以这里的政工队员生活为背景的。1939年之后，反共政策加剧，局面逆转。1940年，安娥在五战区尽管作的都是正面报道，仍引起政治部军统人员的戒备，韦永成见到重庆的密报，说他把共产党员招到政治部来了，政治部反共分子对他提出非难。安娥尽快离开老河口去了陕南。

她写的《征途感怀》中对抗日将领的功绩由衷赞扬，但对某些军政大员颇不恭维，说到第五战区副司令长官、安徽省主席李品仙到宜昌的情形："这么多金领章的人一来，把李先生凤凰似的围绕着，立刻使李先生显出了将军威风，和我们之间有了相当距离。"李品仙下船被请到饭店休息，而"甲板上满是伤兵，把甲板睡得连下脚的地方都没了。我们万分小心地走着，这时常踏着他们的伤口，惹起他们的叫骂"。"前方医药品的缺乏，简直可以说是'没有药！'……加上药品、人员和医生、看护的缺乏，日子一多了，轻伤变重伤，重伤致死"。（《擂鼓墩和滚山的争夺战》）

她的《逃难杂记》把 1944 年湘桂撤退时军队和机关只顾自己逃命,不顾百姓死活,秩序混乱,趁火打劫种种丑恶现象描绘得淋漓尽致。尽管如此,老百姓依然不愿做日寇的顺民,仍然觉得:"有个国家是多么幸福的事啊!任这个国家怎样对不起我们吧,它总是自己的呀!"安娥被这种态度感动得落泪。

这篇《逃难杂记》是 1946 年在上海发表的。这时她的一首诗表明,无论怎样令人伤心,她仍深深地爱着这个国家,为它痛苦,为它叹息:

> 不幸,"它"却是我的国家!
> 除了痛苦、羞辱以外,
> 我能说什么!
> 记得我曾经那样,
> 拼着命奔向"它"!
> 并不是,逃难的时候,
> 对"它"有什么幻想;
> 而是,谁能够没有"它"呢?
> 在湘桂、黔桂线上,
> 百万的难民人流,
> 和死搏斗着,
> 为的是去投奔"它"!
> 那种殉道者的意志,
> 使我落过泪。
> ……
> 我们,不但不想丢弃"它",
> 反而日夜守着,
> 怕"它"被坏蛋偷走!

"它"痛苦！

我们也痛苦！

（《不幸，它却是我的国家》，1946）

　　安娥的作品永远流露着拳拳的爱国之心，近日发现《人民文学》1957年第7期刊载的她的一首诗《长江夜渡》，就以它的最后一小段作为本章的结束吧：

亲爱的祖国，

我的亲爹！

有谁不愿为你，

献出一切？

15. 歌剧的试验

1942 年 1 月,安娥在重庆国泰大戏院看了二幕歌剧《秋子》。编剧是陈定,作词是臧云远、李嘉,作曲是黄源洛。剧中男女主角分别由女高音张权和男高音莫桂新担任。内容是:日本女人秋子被征为营妓,随军来到中国,被一大尉霸占。后来遇到自己被征入伍的丈夫宫毅,二人曲尽悲欢后,大尉怒击宫毅,秋子护之,中弹而亡,宫毅抱着秋子的尸体,悲痛欲绝,哀伤地吟唱着日本军阀发动侵华战争的罪恶。这是中国第一部采用西洋歌剧编剧手法和唱法的"大歌剧"。编、导、演阵容强大,重庆中外人士纷纷慕名前来,演出盛况空前。《秋子》被许多高贵的仕女们称赞为真正的中国歌剧——Opera! Chinese opera!

1943 年在桂林。左起:安娥、叶子、熊佛西、田汉。

当时专家们对歌剧的看法,一种认为歌剧是以原创性音乐为主体,以音乐为存在条件的,应当直接采用西洋"大歌剧"的形式,创造中国的歌剧,那种由戏曲演化而来的有"唱"有"白"的剧种根本不是歌剧；一种认为应以戏曲为母体，加以改良，产生中国的新歌剧；一种认为应在话剧基础上发展歌剧，即在话剧中使用大量插曲，通过这种"半歌剧"过渡到歌剧，因而对《秋子》那种西洋风格持完全否定的态度。安娥 1943 年初在桂林《艺丛》杂志上发表的论文《发芽中的中国歌剧》归纳了几种不同的观点，阐明了自己的看法，她认为"中国歌剧正在嫩芽初发的时候，任何一种形式尽可试验，在工作中会找到正确途径"。"不怕不好，不怕样子多，不怕一些必然的错误，只怕没有！"

安娥在歌剧上已经做过自己的试验。她的《洪波曲》《战地之春》都叫做歌剧，但按照西洋歌剧的概念，这只是"话剧加唱"，顶多能算"半歌剧"，这种形式适合抗日宣传的需要，而"大歌剧"是不适合为宣传服务的。

藏书丰富的作曲家盛家伦在重庆建议安娥写一部孟姜女题材的歌剧，并愿意提供资料。安娥觉得这故事本身富有音乐性，而且家喻户晓，适宜写歌剧，1942 年，没等到盛家伦提供的资料就动笔了。在歌剧形式上，这是她一次新的试验。

安娥的《孟姜女》只有"唱"没有"白"，所有的对话都使用"宣叙调"，全剧完全由咏叹调和宣叙调构成。在场景的设置上也符合"大歌剧"的特点：第一幕——婚礼。群众合唱，客

以台儿庄战役为背景的歌剧《洪波曲》。

人轮唱,男女主角对唱,由喜至悲的突变;第二幕——村头小酒店。妓女、商人、犯人、士卒、屯民;调情与舞蹈,合唱与对唱的交替,环环紧扣的冲突,悲欢,倾诉……第三幕——长城工地。工人们的二重唱,怨愤达到顶点,孟姜女由一个柔弱的新娘变成强烈的复仇者。场景转换,长城的一角出现扶苏的宫殿,扶苏和妃子的哀叹,宫女们的歌舞,愤怒的城工们拥入,骚动,扶苏举剑自刎。全剧以垂死的孟姜女的高亢独唱告终。有很多戏剧性很强的激动人心的场面,剧情沿着一条清晰流畅的上升线发展,不像"话剧加唱"那样,往往夹杂琐碎的过场。

这部歌剧没有经作曲家谱曲,自然也没有演出,还不能称为一次真正的试验,但在为中国歌剧开创道路方面,确实往前走了一步。

但是安娥的《孟姜女》,按照"大歌剧"的要求,是不合标准的。第一,它更像一部诗剧,而不是歌剧。它的唱词太多太长,意思太复杂,适于读而不适于听;第二,说理太多,不是"大歌剧"所能承载的任务;第三,花费大量笔墨,通过剧中人之口阐发作者对于修筑长城意义的观点,这实在是多余的。安娥说她写《孟姜女》的原意,"是为着说明那个时代的社会性,说明商业资本发展与农村破产的关系,矛盾和斗争"(《历史剧杂谈——〈孟姜女〉序》)。"说明"历史上的经济和社会矛盾与斗争,本不是艺术家分内的事,按照这种意图写歌剧,必然吃力不讨好。不过安娥在序言的末尾还是说:"《孟姜女》写出来,就比脑子中的原本,不得不简单得甚多。不过戏剧不是史书,歌剧更不可能,只要能反映其某几点,便已是尽了写作的任务。"这就合理多了。

"政论性"的歌词太长太多是这部歌剧作品的致命弱点,但在刻画女主人公的性格转变和扶苏、蒙恬、妃子等悲剧性人物复杂矛盾的内心世界方面,仍不失为一部很好的文学作品。至于歌词,许多段落拿出来都是一首好诗。随便举几例：

> 众　　唱：断肠，断肠，
> 　　　　　当明天朝霞出现在东方，
> 　　　　　燕子们还对对睡在屋梁，
> 　　　　　新婚的范郎，
> 　　　　　出发到边疆，
> 　　　　　留下寂寞的孟姜，
> 　　　　　留下痛苦的娇娘。
> 　　　　　……
>
> 孟姜女：河水缓缓地冲着石头，
> 　　　　　亲爱的，我愿化作河水，
> 　　　　　随你流过玉门关口；
> 　　　　　纵然不能停留得永久，
> 　　　　　便是一刻儿也稍解离愁。
> 　　　　　……
>
> 妓　　女：我眼中也有热泪成波，
> 　　　　　我胸中也有爱情似火，
> 　　　　　岂是我自甘堕落？
> 　　　　　还不是为着生活！
> 　　　　　……
> 　　　　　那陈王他几时来？
> 　　　　　那陈王他几时来？
> 　　　　　不要他带来金银财宝，
> 　　　　　只要他把眼泪给葬埋！
> 　　　　　……
>
> 城工们：啊！

　　　　　　再莫提家乡！

　　　　　　不提家乡少心伤！

　　　　　　黄河五月水洋洋，

　　　　　　黄河十月结冰床。

　　　　　　冰床虽冷有时化，

　　　　　　闾左何日见阳光！

　　　　　　……

　　妃　　子：不必追寻这悲中的欢，

　　　　　　　刹那间的火儿抵不住长夜的寒。

　　　　　　　便缠绵也只是昙花一现！

　　　　　　　谁曾见东风把鲜花儿流连？

　　歌剧作者把《诗经》中的《草虫》《关雎》《大车》《有狐》《静女》《摽有梅》《野有死麕》《山有扶苏》《牧童》《寒衣》等诗章译为生动活泼的白话，用作不同人物的唱词，是很新颖的手法。

　　安娥剧中有一段非常突出的对话：屯民们和城工们盼望陈胜来解救，一个役卒对他们说：

　　　　　　不用再等待陈王，

　　　　　　他不合我们的希望。

　　　　　　自从他做了大王，

　　　　　　他就同别的王侯一样；

　　　　　　只把自己的利害作主张。

　　　　　　庄稼人的血汗是白流了，

　　　　　　他却借我们的血肉而肥胖！

　　　　　　自从他做了大王，

　　　　　　就换上锦绣的衣裳。

......

现在我们不再等什么救主了，

需要拿出我们自己的力量。

揭竿起义的农民领袖，一旦做了大王，就可能追求享乐，成为新的王侯。这个意思虽是通过役卒之口讲出来的，但显然是作者自己内心深处的忧虑。安娥在 20 世纪 50 年代写过一篇没有发表的寓言剧《蛇吞象》，讲的就是一个曾带头反抗地主的农民老贾（"蛇吞象"），得胜以后当了"大官"，变成了一个贪心不足想到天上去享福的土皇帝。这个"农民领袖"说：

只要你们跟我去打，只要你们跟我去斗。这样的日子掌握在自己的手。……谁要真心听我的话，我就让谁享荣华；谁要对我有虚假，我就对他要处罚。……只要你们听我话，我给你们住高楼。……人间的富贵多没意思，听说天上的快乐才是真的。你们给我搭一个上天梯！

寓言剧剧终村民的合唱：

人心不足蛇吞象，见了大马不想骑驴。做了大官想当皇帝，坐在宝座上把人欺。地下的享乐不满意，逼百姓给他搭上天梯。百姓一听心头怒，一拳打得他嘴啃泥。

这不就是令役卒痛心疾首的"陈王"吗？安娥在《〈孟姜女〉序》中申明的"说明时代的……矛盾与斗争"的创作意图，有关"陈王"的议论就是一个实例，尽管这不一定是真实的陈胜。

安娥 1942 年 2 月从重庆到桂林，这个剧本的序言发表在 1942

年桂林《戏剧春秋》2卷4期,可见最晚1942年上半年全剧就写完了,很可能在重庆就开始动笔,但直到1945年剧本才在昆明由沈从文主编的《观察报》副刊上连载,1946年又连载于邓初民主编的重庆《唯民周刊》。这个剧本里有许多反暴政、反压迫的激烈言词,把孟姜女哭长城的传说写成了呼吁人民起来造反的宣言书:

> 乡亲们给我报仇!
> 杀死那些吃人的野兽!
> 他杀死了我们的父母!
> 他杀死了我们的丈夫!
> 他夺去了我们的田园!
> 他吃去了我们的血肉!
> 我们若再不把他们杀死,
> 我们便永远得忍受!
> 难道我们还没忍到了头?
> 难道我们还没想得透?
> 起来呀! 起来呀!
> 杀死那些吃人的野兽!

　　一部历史题材的歌剧,竟写得如此火药味十足,丝毫不减青年时代的政治激进主义。这样的"煽动阶级斗争"的文字只有1945年10月战时新闻检查制度废除后才能见诸报刊,当然只能是民主人士主持的报刊。

　　1945年11月上海兰心大戏院演出的俄国犹太人阿龙·阿甫夏洛穆夫作曲的《孟姜女》是创立中国民族歌剧的另一种试验。这个戏倒是以音乐、舞蹈为主体的,注意艺术性,利用中国民间音乐,走的是改良京剧的路子,但被评论家认为:陷入了既不属于歌剧、也不是真正的音乐剧、同时也不是舞剧和京剧的"四不像"的尴尬局面。戏剧家洪深曾撰文称"该剧是一个不伦不类，非驴非马的东西"。(《〈孟姜女〉给我们的教训》1949 年 12 月 19 日上海《大公报》)

什么才能叫做歌剧？什么是中国歌剧？今天也不能说有了最后的答案。看来还是像安娥的《发芽中的中国歌剧》所说的,需要不断的试验。

16. "四维"情深

　　1942年2月安娥从重庆到桂林，到1945年12月2日抵达贵州，历时3年之多。在这3年中，安娥经历很多事，本章主要说说安娥与四维剧团的事。

　　四维剧团领导人是冯玉昆。20世纪三四十年代，他有两个班子：桂林的高升戏院、柳州的柳曲园。四维剧团的前身是醒华平剧社，柳州剧院被炸，合并到桂林，招了一批人，组织四维儿童训练

1940年代的安娥与田汉。

班。这样就有了"大四维"(平剧团)和"小四维"(儿童训练班)之称。

咱们还是从高升戏院说起吧。

1942年9月3日上午,田汉主持中兴湘剧团成立大会,安娥当然也出席了。晚上,剧团公演于桂林正阳路高升戏院。

在这之前,剧团全靠安娥夫妇的帮助。旧社会的戏班子,如果三天不响锣,肚皮就挨饿。在这离乡背井、人地生疏的困境中,整天大眼瞪小眼,没有戏演,怎么办呢?戏班里的人议论来议论去,只有去找田汉才行。此时安娥与田汉已知道他们的情况,主动与他们联系,用稿费,甚至借贷来维持艺人们的最低生活,安定人心,鼓励大家排练抗战的剧目。很快,田汉为戏班排演了《新会缘桥》,由吴绍芝和陈绮霞主演,在中兴湘剧团成立那天演出,此外还有彭俐侬和庄秀云两位小演员演出的高腔折子戏《旅伴》(也是田汉编剧),这是彭俐侬第一次扮演的重头戏。彭俐侬幼年从父彭菊生学戏,10岁登台献艺,很有潜质。

安娥对小演员的演出喜欢得不得了,立刻与田汉上台来,手里拿着练习本和毛笔等奖品,摸着孩子的头,说:"好孩子,演得不错啊!往后要好好学戏,将来定会有出息的。你们愿不愿做个名角儿呢?"

"愿,愿哩!"彭俐侬天真地答着。

"要当名角儿,好演员,不光只会唱几句戏,还要有文化,有知识,才能把戏演好。"安娥亲切地拉着两个小演员坐在自己身边,慈祥地说,说得小演员连连点头。"可是怎么学呢?"孩子们发问。

"只要你们认真学,我就来当你们的老师,这也是田先生的意思,你们说好不好?"

"太好了,太好了!"两个孩子高兴地跳起来。

彭俐侬和庄秀云抢着说:"安娥伯妈,我们就是想读书啊!您能来教我们,怎么不好呢?"安娥笑着,把手边的练习本和毛笔分送给她们。

　　从此,安娥经常到剧团来,把着手教彭俐侬写字、认字。在她母亲般的关怀和教导下,加之彭俐侬过人的聪明,接受能力强,进步很快,甚得安娥的喜爱,几乎把彭俐侬当做自己的女儿一样,满心想把她送到四维剧团去。于是有一天,安娥拉着她的小手问道:"俐侬,桂林有个四维孩子剧团,你知道吗?"

　　彭俐侬看着安娥,一会儿点点头,一会儿又摇摇头,看得安娥笑了:"你到底知道不知道啊?"

　　"不太清楚。"彭俐侬嘟囔着。

　　"四维剧团的孩子们,既会演戏又有专门的老师,给他们上文化课、音乐课,你喜欢吗?"

　　"喜欢啊! 安娥伯妈,能带我去看看吗?"

　　"好的,有机会我一定带你去。"安娥爽快地答应着,心里可打着鼓呢,因为首先湘剧团里演员少,再者她母亲是否同意呢? 安娥担心彭俐侬待在极不稳定的湘剧团,会不会埋没这个可塑之才!

　　以后,安娥逐渐与她母亲熟悉起来,一天她小心翼翼地提起让彭俐侬到四维剧团去的事,可是彭母不同意。由于战乱,生活非常困难,彭家夫妇不得不违心地将未成年的大女儿嫁出去,二儿子当学徒,现在怎么忍心把刚刚 12 岁的三女儿再送走呢? 安娥很理解这位母亲的心,以后不再提起,仍然不断来彭家教课,一直到中兴湘剧团离开桂林。

　　彭俐侬是湖南长沙人,1949 年 10 月以后,她参加十二兵团政治部洞庭湘剧团,后改为湖南省湘剧团,主演过《江汉渔歌》《拜月记》《断桥》《生死牌》《追鱼记》《思凡》等。1952 年扮演《琵琶上路》中的赵五娘,获得第一届全国戏曲汇演大会二等奖,历任湖南省湘剧院副院长、湖南省艺术学校副校长等。

　　金素秋是四维剧团(大四维)的演员。一天,在桂林剧场演出,戏完后,冯玉昆陪着安娥、田汉夫妇和欧阳予倩到后台。欧阳予倩看见刚才演出的金素秋便问道:"你会《思凡》吗?"

"不会。"金素秋干脆地回答。

"有时间我给你说说。"

"好的,我非常想跟您学戏。"金素秋早就听说欧阳先生的戏好、人好。

"要跟他学。他还有出拿手好戏《贵妃醉酒》,南欧北梅都擅长演贵妃。"安娥在一旁鼓动着,接着又对着欧阳先生说:"有人说,梅兰芳的贵妃是美而欠醉,您的贵妃是醉而欠美,你们是内行,可有这么一说?"欧阳笑笑,说:"这是理论家总结出来的说法。"

安娥转过身,对金素秋一再叮嘱:"你跟他学,要补上他的不足,美一点儿。"

1943 年夏天。一天金素秋正与同伴在屋外绣戏衣,安娥夫妇正好经过,停下站在她们旁边,绣花人竟然毫无察觉,直到安娥开口说话,才惊得抬起头,忙打招呼。

安娥说:"我最欣赏你那套竹布裤褂和蓝布白边的饭单,无论是《拾玉镯》还是《鸿鸾禧》里面的小家碧玉穿,合适极了。戏曲的服装、化妆虽然讲究夸张,讲究美,但是总还是应该符合角色的处境、身份、个性嘛。《苏三起解》满头珠翠我就不赞成。不定哪天我非写篇文章不可。"

田汉在一边忍不住说:"素秋天天手不释卷,为什么不试着写点东西呢?"在这之前,田汉常常鼓励金素秋写点东西,可是金素秋老害怕写不好,让人笑话。

安娥说:"你看,又退缩了。在台上你是多姿多彩的,可是一下台老是闷声不响,一副面孔,一个味儿。太秀气了,太文静了。这不行,要泼辣一些,得锻炼说话,就是要在人多的场合敢于发表意见,还要争取上台讲演。"

田汉看着妻子越说越兴奋，不觉大笑起来，"这不是强人所难吗？"

"我给您当学生，行吗？"金素秋看着田汉说道。金素秋的话还没落地，安娥就拍手，抢着说："行，行啊，太好了，我替老大答应了。""你也是我的老师啊！"金素秋红着脸说。

"当然，当然，我——还是你的大姐呢。"

金素秋回到家后，常常趴在桌上悄悄地写，等到写完了，也不敢拿出来，老觉得不满意。

安娥拿出几本书给金素秋："这些书挑几本回去看看，边学边写。"金素秋翻着手中的书，很小声地讲："娥姐……我很想了解'斯氏体系'到底是怎么一回事，上次你给我讲的，我弄不懂。"

"好。"安娥舒了一口气，"原来是想了解斯坦尼斯拉夫斯基啊？没问题。"安娥转身把书取出来，给金素秋。"演员只有把体验和体现很好地结合在一起才算艺术家，不然只是艺术的匠人。你把《演员自我修养》拿去好好读读吧。"

金素秋拿着书刚刚走了几步，转身对安娥说："等着！"一会儿只见金素秋急急忙忙地奔来，手里多了样东西，是用牛皮纸包着的，"娥姐，你先帮我看看，有'谱'再给田先生看。"

安娥回到屋里打开一看，原来是《离恨天》初稿，心里一阵高兴，坐下就看。金素秋虽然是第一次写剧本，但还是蛮有戏的。安娥以最快的速度看完，立刻让丈夫看。不几天，安娥敲开了金素秋家的门，一进门，对金素秋晃了一下牛皮纸包，嘴里喊道："接喜，喜到。"金素秋一眼就认出是自己的剧本，忙上前接住。"看把你急的，老大和我都看过了。还给你修饰了一下。他说这是千呼万唤始出来呀！我和他的看法一致，写出来就不错，还要反复修改，争取演出，不要半途而废。"

安娥温存地继续说："老大看得很仔细，为你改了许多地方，还千叮咛万嘱咐地对我说,这个本子基础不错,要帮助你把它改好,搬上舞台。"

安娥夫妇还帮助四维剧团的另一个演员创作剧本,那位演员叫曹慕髦。2004年5月20日曹慕髦接受采访时说:"安先生喜欢戏,但说话不多,很热情,年轻。洪镇(洪深之子)和她接触多。田老、安先生鼓励我们写剧本。我写《芝兰怨》请田老、安先生看过。后来熟了,修改得就多了。修改的字迹是两人的。安先生鼓励我们,介绍演剧队的同志到我们那里去,教我们唱歌,如舒模。还介绍苏联塔斯社的人到我们那里,介绍苏联情况。"

《芝兰怨》即《孔雀东南飞》。

1944年1月,安娥因病到桂西北的宜山县朋友家疗养,同年4月从宜山回到桂林时,丈夫与欧阳予倩主持的西南第一届戏剧展览会,简称西南剧展,已近尾声。这是一次规模巨大的展览会,有话剧、京剧、桂剧、木偶戏、少数民族舞蹈、杂技等演出,戏剧资料展览和戏剧工作者会议。参加的戏剧工作者近九百人。

安娥一到桂林,即动手为大型活报剧《怒吼吧,桂林!》(即《保卫大西南》)写了插曲歌词《醒醒吧,大后方》《卖花歌》《怒吼吧,桂林!》《滨湖月》等。5月25日参加在桂林艺术馆举办的"桂林诗人为保卫中原而歌"的诗歌活动,为桂林市抗日献金活动创作歌词《献金歌》。

1944年9月开始,桂林告急,桂林守城司令发布第三次疏散令后,安娥跟着演剧四队到了柳州,从柳州撤退到独山,再撤到都匀,找到当时冯玉昆领导的四维剧团,年底随着该团从都匀撤退到贵阳,住在贵阳图书馆,即文化难民住的地方,从此,与四维剧团一起直到抗日战争胜利的那一天。

安娥于桂林陷落前经柳州逃难至贵州,将自己在路上所见所闻忠实地记载下来,现在留存的《逃难杂记》,就是当时战争生活的写真：

> 从衡阳、桂林、柳州、金城江、独山沿线挤满了逃难的人群。
> 人们为了吃、喝、拉、住，天天发生哭、笑、争吵、抢、骗、偷、打、走
> 路、喊叫、流汗、生病、死亡，不过三天，好好一个车站，变成一个
> 人与粪坑在一起的地方了！在桂林还有为人们逃难开出的车，
> 过了柳州，没了车，只能靠爹妈给的两条腿，走到贵阳，曾经有
> 百万人流这么走过。

> 在车站上简直是生命与金钱的搏斗，有力气的爬上车顶，
> 有钱的可以花钱去买座位，胖的一千或一千五，瘦的五百；站
> 上开水，头一天十元一碗，第二天二十元，三四五天后就是
> 五十元了，而且这开水也不知道是否是开的，反正买到就是
> 胜利。

安娥和演剧四队及九队先遣队，搭乘的是长官部的列车。说是
列车，其实只有四节车厢，150公里，走了14天。

安娥在文章最后说：逃到后来"完全没有了交通工具，东西丢
得每人只剩了自己。生病、拖着孩子的母亲们，只有天保佑他们
吧！"

在向贵阳逃难的人群中，有个小商人模样的老头，向同路逃难
的人夸耀："你们别看我土头土脑，我儿子可是个大官。"周围的难
民都以为他在胡说，便问："你吹牛，什么大官？"

老头一听急了，忙辩解，"谁说我吹牛了！我儿子是师长，一百
一十五师的师长，你们知道吗？"

这话被同在一起逃难的安娥和田汉听见，安娥随即和他攀谈，
知道他姓林，便不露声色地多方面照顾他，背着人劝告他："你不要
再在人面前吹你儿子了，那是共产党的军队，这里是国民党的地

盘。"老头听后还不服,说:"现在不是国共合作吗?"

安娥耐心地分析道:"国民党表面上说合作,暗地里又搞一手,许多只要跟共产党有点关系的人,都莫名其妙地被抓去,失踪了。"老头这才安静下来,不再对外乱说了。

1944年初冬,林彪收到一封来自贵州的电报:"敌伪侵袭,故土沦陷,携家人逃难在黔,亟盼援救。父。"林彪把电报交给了正在延安的周恩来。周恩来在电报上批了几个字:"此事交刘少文负责办理。"

刘少文当时化名为张明,任中共中央南方局交通处处长。他要孙友余派个机警能干的人去一趟贵州,把林彪父亲一家人接到重庆。孙友余考虑后,决定派程昌林去。程昌林赶到红岩办事处,刘少文向他交代了任务,并把林父的电报交给小程,作为与林父相认的凭证。

小程问:"贵州那么大,我到哪儿去找他们呢?"

刘少文说:"你到贵州,先想办法找到田汉和安娥,向他们打听就行。"

小程到了贵阳,经过多方打听,总算找到安娥。对她说,他是重庆"八办"(八路军办事处)派来的,要寻找林老板。安娥一听就明白了,让他到难民收容所去找,并把林父的名字、模样等,详细地告诉他。

小程找到林父后,低声说:"林大爷,我是奉命来接你们的,你先想想,信不信得我?想两天,不要去找我,到时我会再来。"小程一路护送林父安全抵达重庆。1949年初,林父曾到北京饭店看望过安娥。

1944年12月2日,安娥与大家终于到达贵阳。刚到贵阳的安娥和丈夫住在大十字附近的破庙里。安娥夫妇那间小屋里,仅有一张床和一张小桌,两个小方凳。他们吃的是粗茶淡饭,再加上一路上的辛苦劳累,此时一并发作,安娥又一次病倒。

当时照顾过安娥的四维剧团小演员王诗英2004年回忆道:那时候安先生患肺病很严重,可是饭食很苦。王诗英在菜市上看到有卖好菜的,回来告诉安先生,她也舍不得去买。听说田老当时如果有了点钱,就拿去接济文艺界的穷苦朋友。王诗英的父亲在飞机场当炊事员,有时拿点给美军吃的东西,来给安娥补充营养。

田汉在外工作很忙,经常不在家,王诗英与安娥朝夕相处,常常促膝谈心。有一天田汉在家写东西,安娥问王诗英:"你为什么学戏?"

"唱戏为了挣钱,养活父母。"王诗英天真地回答。

田汉听到后,停下手中的笔,对王诗英说:"唱戏仅仅是为了养活父母还不够,还要为社会做点事。"王诗英眨巴着眼睛,看看田汉,又望望安娥。安娥明白小王年纪小,根本不懂那么深刻的道理,便给她讲解了老半天,王诗英还是半懂不懂,可是"要为社会做点事"这句话却牢牢记住了。

此时,日寇疯狂进逼,许多流亡文化人步行逃至贵阳,田汉不分昼夜奔走呼号,办了文化人招待所,把一个个走到贵阳的文化人安置下来,还和安娥一起想法,向"救济处"领来粥票,让四维剧团的孩子们不饿肚子,可是安娥夫妇却常常愁着没米下锅。

1945年初春,安娥和冯玉祥夫人李德全一起去独山、河池,救助了三车难民,其中有些是文化人;还将救济物品运到独山、南丹等地,交给那里的难民和难童。是时,安娥协助李德全创办了贵阳难童收容所,安娥和田汉让四维剧团儿童班的孩子住进了收容所。

可是让孩子们长住收容所非长久之计,经过田汉多方联系,通过关系,找到青年军罗又伦师长,把四维剧团儿童训练班(后改为四维儿童戏剧学校)归属青年军第207师政治部,使他们终于有了安身之处。当时该师是准备出征缅甸的,四维剧团的孩子们乘军车从贵阳出发去云南曲靖(207 师驻地)时,田汉十分兴奋地用粉笔在每辆车的车帮上写了"中国青年远征军"几个大字,当时以为剧团会随军到缅甸战场为抗日将士演戏。

为了安排四维剧团到青年军,罗师长要求田汉去当师政治部主任,田汉不愿意当官,说:"我不去做官,去了我就得让他们管着,我不能受限制,我要写剧本。"可是作为交换条件,田汉只得接受这个名义。四维剧团的孩子们得知后,都非常感动。谢锐青在《田老与四维儿童戏剧学校》一文中说:"为了我们,他接受了这个条件,当了挂名的 207 师政治部主任。我们听了都非常感激田老。"

1945 年 3 月 22 日安娥随四维剧团从贵阳到云南曲靖。在等待出征缅甸期间,孩子们每天除了排戏、演戏,还在安娥的督促下练功、练声。空闲时,安娥教孩子们唱进步歌曲《朱大嫂送鸡蛋》等,还讲一些解放区的故事,尤其注意对女孩子的教育和帮助。安娥听说军队里有人给一女孩写求爱信,就告诉她们如何保护自己,费心地引导她们,凡是妈妈、老师该管的事,安娥都管了。

有一次,剧校排《情探》,孩子们会流利地背台词,可是对戏的内容不大懂,安娥给他们讲解剧情,分析人物性格,解释这个老戏为什么要改编。又说,因为大家都是南方人,讲话带南方口音,京白念不好,所以一定要下苦工夫练基本功。

为了女孩子的安全,晚上睡觉时,让女生睡在剧场最里面的屋子,男生住在中间的房屋,而安娥夫妇则睡在外院。

安娥是多么爱"四维"这些小朋友啊,1945 年 5 月 6 日《正义报·影剧专叶》要出"四维"小朋友的特刊,安娥立刻为之写稿。她认为,京戏、地方戏"大部分的剧本",尤其是生活习惯,对儿童是有毒害的,她痛心地看到"一个个天真、忠勇优秀的小主人们"在"戏的圈子"内被腐化。"四维"的小朋友们的可爱,是因为他们大部分都还没有染上旧的恶习。她感激一切帮助他们、爱护他们的人们。

安娥说:"我是多么愿意写,我更愿意所有的报刊、所有的同胞们多多为儿童们——我们幼年主人——呼吁,帮助他们,爱护他们,尊重他们,教育他们!为他们,也为我们自己!"(安娥:《我对于幼年剧工们的看法》)

1945年8月间,孩子们正在演出《新儿女英雄传》的时候,忽然传来一个喜讯,日本投降了。8年抗战结束,大家欣喜若狂,马上停演,上街游行,敲锣打鼓,庆祝胜利。

抗日战争胜利后,剧校要随207师开往东北。1945年11月,四维儿童剧校的人员分上两辆车,田汉随男生和戏箱一辆车,安娥与女生及行李上另外一辆车。后来师部为了照顾田汉,给他拨了部吉普车。就在田汉换乘吉普车的第二天,男生乘的那辆车,因为司机夜里赌钱,过度疲劳,于贵州、湖南交界的玉屏县,一个大急转弯,失去控制,发生翻车大祸。等到安娥和女生乘的那辆车赶到时,只见汽车四轮朝天,全车只有少数几个人被摔出车外,其他人都被压在车下,12人遇难身亡,其中9名是小演员。安娥和田汉看到惨状,伤心不已。安娥哭了好几天,后来只要一提起此事还落泪。

安娥在1946年11月25日上海《新闻报》上发表了一篇深情的回忆——《我不能忘记的小艺人——四维剧校学生沈维志》:"他们参加207师是我们介绍的。那是在缅甸争夺战的紧张期,大家以为这一支小艺术军也许能远征国外。但后来情形完全变了,南行成了北上,终至这么些宝贵的小生命断送在鲁莽轻躁的运输兵之手。"

安娥在文中从各个侧面生动地描写了沈维志小艺人的生活。沈维志出生于平剧世家,父亲是名鼓手,母亲是老生,长兄亦演老生,次兄演武生,姐姐演花旦,沈维志最小也学老生。可是他被人称为"小鼓手",因为他曾随父亲学过一年打鼓。鼓是乐队指挥,沈维志常常与小朋友们凑"打闹台",只要他的鼓不停,同伴们也都不停。早进场的观众嫌太吵,当知道是小朋友们在打,便一个个稀奇地钻进幕布去看个究竟。

沈维志是个老生全才,有板、有眼、有腔、有调、有感情、有嗓子、有内心、有性格、有武功、有架子、有台步。他特别喜欢演性格戏,如《斩子》《跑城》《九更天》《扫松》《三娘教子》《四进士》等,而对《武家坡》《珠帘寨》《四郎探母》等,他一点都不喜欢,所以老演不好。沈维志很爱演田汉的戏,如《南明双忠记》中扮演瞿阁部式耜,得到田汉的高度赞扬,说他比以前任何一位成人名角都演得好。

沈维志很顽皮,但他爱戏、爱舞台、爱剧校。有时没安排他上戏,他就会抢着上台,或是扮个小花脸,或是扮个老旦,或是打面大旗,或是扮个衙役,或是扮个院子,实在没有角色扮时,他就在脸上涂几笔,然后上台去翻几个筋斗,过把瘾。

倔强热情的沈维志爱打抱不平,可是最守"纪律",有一回,被教育长一拳打聋了耳朵,可是他没响,有人问他时,他说:"我怎么能还嘴?回头说我顶撞师长,关我禁

1950 年代在家中与原四维剧校学员谢锐青(前右)、许湘生(前左)合影,后排右一为田大畏。

闭怎么办?"安娥得知此事后,觉得这些孩子太可怜了。

　　1946年四维剧校被派驻到北平、保定和东北各地,成为几个分校。1948年末,国民党准备把四维剧校的孩子们运到塘沽,随军南撤,在这紧要关头,马彦祥转达田汉指示:剧校的师生切勿随国民党军队南撤,留守北平等候解放。于是剧校的师生及家属从西苑步行进城,静候北平和平解放。

　　那时这些孩子浑身龌龊,衣服破烂,身上穿的是国民党旧军服,头上戴的也是旧军帽,就像一群小乞丐。他们在国民党军队里生活了三年,思想相当混乱,对于共产党、对于解放,没有什么认识。

　　在北平和平解放后的第二天,安娥和田汉来到孩子们中间,一同来的还有军管会文艺部的同志。看到安娥夫妇,孩子们就像见到亲人一样,纷纷围上去,亲热极了。安娥看到他们帽子上的国民党

1950年秋,田汉、安娥邀请苏联著名电影导演尤特凯维奇、莫斯科电影制片厂摄制组及其他苏联客人到中国戏曲学校(前身为四维剧校)观看学生演出。 二排左四:尤特凯维奇,左五:安娥。

帽徽,立即上前扯掉,并给孩子们讲解新社会的好处,还说你们的将来是多么美好。

田汉当即宣布:四维三分校划归华北文艺委员会旧剧处所属。开始在"四维"的基础上筹建新中国第一所国家戏曲学校。

安娥继续关心着小演员们的成长,对四维剧团孩子们的深情伴随了她的一生。

17. 痛失陶师——《武训传》风波

　　安娥和儿子田大畏1946年5月27日搭乘国民政府安排给冯玉祥的"复员船"民联号由重庆到南京,换乘火车回到阔别九年的上海,在这里度过了紧张繁忙的两年多。到上海后,经朋友介绍,在熊佛西任校长的上海市立实验戏剧学校教几个小时的课,借此住进了北四川路横滨桥的剧校教员宿舍,在这里认识了对门而居的话剧导演胡辛安及夫人王玉玲并成为终生的密友。几个月后丢了工作,寄住到袁雪芬的越剧学馆。经济上又和20世纪40年代初在重庆一样困窘,因为无法解决儿子的学费问题,只得叫他去北平投靠她的五哥。后来上海《新闻报》聘请田汉和安娥编辑该报的《艺月》副刊,得到一些编辑费和稿费。她在《新闻报》《文艺春秋》上发表了多篇回忆、文艺评论和时评,较重要的有记述湘桂大撤退的《逃难杂记》和散文《我想白薇》。安娥追述重庆时期被疾病折磨、受同行打击,但仍然我行我素的女作家白薇,对她表示崇拜、尊敬、赞扬她的无畏、坚强、自尊、人格的完整,说她不但是妇女的也是"人性"的骄傲;安娥因自己不敢成为她的密友,不敢为她辩解而自责,惭愧自己的怯懦,"莫非这就是小资产阶级知识分子的悲哀吗?"文章是因女性尤其是知识女性的社会遭遇有感而发,落脚于当今的妇女问题,不满电影、舞台上的"卖弄风情的、奴隶成性的女性,或绵羊小鸟们",希望出现能担负时代担子的妇女形象。文章认为白薇是"千百有反抗意志的知识妇女中的一个"。此外还发表了时评《为'二九'被打者抗议》、诗歌《哭完人闻一多》、采访记《我见到了黄八妹》等等。安娥主要是诗人和记者,她的记述文字往往生动而有见地,发表于昆明和重庆的《孟姜女》,与其说是歌剧,毋宁说是一部上乘的诗剧。1946年到上海之后,文艺方面,则是全心投入写作一本真正的歌剧——《武训传》。

1946年夏天,陶行知请田汉和安娥夫妇分别写有关武训的话剧和歌剧,把《武训先生画传》和自己的一篇文章赠送给他们,作为参考资料。1946年7月25日,陶行知猝然辞世,安娥陷入极大悲痛。她写了两篇纪念文章:《遥寄陶行知先生》和《陶行知先生——大众诗语言的创造者》。在以书信的形式写的第一篇纪念文中,作者向陶先生的在天之灵保证:"我们一定要完成你对于纪念武训先生和宣传武训先生事业的志愿。话剧、歌剧、电影、舞剧、音乐、歌曲、图画,我们必定都把他做完!"

这时歌剧《武训传》已写了四分之三,她决心赶紧把它完成,实现陶先生宣传武训的遗愿。剧本在11月份的上海《侨声报》连载,刊登至第三幕第一场,报纸停刊,以后部分就遗失了。安娥还请育才学校找学生给歌剧谱曲,但是没有配出来。

安娥像对老师一样尊敬陶行知。她服膺于陶行知的教育思想,并尽其所能地支持他的教育实践。

安娥1938年写的《战时儿童保育院院歌》的第二段:

> 我们不依赖爸爸,
>
> 我们不依赖妈妈;
>
> 我们自己求新学问,
>
> 我们自己创新的家。

与陶行知的生活教育主张"滴自己的汗,吃自己的饭,自己的事自己干,靠人,靠天,靠祖上,不算是好汉","手脑相长","在行动中求真知"是相呼应的。安娥1938年参观重庆临时保育院时发表的看法:"我不是主张绝对的天才教育的,但为着工作更有力量,同时深造天才儿童起见,一般教育方式该注重外,个别教育也是该注重的。这个意思并不是制造个人记录,而是为国家栽培建国人才。"与陶行知1938年武汉沦陷前考察汉口、重庆临时保育院时产生的从难童中培养天才幼苗的思想不约而同。

安娥全力支持陶行知为此目标而创办的育才学校。1939年,育才学校筹办期间,陶行知就聘安娥为"育才之友",安娥以妇女指导委员会成员、中国战时儿童保育会常务理事的身份帮助育才学校领取药品、粮食、棉被。陶行知在1941年10月27日的《备忘录》中写道:"保育会开常务理事会通过保育生给米办法(此皆冯、史、安及吴市长夫人力主之效)。安娥与冯夫人夜里来告诉好消息,真人间观音大士也。"这是育才学校最困难的时期,育才学生基本上都是从保育院来的,为他们争取大米对学校至关重要,因此陶行知称安娥与冯夫人(李德全)为"人间观音大士"。

在办学经费十分拮据的条件下,陶行知也给安娥帮了一个大忙,同意安娥的儿子免费到育才学校上学,从1940年11月入学直到1946年5月

1940年秋,安娥送儿子田大畏到合川草街子陶行知创办的育才学校读书。在校门(古圣寺山门)前与育才学校师生留影。左一为田大畏,左二为安娥。

离校。

安娥根据自己的体会，特别认同陶行知使儿童成为"自主"、"自立"的"人中人"而非吃现成饭的"人上人"的教育目标。她赏赞靠努力学习由一个小叫花子成为新四军宣传员的盛四儿（盛国华），说他"负责、诚恳、勇敢、努力、有礼貌"，反感那些"撒娇、骄傲、出风头、摆势力，眼泪生在颊上，脾气长在嘴边，跺脚骂人是天经地义"的小姐、少爷。即使对自己年幼的儿子，也乐观其自立自强。安娥对陶行知的乡村教育、大众教育、国难教育、民主教育的主张无一不是全心拥护。

对于大众语诗人陶行知，安娥更是真心诚意地敬佩和学习。她在纪念陶行知的文章中对"陶诗"的语言、形式、内容、作用给了极高的评价。她说陶行知是一位"诗歌战士"，他的诗歌是为了大众的，写给大众的，是大众懂得的，爱读的，也是诗歌工作者们"万般珍重"的。陶行知先生的诗与他的民主思想、他的人民教育事业是绝对统一的。"陶先生毅然扔掉他那纯知识分子的笔，投到大众中去，为大众创造诗文学，实在是新诗工作者的榜样！"安娥说："陶行知先生对于民主教育，对于穷苦儿童教育的苦心，只可以用武训的圣者的史迹来说明。陶先生之能作'现代武训诗'，不是偶然的。"

安娥说，她写《渔光曲》《新凤阳花鼓》《莲花落》《卖报歌》是受了陶行知的《锄头歌》《镰刀舞歌》《凤阳花鼓》《流自己的汗》《双手与大脑》(注：篇名分别为《锄头舞歌》《镰刀歌》《凤阳花鼓改作》《自立歌》《手脑相长歌》)的启示。如果对比他们两人的有关作品，确实可以看出"陶诗"对安娥歌词和诗作的影响。

这就要说到武训了。陶行知从上世纪 20 年代起就崇拜和宣传艰苦办学的武训，40 年代更是以武训精神鼓励育才学校师生。他写诗说：

我们是武训的队伍，

　　我们是创造的好汉，

　　我们是中国的小先生，

　　提着文化为公的花篮，

　　要献给四万万五千万。

　　只要是为苦孩子造福，

　　我们讨饭也干！

　　每一句都说到安娥心里。她亲眼目睹了陶行知靠募捐办学（"讨饭兴学"）的艰苦卓绝，被他"为苦孩子造福"的事业深深感动。她发起战时儿童保育会就是为了"苦孩子"，为了抢救和保育苦难中的儿童，"培养保护我们民族的幼芽，新中国的建设者"（《抢救孩子去》，1938）。安娥从《武训先生画传》里对武训的事迹有了具体的了解，陶行知在她心目中就是新时代的武训，对于陶先生的嘱托，当然是欣然接受，并且尽一切力量尽快完成。正像她后来所说，"我认为我的责任应该写，而且真心真意地，意图反映的尽可能地多，尽可能地好。我热情地做了！"

　　安娥的歌剧和孙瑜的电影都以《武训画传》为基本依据，但1946年写完的歌剧《武训传》说的就是早年丧父、随母亲讨饭、因贫寒不能读书、为人家做工、受尽冤屈、悟到以往受欺辱都是吃了不识字的亏，于是靠行乞兴办了三所义塾的那个武训，没有像1951年拍完的电影《武训传》那样遵照形势的要求把武训塑造成苦大仇深的形象，没有凭空加入一个揭竿起义的周大，以便联系农民解放道路的问题，更没有以新旧社会对比的方法论证武训的成败。歌剧讲的只是一个"不识字，受人欺"的浅显明白的道理："武训：俺为什么老受人欺负？因为俺没有念书！为什么俺没有念书？因为家里太苦。……只要他们也能念了书，还有谁能把他们欺负？"（工人们：）

"不为钱,不为钱,只要穷孩子能把书念,不愁后世不把身翻。"一切为了让穷孩子学文化,改变自己的命运。人物的善恶邪正并不是以阶级划线的,不识字的武训不但受东家张举人的欺骗,也受贪婪蛮横的姨夫的讹诈;张举人之子鄙视武训,而张举人之女则同情他。地主阶级中,赵善人救武训于危难,被武训的精诚感动的杨举人和崔举人热心帮助武训兴学。描写武训挨打受苦不是为了宣扬阶级仇恨,而是为了显示武训办义学的百折不回的决心。

安娥剧中的武训,出场时是一个抱着宿命论的贫苦农民:

> 有钱的顿顿白面馍馍,
> 没钱的天天挨饿。
> 有钱的穿花绣朵,
> 没钱的冻得哆嗦。
> 有钱的念书识字,
> 没钱的睁着眼没奈何。
> 我也不着急,
> 你也别快乐,
> 这辈子俺的命不好,
> 下辈子再修过。

后来,武训的"觉悟"也只能提高到这个"水平":

> 穷人要翻身,
> 必得抱书本。
> ……
> 等俺义学修好了,
> 千万叫你的孩子来念书文。

......

上学吧!

上学吧!

为人不要只顾眼下!

穷人们罪早都受够了,

难道叫子孙还当牛马?

歌剧作者在五年后自然要为这些"不革命"的道理"自我检讨得满身流汗"。

安娥还在"庙会"一场加进了药师、渔翁、渔婆、樵童、牧童、农女们的对唱。民歌风的唱词是安娥的拿手,幽默欢快的男女调情的唱段,冲淡了全剧的沉重气氛,烘托出农村生活的背景,使它更有歌剧特点:

牧童:......

好吃还是才出锅的饭,

好玩无过正当少年。

打定了主意跟着我走,

不要辜负艳阳天。

农女:小牧童没存好心眼!

小二姐看透了你的心肝!

蝶儿采了蜜随着风儿走,

留下小二姐守孤单,

......

你要是再敢来跟俺胡缠

一脚踢你个背朝天!

歌剧《武训传》怎么说也只是一个初稿，安娥对它的内容和文字仍是惴惴不安的，本想请陶先生过目，但已不可能。她在《遥寄陶行知先生》里真诚地说："本想一齐写完后拿给你，征求你的意见，修改后再发表。……使我最担心的，是武训先生的性格问题，单就那本简单的画传材料是不够的。我多么想你能把我写的《武训传》里武训说的话，给我修改一下。我相信你会把武训先生的话组织得更精粹，更现实，使舞台上的武训，能由他的语言而成为活人。"没想到五年后歌剧作者不是为作品的艺术得失，而是为"宣传了投降主义"而忙不迭地检讨。

稍具正常思维能力的人，都能明白安娥 1946 年写的这出歌剧旨在表达什么。它本来就不涉及什么"中国人民革命道路"的大事，如果安娥写武训时联系到"太平天国革命"，想到什么"伟大斗争"，什么"妥协投降"，那真的是脑子不正常了。

但是 1951 年，中国闹闹哄哄地上演了一场语出惊人的荒诞剧。行乞兴学的贫苦农民武训变成了"劳动人民的叛徒、大流氓、大债主兼大地主"，表彰一百年前含辛茹苦为穷孩子办了几所义学的武训变成了"诬蔑农民革命斗争，诬蔑中国历史，诬蔑中国民族"的罪行。真是匪夷所思。昨天的"伟大的人民教育家"变成了遭谴责的"资产阶级改良主义者"，甚至"也是武训那样的反动派"。批判武训其实是为批判陶行知开路。5 月 20 日《人民日报》推出毛泽东亲自撰写的社论《应当重视电影〈武训传〉的讨论》，气势汹汹地质问："像武训那样的人，处在清朝末年中国人民反对外国侵略者和反对国内的反动封建统治者的伟大斗争的时代，根本不去触动封建经济基础及其上层建筑的一根毫毛，反而狂热地宣传封建文化，并为了取得自己所没有的宣传封建文化的地位，就对反动的封建统治者竭尽奴颜婢膝的能事，这种丑恶的行为，难道是我们所应当歌颂的吗？"这样一来，凡宣传和赞扬过武训的人，首先是陶行知的朋友们纷纷检讨。安娥检讨的标题是《我被"奇迹"所迷》,登在 1951 年 6 月 3 日的《人民日报》上。

安娥的检讨东拉西扯,牵强附会,乱给自己扣帽子。说在认识武训的问题上,"充分表现了我的温情主义,个人优越感,不认识群众,阶级立场不稳,政治水平低,空读马克思列宁主义书籍而不能运用的种种缺点和错误","连起码的马克思列宁主义也不懂";被"雇农"、"穷人"、"乞丐"几个字冲昏了阶级意识,"忘了……轰轰烈烈的太平天国革命。不仅说明了我看不起太平天国时代的农民,应该说也看不起当时解放区的农民"。说她原来"不卑视他(武训)的人格,不憎恨他的'事业',不反对他的思想",经过(电影)《武训传》讨论,"才恍然大悟,认识到武训实质上是一个可耻的妥协投降的标本!"其实在"上纲上线"的自我批评背后隐藏着不少为自己开脱的话,这是一份不合格的检讨。

全篇只谈武训,只是开头一段说道:"在陶行知先生逝世的那年,他嘱我写一个《武训传》的歌剧,并给了我一本武训画传和他写的一篇文章。"对陶行知表扬武训的是非及陶行知本人的思想,未评说一字,反而明确地把陶行知、育才学校和武训本人区别开来。把自己说得一无是处,"检讨得满身流汗",对于安娥并不困难,她在此后的思想改造运动中把自己批得更加彻底,但要她朝自己崇敬的老师身上泼脏水,无疑是对她的酷刑。安娥能够躲过"批陶"这一关,是因为 5 月下旬杨耳的文章和《人民日报》社论虽然已经点了陶行知的名,真正批陶的高潮还未到来。检讨还可以止于痛骂武训。安娥赶在了前面,别人稍后发表的检讨,几乎无一不把陶行知牵连进来。到了 7 月,图穷匕见,批判锋芒转向主要批判陶行知,陶行知成了"武训一类"。有趣的是,那年安娥暂住的一个学校的壁报上,曾因安娥向该校领导提了点不中听的建议,将她与武训并列。

批判武训和陶行知的运动发生了三十四年之后,1985 年 9 月,这场运动的当事者胡乔木字斟句酌地表示:"现在不对武训本人和这个电影进行全面的评价,但我可以负责任地说明,当时这种批判,是非常片面、极端和粗暴的。因此,这个批判不但不能认为完全正确,甚至也不能说它基本正确。"他避开对武训和影片的评价,只说这场批判"非常片面、极端和粗暴",因而"不能说基本正确"。这已经很不容易,可以勉强地认为是"平反"了。

但陶行知肯定不是批判对象了,安娥可以放心地说:

闻一多师和陶先生在学问上教导了我们,在为人做事上教导了我们!人们都说他们没有死,我希望他的精神不止活在我们心里,还活在我们的工作上,这也正是陶先生统一知与行的伟大遗教啊!(《陶行知先生——大众诗语言的创造者》)

18. 采访黄八妹

听说张瑞芳与我父亲住同一个医院，我马上找到写《张瑞芳传》的姜金城先生，请他带我去拜访张瑞芳老师。

我小时候看过不少由张瑞芳主演的电影，如《凤凰之歌》《李双双》《万紫千红总是春》《母亲》《南征北战》等。现在我是第一次与瑞芳老师这么近距离地接触，感到非常亲切，就好像是好久没见到的老奶奶一样。她的眼睛不太好，其他一切都蛮好，特别是脑子很敏捷，当我问起 1947 年她主演的影片《松花江上》时，立刻告诉我当时的情景。

张瑞芳于 1918 年出生，1933 年就读北平市立第一女子中学时，即主演田汉的话剧《梅雨》《获虎之夜》等，展示了她的表演才能。

金山比张瑞芳大 7 岁，生于 1911 年，1982 年去世，是位非常有贡献的戏剧、电影艺术家。1942 年到重庆，任中国剧艺社演员，与张瑞芳相识，与她共同演出《屈原》中的男女主角，并结为夫妇。

抗日战争结束后，金山接到周恩来的特殊任务，利用他名演员的社会影响和特殊的亲友关系，在国民党上层人士中展开社交活动，被国民党中宣部任命为"接收大员"，组织人马去长春接收满洲映画株式会社。

此时，经过半年多的休息，张瑞芳得上级的批准，到长春配合金山的工作。她一到长春,立刻和金山一起筹划拍摄电影《松花江上》。张瑞芳根据收集的素材和自己的切身体验,很快写了一个故事梗概,金山把它写成一个完整的分镜头剧本,这是金山从事电影编导的处女作。

《松花江上》的故事是:"九一八"后,日本兵入侵东北,妞儿(张瑞芳扮演)的父亲被敌人的马匹踏死,母亲被推坠江中,爷爷愁病,妞儿表哥被抓去服劳役,途中正遇到妞儿遭到日寇伍长的非礼,他上前将伍长打死。为了生存,表哥只得到日寇煤矿做工。七七事变后,日寇强迫工人增加生产,以致发生矿难,引起广大工人和家属的反抗,惨遭屠杀。表哥和妞儿死里逃生,后面追兵快要追到时,义勇军赶到,救了表哥和妞儿,他们一起参加义勇军,投入抗日的战斗。

《松花江上》拍摄了八个多月,克服重重困难终于完成。张瑞芳告诉我说:"离开长春时,我们把一些机器设备通通运到解放区,不给国民党留下。"

1947 年 11 月,《松花江上》在上海大光明电影院首映,招待文艺界人士。

安娥和田汉在大光明电影院看完《松花江上》,正好有朋友借给田汉一辆吉普车,就约上张瑞芳夫妇和应云卫一起上车,到杭州去玩。可惜这天金山有事没去成。

到杭州后,安娥约张瑞芳去访问黄八妹,因为田汉和应云卫合作准备创作以黄八妹为题材的电影剧本《望海潮》,想请张瑞芳担任主角。

黄八妹(1906—1982),名百器,曾是传奇式的"抗日女杰"、"巾帼英雄"。她是江苏金山人,自幼家里很穷,贩卖私盐出身,能双手开枪,被人称为"双枪黄八妹"。1937 年抗日战争爆发后,在奉贤乡间收集枪支,组织武装队伍 300 人左右,打击日伪军,战绩卓著,声

1947年去浙江采访黄百器(黄八妹)。自左至右:应云卫、田汉、张瑞芳、安娥。

名鹊起。后来被国民党军统局江南挺进军委任为特务大队长。1941年,日军发动"清乡",黄八妹率部撤至浙江省西天目山,在上海浦东至杭州湾一带与日伪军作战。她的战斗经历,一时传为奇谈。安娥对此是有保留的,所以她在访问记《我见到了双枪黄八妹》(载1947年12月8日《新闻报·艺月》)里说:"她在抗战中究竟有多大贡献,我们还不大知道。她的自述,也容有若干夸张吧(我知道有的人甚至把她神秘化)。"

安娥在访问记中是把这位"双枪将"作为一个"不曾死守着一个狭小的'家',不曾毫无反抗地等待敌人的摆布"的女人来写的,对她的神乎其神的"事迹"并未加以渲染。

在乍浦我和张瑞芳特别去拜访了这位"双枪将",与其称她"风韵",不如说她"气派",如我们所想象的草莽英雄一样,她豪爽、坦白而热情,矮矮的个儿,但长得很结实。带铜色的皮肤。一望而知是经过风霜的。那天天气晴暖,风不扬沙,八妹穿一件士林布罩衫,白布鞋,她笑着迎接客人。因为赶时间,没谈几句,我们就先要求她照相。

张瑞芳记忆中黄八妹是穿旗袍的。这次采访确实留下了几张照片,从照片上看,黄八妹身穿蓝布大褂,脚上不是"白布鞋",而是黑布鞋白布袜。"文革"中照片被查抄,退回后见到凡有黄八妹的地方,专案组(王明苏修特务专案组)都在照片背面写着"黄匪八妹",可见是作为安娥的罪证留下的。

采访中,黄八妹说:"我们人不够,武器不够,钱不够,粮食不够,我们真是拿性命拼啊! 苦头啊,真正吃了不知多少。"

八年当中我们没走过大路,大路上都是日本人。我们完全走的山路、田埂。有一次三天三夜我爬了十七道水,平湖这一带全是河滨啊! 受伤,生病,给敌人包围,八年中我没安静地睡过

前排:张瑞芳、黄百器、安娥;后排:左一田汉,左三应云卫。

自左至右:安娥、黄百器、张瑞芳。

几天。还有我的女队员,她们也都能吃苦,如果没有她们的情报工作,我们真是不知从何下手。她们牺牲了好一些……

安娥在她的采访记中,对"解甲归田"后的黄八妹有相当肯定的评价:"又因她自己不识字,在镇上开办了一所收容三百余生徒的完全小学。她的目光是相当远大的。""胜利复员之后,居然能从事文化建设,没有像许多女人一样把她们的钱消耗在衣饰、享受和麻将桌上。从这些方面一想,她似乎真有什么不可及的地方。"

对于作为一个女人的黄八妹,也有生动的描写:"八妹笑了。我很喜欢她这种明朗的笑。不过话又说回来,这是一种女人的稍带不好意思似的笑容,而不是男人的。"黄八妹很喜欢"北方妞儿"张瑞芳,"和她说话时总带一种亲热的微笑。她招待我们到她楼上去,拿香皂请我们洗脸,居然还有一瓶我们想不到的雪花膏"。"八妹懂得的并非太多,她是个相当单纯的女人。但所谓'英雄'之类的人,也常常是最单纯的人。"

黄八妹给安娥留下了深刻的印象,安娥在访问记最后说:"回到上海又快半月了,提起笔来,这位女英雄的面影又生动地呈现在我的眼前。倘使《望海潮》能早日完成,也许能呈现在广大公众眼前吧。"

1947 年 12 月 8 日上海《新闻报·艺月》上刊登了黄八妹手下的陈悝与安娥的信件来往。

安娥先生大鉴:

日前鄙人因事来申,于新闻报艺月版,拜读先生所撰关于会晤黄大队长百器一文,其结尾有云"……望海潮供诸世人……"按鄙人于抗战期间追随黄大队长转辗抗敌,(当时任浙西突击大队长副等职,黄任大队长)胜利后蛰伏田园,致对外孤陋寡闻,不谂大作《望海潮》剧本何时供诸世人?实深翘企。以先生富于音乐性之笔端,对我故乡浪潮澎湃之海滨抗敌史实,定当增光不少也。至《望海潮》之取材及内容梗概可否乞先赐掷一阅,因本大队之同志大半解甲归田于平、金一带,风闻之下,皆欲先睹为快也。

落款是"陈惺敬启"。安娥则回信道:

陈惺先生:

　　乍浦之游,至今难忘。黄大队长之印象亦深深使人愉快。《望海潮》剧本系田汉、应云卫两先生再度合作之电影剧本,将处理日寇在金山卫、澉浦一带登陆前后,东南沿海渔民、盐民、农民及路工之生活及其抗敌史实。黄大队长的奋斗艰危将为其中动人部分,但闻不拟作正面传记的描写,先生等或可于剧中仿佛其人耳。闻岳枫先生亦有一计划为专写黄先生者。专此奉复,顺候冬安。并请代候

　　百器先生。

安娥

　　摄制《望海潮》的计划并未实施。拍摄这部电影的本意是反映包含黄八妹抗敌史实在内的东南沿海人民的抗日斗争。编导者放弃这个计划,对此人的政治背景有所戒备,可能是原因之一。无论如何,没有拍这部片子,对于田汉和应云卫未尝不是一件好事。抗战期间,黄八妹曾是国民党军统局江南挺进军委任的"特务大队长"(尽管这是一支抗日游击部队),战后的身份是县参议员。1949年中国人民解放军渡江南下,黄八妹率残部流窜到杭州湾一带,骚扰沿海地区。1950年逃往台湾,任"中华妇女反共抗俄联合总会"浙

江分会主任,1951年在大陈岛一带活动。1955年大陈岛解放后,黄八妹带着残部,仍在沿海岛屿进行骚扰破坏。1982年病死台湾,1990年归葬大陆乍浦。

倘若这部褒扬黄八妹在抗战期间"奋斗艰危"的影片《望海潮》真的"早日完成",在后来的岁月,田汉、应云卫不知为此会被扣上怎样的罪名。如果张瑞芳演了主角,恐怕也难逃干系。世事真是难料啊!

也是由于考虑到这个人物后来的情况,编者田大畏从《安娥文集》校样中抽掉了《我见到了双枪黄八妹》。他事后觉得是有点过虑了,对历史还是应当公正对待的。

此时,一直坐在旁边的姜金城先生插话道:"20世纪50年代初,黄八妹还潜伏到沪,要反共。"

这大约是指黄八妹参与暗杀陈毅行动的事,这件事有大量的报道。1949年10月30日,台湾将担负暗杀陈毅任务的刘全德等三名特务空运到舟山岛,交给黄八妹,指示她设法将三人送到上海。黄八妹一一照办,但她本人并没有"潜伏到沪"。

19.　进城

　　1948 年 10 月，安娥与田汉由音乐家盛家伦陪同乘船北上，从上海到达北平，住在安娥五哥张式溥的遗孀李奉铭家里。不久，中共地下交通员护送他们乘火车从北平到河北省沧县，再由城工部派人送他们通过封锁线，最后到达平山县西柏坡附近的李家庄——中央统战部所在地。

　　安娥刚刚踏上解放区的土地，恨不得抓起一把泥土在脸上涂一下，多少年想来的地方，今天终于来到了，安娥的脸上洋溢着兴奋的光芒。她觉得，看见的一切比她想的、听的，万倍美好，每个人都是伟大的，可亲的。

　　党籍问题。

　　在西柏坡，安娥请求解决党籍问题，中央社会部长李克农和安娥谈了两天话，要她写了自传，并说从此就可以说自己是共产党员了。安娥以为恢复了党籍，进北平后，填表时都写是党员。1950 年在大连才知道她的党龄是从 1949 年 4 月算起的；中组部认为她失掉关系太久，党籍不能恢复，只能重新入党。这和 1938 年在武汉时以为和党"接上关系"的错觉有点相似，安娥在这类大事上往往有点糊涂。

　　从 1948 年 11 月到 1949 年 1 月，安娥在石家庄中央统战部学习。12 月 21 日，北平市军管会成立了文化接管委员会，安娥被任命为委员之一。委员会由钱俊瑞、沙可夫、马彦祥、李伯钊、艾青、光未然、尹达、徐迈进、张宗麟、范长江、侯俊岩、田汉、胡愈之、吴晗、楚图南、翦伯赞、周建人、安娥等18人组成,主任是钱俊瑞。

1949年1月31日,北平宣布和平解放。当天下午3点,安娥、田汉和住在李家庄的民主人士及家属二十余人,分乘三辆卡车,由统战部秘书长齐燕铭和交际处长金城等同志率领,从石家庄"工校"(中共中央驻地的代号)出发,赶赴北平参加中国人民解放军的入城仪式。途中听说傅作义的部队正出城整编,怕遇到散兵游勇不便进城,就从城外经过石景山直奔燕京大学。

为了真实地了解当时的情景,我向田大畏请教这段时期的情况,不料,他竟然给我寄来他母亲当时的日记,从1949年1月31日至4月6日的日记,讲述入城后若干天的情形,虽然比较简单,可是难得的第一手资料,弥足珍贵。

1949年1月31日安娥写道:

> 下午三时自工校动身。夜12时到保定,往市府。自市长起至所有住市府职员全体起床招待。副市长(赵)亲自到厨房通火,(焦)菊隐误为火佚。李泽民市长在勤杂人员中,亦甚难分辨。
>
> 旅馆无地方,留宿市府,市长及所有工作(人)员都搬到地铺上睡,把床让给客人。

路经保定,住市政府,市长带头让床铺,副市长亲自下厨房捅炉子,被焦菊隐误认为伙夫。情景令人感动。

在保定,安娥一早起来就往旧居跑,门口四棵老槐树长得郁郁葱葱,像往常一样对她点头微笑,似乎在欢迎老住家回来了,只是房屋好久没住人,显得冷冷落落,破旧不堪。此时安娥的思绪像雾、像缕缕烟丝似的连接而又不连接,倏忽地从她脑际闪过。安娥想起母亲,想起母亲的苦心经营,想起兄弟姐妹们在花园里玩耍嬉闹,想起儿子大畏在这儿嗷嗷待哺的模样……现在望眼看去,花园大门已被砖头封住,里面一片荒凉。

2月1日的日记如此写:

晨起到延寿寺及荷包营旧居一行。延寿寺仍为小校,四棵槐树仍在。惟屋子显得很破落。花园大门用砖封闭。花园里一片荒凉,房舍很旧,想起母亲的辛苦经营,不胜今昔之感。

下午动身。费孝通预备在西郊招待,(因不明北平城内情况,不敢贸然进城)加入我们的车队,便早于到达。

六时到涿州,在路看支前民工返乡,队长里许。

在涿州兵站所得情报,傅军昨日有三师自城开出,扎于涿州过去10里与良乡过来20里途中。计划我们一个车冲过去,余二车另接洽火车专开。但当我们刚动身时,第二车已到,并言第三车相隔只四五里。于是大家等第三车。

夜九时已过(一日)第三车仍(未)到,两次派车去迎亦未遇。大家猜测第三车一定到涿州时,未与路卡接上头,一直冲过去了。

齐燕铭非常着急,这时火车已开过,我们前两车的人及一辆汽车上火车,燕铭带着警卫由公路追赶,明知已追不到,但责任所关,仍然去追了。

我们上了火车到长辛店,知道第三车已被涿县特放路卡截住,候其余二车同行。不久燕铭车也到,三车带了个向导发西郊。

过石景山,沿途被碉堡前岗哨盘问。——这个碉堡反是对付我们的了,我们大家开玩笑。

齐燕铭是带队的,与一车人失去联系,当然很着急。但看得出来,旅程是有序而愉快的。

2 月 3 日的日记写道:

> 到燕京已是晨五时,六七人同至严雷家,蒙主人殷勤招待。我喝了约十杯糖茶才觉稍舒。九时半进城看"入城式"。菊隐……下午返家。
>
> "入城式"自上午九时半至下午五时止。

好家伙,一口气竟然喝了十杯糖茶,安娥才觉得舒坦一些,估计是又饿又渴的关系吧!他们是一个平等友爱的群体,彼此随意开玩笑,还不会说"官话"。那天观看入城式之后,他们:

> 到鸿泰饭店吃饭。徐冰带我、田汉、清扬等数人步行。途中徐冰买报无钱,光未然代付。
>
> "你才当市长就民脂民膏吗?"我开玩笑。
>
> "不但民脂民膏,我还第一次慷慨了一下,把该找的零头没要。"
>
> "照尊家的这个'架儿',我看也只能慷慨这么几次就完了吧?"
>
> "这还不是我的,是慷他人之慨。"
>
> "如此北平城二百五十万市民,每人'慷'一天,还够你'慨'的哪。"
>
> 徐冰仍然是那个样子,不似俊瑞同志在解放区待了几年,便有个"解放像"了。之的也还是老样子。我今日还不大惯"解放像"。莫非以后我也会变成那个样儿吗?莫非这个"像"是"正

规"的吗？

安娥以后虽经痛苦的改
造，也未能养成"正规的解
放像"。

早已进城来参加与傅作
义谈判的中央统战部副部长
徐冰，1939 至 1945 年在重庆
任中共南方局文化宣传委员
会秘书兼文化组组长等职，与
田汉、安娥等人都是很熟的朋
友；1946 年任北平军调处执行
部中共方面顾问，田汉、安娥

1949 年"进城"后，在北京饭店阳台上。

的儿子田大畏就是这时去找他，由他安排进入华北解放区学习的。
他的夫人就是邓小平前妻张茜元之妹张晓梅。徐冰此时被任命为
北平市副市长，怪不得安娥跟他开玩笑时会说："你才当市长就民
脂民膏吗？"这就是当时的革命气氛和人际关系。钱俊瑞、宋之的也
都是老朋友，安娥 1940 年在重庆还和宋之的一家同住在张家花园
中华文艺界抗敌协会的小楼里，今天一起参加北平入城式，兴奋的
心情是难以形容的。至于日记中说的"解放像"，倒是一个新的话
题，这里暂且不谈。

2 月 4 日日记写道：

> 昨夜搬入旅馆来住。今日除白开水和一盏灯外，一样都
> 无。据说老板害怕"八路"不给钱，甚至还拿东西，因此都藏
> 起了。
>
> 早饭后到家伦、戴浩家，王戎、远之也来，谈解放区生

活情况。

安娥的一番谈话,被老熟人王戎登在报上,她在 2 月 5 日的日记中说:

> 早饭时刚进饭堂门,(胡)愈之笑着说:
> "你们的谈话登出来了。"
> "我并未见记者啊。"我颇为愕然。
> "你不信,我拿报给你看。"
> 愈之说完回屋拿报纸来。我未看,愈之指标(题)示我。
> "昨天看到王戎,他说他不做记者啊。"
> "哪个记者告诉你自己是'记者'的,那是个傻记者,如今已没有那么傻的记者了。"
> "你太老实了,受了人家的骗。"兹九说。

安娥也颇能"上纲上线",显然是她在解放区几个月努力学习的成果:

> 饭后打电话给静子,要她转告王戎:"今日人民的记者,当是新政权保卫工作者之一员,过去对付统治阶级的手法,资本主义买卖式的、商业竞争式的工作方式,今日当断然抛弃。发消息以对人民有益,对政权有建设性为原则。

静子——虞静子,抗战期间重庆中华剧艺社的演员,与戴浩是夫妇。王戎抗战期间在重庆从事话剧活动,1948 年 2 月 8 日上海新民报晚刊发表的那篇《安娥谈恋爱哲学》就是他的手笔。上世纪 50 年代初期王戎被打成"胡风分子",受冤屈 20 年。

文化接管委员会(简称文管会)下设教育、文艺、文物、新闻出版四大部，负责接管一切属于国家的公共文化教育机关及一切文物古迹。作为文管会委员，安娥进城后当然首先要忙于这方面的工作。她的日记非常简略，但每一句都涉及重要事项，因而需要做些注解。如 2 月 6 日的日记写着：

> 到联合办事处参加会。午到悲鸿家吃饭。遇见马叔平先生。看梁小鸾。到梁家园"四维"谈话。

"联合办事处"是解放军与傅作义方面协商成立的临时机构，徐冰负责其中的文教行政组。进城后最初的接收工作要通过这个机构办理，所以安娥要参加联合办事处的会议。

马叔平先生就是马彦祥的父亲马衡(1881—1955)，中国金石学家、考古学家、书法篆刻家，曾任故宫博物院院长。

著名京剧旦角梁小鸾 1948 年与马彦祥、李紫贵等合作，排演了田汉编剧的《琵琶行》，在京剧改革上迈出了有意义的一步。与田汉、安娥私交甚好。北平解放前夕，梁小鸾和许多名角一样，生活演出都很困难。和平到来，名角们都跃跃欲试，要多登台演出了。安娥进城后当然要去看她。

日记里所说的"梁家园'四维'"是指原隶属青年军 208 师的四维剧校北平三分校。1948 年冬季，他们按照田汉的嘱咐，由北平西郊迁至城内梁家园小学，静候北平和平解放。田汉、安娥一进城就去看望他们，当即由文管会接收，筹建为新中国第一所国家戏曲学校——戏曲实验学校，1955 年改称中国戏曲学校。

2 月 7 日：游"中路"。到戴浩处开会。工人——门头沟游行。老工人脸被煤屑刺入皮肤，成为黑色。沈玉斌谈经励科黑幕。何海生谈白云生种种。

戴浩是戏剧电影界活跃人物，与安娥、田汉都是好友，北平解放前，与城工部石岚一起担负北平中共地下组织的交通联络工作，戴浩的家就是个联络站。1948年11月，田汉、安娥从北京出发去解放区，就是由石岚安排的。1957年戴浩被划为右派。

进北平后，新中国戏曲工作的一项重要任务就是改革被称为"经励科"的旧戏班经营管理制度。华北文委会旧剧处主任马彦祥负责这项工作。一进城就请教于北平"梨园公会"（当时改称"国剧公会"）代理会长著名琴师沈玉斌，沈先生不仅深谙经励科制度的种种弊端，而且致力于建立新的戏曲教育制度，创立了"私立艺培戏曲学校"，后来成为市立的"北京戏曲学校"。

白云生是有名的北昆演员。北京解放前，戏曲衰落，不少演员迫于生活，不得不改行以养家糊口。白云生为维持全家生计，于中山公园摆茶座，想方设法印些戏词，边卖茶边发戏词，边演唱边讲解，戏曲同人及票友常到此参加演唱。何海生所谈大约就是这些情况。后来白云生被聘任到中央实验歌剧院。

2月8日：到保安司令部看四维一小部学生。反动军官见我去，把小孩们叫走。下午到"皇宫"看《得意缘》。

四维剧校总校曾隶属河北省保安司令部，原在保定，后又迁回北平，驻在一军政机关院内。"反动军官"是指管理四维总校的国民党军人。

2月9日：下午看李宗义《四进士》，聪明有余，梗硬不足。上午到文管会。见彦祥、伯钊、沙可夫谈以后工作联系问题。晚

《人民日报》记者来访,征对"穆萨"造谣的意见。与伯赞、靖华谈天到深夜。

前面已经知道,马彦祥、李伯钊、沙可夫都是文管会委员,这几天忙碌可知。

> 2月10日:到文管会开会,讨论大学——公私立——、报纸等接管问题。文艺事项明日再谈。
> 2月11日:上午沙可夫、伯钊……来开会。上午维菱来,谈被解放前后的思想矛盾及转变,颇为天真。

"维菱"是"四维"演员陆维菱。1948年主演过曹慕髡新编的《牛郎织女》。

> 2月12日:九时半到大会场,一时半开会。到会十几万人。三时游行,六时完。沿途群众"万人空巷"。晚远之、叶子谈解放后情绪,和所有朋友们过程一样。这是"时代情绪"。慢慢会上轨道。

讲的是庆祝北平和平解放的集会。

熊佛西、叶子夫妇和田汉、安娥1940年代在桂林交往密切。抗战胜利后,叶子为了不离开舞台,毅然放弃了家庭,带着不满3岁的儿子,离开丈夫熊佛西,从上海回到北平。她和安娥此时见面自然有许多心里话要谈。解放后叶子的表演天才得到充分展现,果然应验了安娥"慢慢会上轨道"这句话。

> 2月15日:寿昌去天津。伯钊来。下午参加宗义等平剧会。

晚访庞公。俊瑞来,信转交他。

寿昌(田汉)去天津,赶到医院看望癌症晚期的五弟田沅。田沅不久后去世。李宗义,著名京剧老生。

2月17日:玉甫自天津来。一分校在津各部队演戏,尚不能(来)平。玉甫亦有进步。

四维剧校1946年随青年军到沈阳,抽出一部分学生在抚顺成立四维一分校,由张玉甫等负责。东北解放后,一分校成为解放军四十九军文工团平剧队,这时正为部队演出。

2月18日:小香来谈,颇能了解其父亲。由了解夏贤允,了解了国特的卑鄙。小香颇想工作或求学。求知欲正强。玉昆也求进步。

小香是"四维"校长冯玉昆的女儿,夏贤允是她的丈夫。1948年四维总校归属河北省保安司令部,夏贤允负责管理。

2月19日:韩世昌、白云生来访。费清、费孝通、吴晗请文化人于清华校友会。晚与洁琼、景耀、伯赞,看逦鸣戏。何太太作陪。

逦鸣就是梁小鸾的别称。

2月20日:下午三时北京饭店开会,到会五百人。邵力子发言。林彪、罗荣桓、聂、薄、董、叶做主人。林、董在饭前致词。聂饭后致词。

2月14日颜惠庆、邵力子、章士钊、黄启汉等以私人资格飞抵北平与中共商谈国事。20日中共领导召集在平民主人士,听取对国事意见。安娥作了简要记录:

陆志韦：我代表华北教育界及华北大多数人民向几位先生及蒋说:我们需要真正的和平。我早劝蒋和(三年前),今日已晚。

……

张奚若：共产党真是虚心的请教于我们及人民,他们的慢甚至使多人性急, 但这正是他们的谨慎。大家要多多告诉他们,共同工作。

聂荣臻：共产党作风反正给你个够,不开会则已,开则开上八个钟头, 不吃肉则已, 吃则吃上八碗……反正给你过瘾

……

会场的民主融洽气氛跃然纸上。

2月21日:上午开电检会,到66号。一时到艺专观画展。成绩不错。与沙、李谈工作问题。"四维调整"。"话剧界茶话", "平剧界茶话"……晚观砚秋《荒山泪》及《锁麟囊》,技术甚佳,全部技术。

"沙、李"即沙可夫、李伯钊。

3月1日:到北大(应为革大)讲话——欢迎参加革命同学晚会。

"革大"是指 1949 年 2 月成立的华北人民革命大学。

　　3 月 2 日 : 剑英报告军管工作。大为来, 即转天津。

　　"大为"即田大畏。当时在天津外事处工作, 到北京来见一面即返回天津。

　　3 月 8 日 , 在太和门开会。

　　进城后, 参加大会, 听报告, 一次接一次 ; 除了钱俊瑞关于教育、文化、文物接管, 李伯钊关于文艺接管以及"文管会"的总结报告, 还听了戎子和关于物资接管和经济政策, 叶剑英关于军管工作, 罗迈(李维汉)关于形势与政策, 关于与南京和谈代表谈判情况, 刘少奇关于经济政策, 廖鲁言关于农村土改以及山东、华北农民代表关于农村和农民支前情况的报告。所有这些报告, 安娥都做了认真的记录。

　　入城后这些日子, 安娥真是忙得不亦乐乎, 她同时抑制不住心中的兴奋, 写了许多诗文, 有写于 1949 年初的《再加一拳头》、写于 2 月 11 日的《北平, 从今你属了人民》、写于 2 月 12 日的《祝北平解放》、写于 2 月 13 日的《中国没有反对派》、写于 2 月 20 日的《我爱跳秧歌》等。可是笔者在她的文集中怎么也找不到这些作品, 于是打电话给田大畏, 在我的要求下, 田老师很快将这些作品寄来。田大畏说这些多是未及加工的草稿, 艺术上比较粗糙, 政治口号太多, 所以没编进《文集》, 同样没编入《文集》的还有《捉麻雀》《送上毛泽东的光辉》《烈士纪念碑之歌》等诗作。已发表的长诗《看过〈解放了的中国〉以后》, 也因艺术性较差而落选。

　　我读着这些诗作, 发现作者饱满的情绪、高昂的斗志、欢乐的心情,洒满了字里行间,我想现在的"80后"和"90后",看了也会受到不同程度的感染。

安娥创作的都是自由体的诗,顾名思义,写的人自由,看的人也自由,容易懂,容易理解,而且可以不押韵。

《北平,从今你属了人民》是首长诗,共分 17 个自然段落,164行。从古说到今,从抗日战争讲到解放战争,直到新中国成立。

诗中吟道:

> 痛苦教训了北平人民,
> 说道:
> "只有解放军进来,
> 才是真正的翻身。"
> 可怜,
> 这苦难被压迫人民呀,
> 盼望,
> 盼望,
> 盼望的心焦啊!
> ……
> 北平,
> 北方的革命发祥地!
> 几十年来,
> 革命的学生,
> 在天安门,
> 在铁狮子胡同,在大街小巷,
> 踏着自己流下的血,
> 学习"革命艺术"。
> "五四",

"三一八"

"一二·九"

"七五"

写下革命史光荣的一页。

今天北平解放了！千万人民，

涌着喜极感谢的泪。

老大娘，

老大伯

说：

不要说我们一辈子没有见过，

上几辈也没听说过呀！！！

　　在《我爱跳秧歌》里，诗人的语言显得活泼、形象，你瞧，人们穿着"短布褂，长布巾，扭起秧歌来好精神"。舞者的动作是"左脚跳，右臂伸，好似无力力千斤。"再听听音乐，"鼓声重，锣声轻，明朗的节奏称我心。"如果哪位作曲家将它谱上曲，我想一定会流传很广的。

1950年初，田汉、安娥、洪深合影。

　　当然作品里难免会有当时的一些通病，如出现一些标语口号式的句子，如"人民的眼睛血亮亮，看透了你的鬼主意。"（《再加一拳头》）"美帝国主义的想法真欠通，要在新民主阵线里找帮凶。"（《中国没有反对派》)"同胞们,建设新北平! 支援前方! ""北平工人有铁的臂膀,北平青年的意志刚强。让我们并着肩工作,让我们携着手商量,让我们在新民主主义的道上,尽情的舞呀,让我们在新民主主义的道上,大声的唱。"(《祝北平解放》)

现在回头说说前面提到的"解放像"。她不止谈了对几位老朋友的印象,还说:"我今日还不大惯'解放像'。莫非以后我也会变成那个样儿吗?莫非这个'像'是'正规'的吗?"这些话透露了她"十年左右在我脑子里整天转悠的问题"(《历史思想自传》)。她检查思想时交代:"多年并不是没有机会来(解放区),由于顾虑没有来。怕万一解放区不理想,破灭自己的理想怎么办呐? ……万一解放区也争名夺利怎么办呐? ……"她批判自己的顾虑是"资产阶级个人主义观点",是"小资产阶级对于革命的美丽的幻想"。从日记中可以看出,即使在参加北平入城式的高歌猛进的日子,那种顾虑仍然挥之不去。

安娥是从解放区进城的干部,但她和受过解放区政治锻炼的"老区来的"干部有很大不同。安娥从1933年失去党的关系之后,一直是个自由职业者,从来没有什么"单位",什么"组织",不习惯于"领导和被领导"、"上级和下级"的关系,只懂得平等的朋友关系。进城以后她努力适应新的环境,新的人际关系,但总是不能彻底克服原有的观念,她有了"单位"之后,对重级别、轻能力的规则,难以接受。她检讨自己的想法:"我和'长'的关系就是职位关系,而少同志关系。我只要能把'创作'搞好,'长'又能怎样?"这种理想主义("对于革命的美丽的幻想")使她做出一件不平常的事情:1951年10月22日,安娥与儿子田大畏一道去鲜鱼口大众剧院看戏,坐在前几排的中间,开场前,一位工作人员请他们和其他几人换到后面几排的座位,不说明理由,态度也比较生硬。安娥生气,没有动。后来看到周恩来走过来,便让出座位,换到后面。回家后,当晚给周

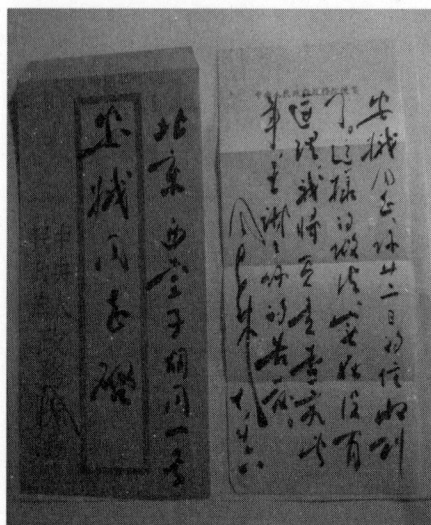

1951年10月，安娥写信给周恩来提意见，图为周恩来的复函。

恩来写信，对这件事表示愤慨，认为影响不好。10月26日，周恩来派人送来一封便函：

　　安娥同志：你廿二日的信收到了。这样的做法，实在没有道理，我将负责查究此事，并谢谢你的告发。周恩来。十,廿六。

　　美丽的幻想变成了现实，但这是一个很特殊的例子。另一次，安娥为了避免造成不良影响而向某单位领导提建议，触犯了领导的权威，不但没有取得好的效果，反而使她自己吃了很大苦头。安娥作为接管组织的一员进北平，是来改造这座城市，建设新的生活，她当时没想到，她本身还要经过痛苦的改造，才能适应这种新的生活。

20. 赴东北和朝鲜前线

在 1949 年 7 月第一次文代会上，茅盾在报告中说，"国统区"进步文艺工作者，由于没有深入熟悉农民农村的生活和群众结合，未能深入到真实的内核中去，所以艺术上比较空泛。茅盾代表"国统区"进步文艺工作者表示："一定是抱着最坚强的决心与勇气，来争取进步，改造自己。"

安娥就是抱着这样的决心与勇气，全力响应党对文艺工作者的要求。从 1949 年 7 月第一次文代会后，到 1953 年底，安娥很少待在北京家里。实际上，这期间她并没有自己的"家"，而只有先后不同的单位宿舍。丈夫和儿子也都住在各自的宿舍而且经常不在北京。安娥在这期间外出的活动有：

1949 年 11 月随文艺界参访团赴东北地区。

1950 年 1 月至 8 月到大连工厂、港口采访。

1950 年底赴朝鲜前线采访，1951 年春回国。

1951 年夏，去大连参加朝鲜战争戏剧创作组。

1951 年 11 月，参加中央文化考察团到山西。

1951 年 12 月至 1952 年夏，去广西南宁地区参加土改。

1953 年 11 月至 12 月，到山西武乡和北京郊区石景山农村工作。

当时许多文艺工作者都是这样"下去生活"的。

第一次文代会以后，为了让来自国统区的文艺工作者接触实际,接受教育,第一项措施就是组织他们到各地参观访问。安娥诚心诚意地接受了这次教育,把它当做"上课"。她参观哈尔滨的监狱之后写的随笔(1949年11月28日在《光明日报》上发表),标题就叫做《哈尔滨狱中一课》。除了监狱管理人员,安娥把服刑的犯人也当做这一课的老师。

我们先看的制猪鬃工厂,里面除了一个总管理人外,从记账算账到工头学徒,全部都是犯人。他们的身体可真棒啊,我们这群搞文艺的和他们比起来,真是有点儿难为情。他们的神情和普通人一样,丝毫不觉得和一般劳动者有什么分别。

在犯人面前,安娥也为自己的"小资产阶级的感情"感到羞愧。

"你也是犯人吗?""怎么不是。"其余制图的人听见这句话,不由也微笑着。我们倒觉得不好意思起来,于是我们用一种"上流社会"的优越表情来掩饰自己的受窘。不过我们终于"微笑"不出来。"脆弱的阶级"感情,我低低向我后面的人说了一句,算是自我批评。

安娥高度赞扬了监狱管理方式和改造犯人的成果,这是她接受现实生活教育的第一课。

到大连"深入生活"是安娥主动要求的。参观东北回来,紧接着就向文化部副部长周扬要求去大连。文代会后,安娥的工作还没有安排,"关系"还在中央统战部,仍住在招待民主人士的北京饭店。周扬10月25日写信要安娥去谈她的工作问题,"不只你的工作问题,关于今后一般的文艺工作,也希望听听您的意见"。去大连的问题,周扬12月20日答复说:"我是不赞成你走的,但你既坚持要去，我亦不好勉强你留下。兹附上介绍信一件（给旅大区党委书记），请收用。路费如统战部不出，文化部可给，你不必客气。如何望告。"过几天又告诉她："你去大连路费，已告办公厅发给。到沈阳可与刘芝明同志接头，他是东北局宣传部副部长，文化方面的负责人。……你在大连工作一时期后望仍回京，希望你带回创作上的丰富果实，预祝你的成功！"到1950年3月，周扬肯定了安娥的大连之行："您到了大连，受到工友们热烈的欢迎，我为您高兴。这是很自然的，工人们是多么渴望文艺工作者来帮助他们，用创作来反映他们，您一定不会辜负他们的期望。您的第二封信，我已转给帅大姐，关于您的组织问题她会给您答复的，您也可以直接写信给她。"

在大连先是到大连中长铁路工厂，教文化，七个月后被旅大区党委调到洋灰厂搞工会，也教文化。8月就被文化部叫回北京了。

安娥在大连的八个月，确是通过教文化帮助了工人们，用创作反映了他们。她在铁路工厂与几个工人通讯员密切合作，写本厂劳动英雄薛吉瑞的传。她把这部没有完成的稿子带回北京，加以改动整理后，1951年由上海劳动出版社出版，书名叫《一个劳动英雄的成长》。从薛吉瑞的童年一直写到他成为出席世界工联大会的代表，真实生动地展示了大连工人苦难、斗争、解放的全部历程。

当时大连的工厂和港口有许多苏联技师和管理人员，这些普通的苏联人与中国工友亲密无间，工作认真负责，讲究科学，给我们很大帮助。他们的贡献是不能忘记，更不应抹杀的。安娥写了多篇关于他们的报道，编成两本小册子(《苏联大嫂》《苏联分厂长塔拉索夫》)于当年和次年出版。

创作上另一个成果，是在大连起草回北京以后完成的三幕话剧《台风》。全剧以大连发电厂工人在台风袭来时奋不顾身地保护工厂为高潮。剧情发生在大连解放后厂里既有苏联技师也有尚未遣返的日本技师那一段特殊时期，以苏联技师徒里奇为主要人物之一,强调他对中国工人的帮助和友谊。剧中人物关系错综复杂,但每个人都有鲜活的面貌,应该说是一部不错的话剧。

《台风》的创作与田汉的要求有关。1950 年 6 月,田汉写信给安娥:"你是不是写一处理中苏友好的剧本?日子较长观察该正确些。"7 月 24 日又问:"以大连工厂中中苏合作为题材的作品不知你写了没有,或是有别人写?如有望代搜集。人民戏剧安排一连发两期,以补最近的停编。"后来田汉在《台风》手稿上做了部分文字修改,但为时已晚,形势变化,未能发表,更谈不上演出。

安娥在《〈一个劳动英雄的成长〉写成的经过》中,谈他与工人的接触,还是用比较平等的口吻:"在我和许多工人同志的接触中,他们教了我很多,从他们的镜子里,我照见了我的小资产阶级知识分子的许多丑态!我每次要他们批评我,他们就批评,而且把我当做工人一样来批评。"但是到了 1952 年的"整党",谈在大连受到的教育,可就"深刻"多了。她反复地讲:"在和工人接触中……感到自己满身缺点,一文不值……在教他们文化中,使他们饿着肚子,耽搁时间来听我瞎掰,真是罪过!""只感到我一天天渺小,我没用,连我过去曾作为战斗工具的文字,都成了蠢货……对小资产阶级个体生产的知识分子的动摇性、自私性的改造途程,给了我绝大教育……"当然,整党中的话,说得可能比较过头,但总的还是真心话。

1950 年 8 月,文化部把安娥从大连叫回北京,调进初建的北京人民艺术剧院。当时是一个包括歌剧、话剧、舞蹈在内的综合性艺术团体。这年年底,安娥与北京人艺欧阳山尊、辛大明、郑和辛等创作人员去朝鲜前线采访。他们在除夕这一天进入朝鲜,到了一个小村庄,第二天被请到村委员长家里一起过年,在这里遇到已经回朝鲜的作曲家郑律成。

他们此行的目的是收集材料,准备共同创作一部关于中朝人民英勇反抗美帝国主义的歌剧。安娥写的歌剧《崔斗焕与金玉姬》

正是为了完成这个任务。但没有被单位所采用,也未能发表。

《崔斗焕与金玉姬》这部歌剧,构思巧妙,语言生动,有不少亮点。

安娥在剧中设计了两个主要角色:崔斗焕和金玉姬。他们是一对恋人,被一条小溪南北隔开,崔斗焕参加了朝鲜人民军,而金玉姬却为了老父亲留在南岸。

剧本的一开头,男女主角在小溪两岸对唱,互相倾诉衷肠,金玉姬唱道:"身子锁在黑暗里,/心在光明的北朝鲜。/我的心/在水的那一边,/谁也不能阻拦……幸福在北岸,/痛苦在南边,/北岸的人呀,/快伸过手来吧!"

崔斗焕唱:"两条河水,/本是一个源。/怎么能单让我们幸福,/让你们受熬煎?/快打断铁索吧,/一刻不要迟延。/为着南岸的幸福,/我粉身碎骨也心甘。"

他们有很优美的唱词。崔斗焕唱:

你看:
到处歌声,
像鸟儿似的唱翻了天,
到处的舞蹈,
像蝴蝶在花丛里穿。
可是,可是没有你,
我是多么的孤单!
我真是单丝不成根线。

金玉姬唱:

鸟儿也能飞过小山,

蝴蝶也能飞过小川。

只有我呀，

就好像画地为牢，

坐井观天。

斗焕，

总有一天，

北岸上的人呀，

我会飞到你们那边。

机会来了，金玉姬为了送情报，来到北边，与恋人崔斗焕相聚，并成为部队文工团的一员。战争还在进行，人民还在受难，三八线上打着拉锯战，崔斗焕、金玉姬及其父亲都被抓，地主儿子韩圭炳乘机逼婚，这一系列情节还是符合朝鲜人民遭受苦难的实际的，但关于朝鲜战争，不可能不按照当时的宣传口径写，这就注定这部作品不会有长久的生命力。

安娥入朝后写的短篇战地报道，当时就曾在国内发表。后来编成一本小册子《从朝鲜归来》，1951年由上海劳动出版社出版。当过战地记者的安娥，对于硝烟弥漫、枪林弹雨的场面，早已司空见惯，而且知道应该选择最恰当的时候，去进行采访，因此总能捕捉到精彩的内容，由于在战地时间短，所以《从朝鲜归来》看上去略显单薄了些，但对鼓舞民族精神颇具现实性和战斗力。

《从朝鲜归来》分两个部分，第一，《在朝鲜的途中》：记叙东北民工队志愿跨过鸭绿江，奔赴朝鲜战场参加抗美援朝的热忱，以及北朝鲜民众，尤其是妇女支援前线和参战的主动性与积极性。第二，《中国人民志愿军的故事》：记叙我志愿军同美军飞机、大炮、坦克周旋、"捉迷藏"的种种奇迹，从中经常对照我志愿军与美国少爷兵的强烈反差，以及铺写我军对美军俘虏的优待政策和美俘的感激与感动。

安娥一行 1951 年春从朝鲜回国。

安娥有关朝鲜战争的创作活动还有一段后话。

1951 年初夏，安娥随田汉领导的一个反映朝鲜战争剧本的创作组，再次去大连。安娥 7 月 26 日写给儿子的信中说："到了大连很久了，每天看材料，现在材料差不多看完了，就要开始创作。这里工人们作了很多作品，我们准备把这些作品拿来看看。同时还想请工人作家和我一同创作。……我们在这里还有两个月到两个半月的时间。"她在大连创作的就是电影剧本《正义的战争》。返回北京后，安娥说："我扶病写了一个剧本，后被批评得体无完肤，我很难过。"

电影剧本《正义的战争》，描写在停战谈判前夕，朝鲜军民和中国人民志愿军并肩作战的一场战斗。南边特务前来北方搞破坏、偷情报，被我方的人民战争思想和战略所击破。读剧本后，给人留下深刻印象的是小特务金昌焕，这是作者精心刻画的人物，对他的被胁迫和觉悟的转化，演绎得比较自然和得体。此外，安娥还保留了以往善于处置群众场面的优势。但是以组织创作组的方式，把创作当做政治任务，主要靠"看材料"，按照一定的公式进行构思，要产生好的艺术作品是很难的。当时究竟批得如何"体无完肤"，由于没有文字资料，我们无法知道。但是对于一个很早就参加革命工作，创作过许许多多文艺作品的老知识分子来说，看到自己的"孩子"被批得"体无完肤"，而且还不知道为什么会如此，当然要"很难过"。安娥 20 世纪 50 年代初，一直很努力、很勤奋地在写作，想跟上时代的脚步，却往往得不到发表或上演，其实在解放初期有许多从"白区"来的老知识分子都碰到过同样的问题。

事情并没有完。此时又发生了被控告对朝鲜战争有"泄密行为"的事件。

当安娥写完电影剧本《正义的战争》时,张家口有个曾与她有通信联系的叫江音的青年写信给她,希望能将电影剧本给他做参考,因为他要写歌剧。江音看完剧本后,将自己的看法告诉安娥。可是安娥觉得他认为优点的地方,恰巧全是安娥认为缺点的地方。为着不叫这个青年美化朝鲜战争,安娥在信中把前线冻死人的情况稍微告诉他几句,还征得田汉和张家口领导的同意,把他们在大连发的内部材料寄去。这材料上没有部队番号、统计的人数,内容和报纸上报道的差不多,不过比报上的内容多些。安娥寄去时,关照他用后必须马上寄回,他也很快寄回来了。可是1952年张家口组织上将此情况反映到安娥所在单位歌舞剧院,说安娥"泄密"。当领导找安娥谈话时,把安娥吓得"连魂都没了"!支部书记让安娥写检讨,她也不知道怎么写,写了一次又一次,反正叫她写什么就写什么,后来总算通过,说她是糊涂思想,安娥也不知道自己糊涂在什么地方,觉得自己对江音说的都是实际情况,而且寄材料也是通过组织上同意的,怎么成了"泄密"呢?好在不再叫她写检讨,安娥已经万分高兴了。

不过安娥从战斗在鸭绿江彼岸的同志们那里收到的信,给她以鼓舞和温暖。她的好友程纲,是个护士,1951年志愿参军赴朝后给安娥的信,值得今天的人们一读:

娥姐:

离开祖国时曾在沈阳给你写了一封信,收到吗?我是7月12日过鸭绿江的。在安州工作了十多天即调来新成川工作已快二个月了。在山沟里,在战斗中,在劳动锻炼里,我学会了很多新的东西。一切是那样愉快、美好。娥姐,我觉得我年青了。在我的生命里也产生了不可限止(制)的新的生活力。现在我除了为那些"最可爱的人儿",负责保卫他(们)的健康外(包括医院内的病房治疗工作与出外抢救及平时的卫生工作），也在劳动中锻炼自己。娥姐你相信吗？我能爬上很峻的高山上砍柴，我能拖着几十斤重的大松树从山坡上溜下来。昨天我又去割草，我把袜子穿在手上保护手，割了很多草，手未受伤。我的采野菜任务也提早完成了。我们除了医疗工作与劳动外，还有很好的文娱活动与认真的政治学习，经常上党课，每天讨论。最近我们在整顿医务人员的思想改造。娥姐：我是一个旧社会工作比较长的并且一直在小资产阶级的生活环境里。因此我觉得自己的缺点实在太多了。我下决心要在这实际的考验中，斗争中打胜仗。把旧的思想作风，自私自利，个人主义，全部挪到山沟里去消灭它，希望你也常常来帮助我！……

　　此致
敬礼！

　　　　　　　　　　　　　　绢　　9月21日

一位志愿军战士给安娥的信中说：

敬爱的安娥同志：

　　是在五三年的第三天我接到了您十二月十九日长长的来信。也就是这一天我们行动了，迎接五三年的光荣而艰巨的伟大任务，这恐怕是我给您复信迟些一个主要原因。您的信我都好好的保存起来了，特别是这一封来信，里面几个佳作，我准备当有空时再仔细欣赏。我将要告诉你的是：我们将在朝鲜战场会取得新的更大的胜利！现在我们正在准备着迎接敌人的冒险进犯！大作《中苏友好歌》我在好几个文娱材料和报纸上都看到，我有这样的感想：每当看到《中苏友好歌》作者的名字时，我感到荣幸，因为我还与她有信件来往着。革命友谊在联系着……

志愿军陈方粤写于朝鲜

一九五三元月廿九

（中国人民志愿军七〇二大队三支队一中队三小队）

安娥深深理解志愿军战士的情感。1954年《歌曲》第13期发表了一首蔡庆生作词、晨耕作曲的抒情歌曲《告诉我，来自祖国的风》，在《人民音乐》上引起讨论。这首歌描写了一位守卫在朝鲜军事分界线上的志愿军战士的心情。批评者认为内容上有严重缺陷，不能算一首好歌，有的说它是"吟风弄月"，说放哨时跟风说话就是"失职"。安娥当时是中国音乐家协会《歌曲》编辑部编辑和顾问，自然要参与这场讨论。现在看到她的一篇《关于抒情歌曲讨论的发言》，肯定这首歌和另一首抒情歌曲《拂晓的灯光》。她说：

> 我们想一想那些远离祖国的劳动人民——志愿军战士们，他们随时随地想念祖国热爱祖国的心情是很容易理解的。因此他们在放哨的时候也怀念着祖国应当是很自然的。在山头看见风就想到祖国和亲人的消息。这些都应该是平常的事。如果说这是吟风弄月，显然是过火了。说它是"望白云而思故乡"是较为接近的，而这个"故乡之思"应该说是健康的，无违于爱国主义、国际主义精神。

安娥针对当时套在诗歌创作头上的紧箍咒，作了反驳："对待文艺不能像对待数学。诗歌去掉幻想，诗歌的花朵无疑地要枯萎。""数不清的诗歌专为歌颂自然而作，人民性反映在热爱自然这一点上是很普遍的。""由自然而想到人，写到人，原是我们诗词的传统习惯。我们的文学传统似乎不怎么把很长的篇幅用在描写自然上，而最喜欢描写的是'人'。"她对遭到非难的来自志愿军的年轻诗人蔡庆生给予了热情的鼓励:"这位年轻的、还不算熟练的、在战场上锻炼出来的诗人,完全具有诗人的敏感和热情。"安娥说:"《告诉我,来自祖国的风》已成了战士们的喜悦。人民肯定了这首词的生活情感,我们应当虚心地对待它。被人民喜欢的歌是会流行的,但不一定人民喜欢的流行的歌是优秀的。这等着用时间来考验它吧。作者和批评家也都在时间中进步吧。"

从她这篇以及这时期关于歌曲创作的其他发言可以发觉,1954 年以后,安娥随着大气候的变化,正逐渐从"小媳妇"的自卑状态解脱出来,为她创作生涯最后的成果丰富的阶段闯开了一扇大门。

21. 参加土改

　　1951 年 11 月,中央派大批干部到新区去帮助进行土地改革运动,这里所说的"新区"是指 1949 年以后解放的地区,安娥、田汉和许多文化界人士都参加了这个行列, 他们要去的地方是属于中南区的广西南宁。

　　下去以前,11 月 5 日和 6 日,他们听了人事部部长安子文和华北局统战部长平杰三的报告。安子文首先说:"土改是激烈的阶级斗争, 这个阶级打倒那个阶级的大革命运动。不能采取和平的办法,认为土改可和平解决是错误的。"他给这些不是农民出身的中高级干部打了预防针:"群众对地主打击沉重,注意不要害怕。这是一关。受了锻炼,以后可不犯错误。……太行县有文工团参观土改,他们未见过土改。农民斗地主甚凶,团员不敢看。检讨后又去看。三次检讨后,敢看了。批评了超阶级观念, 人道, 温情……要求参加。一个月间全变了。"平杰三特别交代, 知识分子下去要向农民学习,加强劳动观点,群众观点。到

安娥参加土改前与儿子合影。

南宁,12月13日,中南局土改委员会副主任杜润生给他们作报告,再次强调,不要重复和平土改思想,要发动群众,把地主打得从此低头不敢抬头,不但怕干部,而且怕农民。不要怕群众偏向(小偏向是群众的权利),强迫群众不犯错误,是拒绝群众革命。12月21日广西土改委员会许主任介绍广西解放两年来的工作斗争情况,特别惊心动魄:1950年2月以后,土匪猖獗起来,我们有几千干部被杀,地主与土匪勾结。我们没进行土改,农民不满,1950年10月后提出土改问题,大地主仍未斗倒……12月21日广西省委书记乔晓光和副书记何伟详细交代了情况与政策。

当然他们出发前学习了刘少奇的《关于土地改革问题的报告》。

1952年1月17日,安娥与田汉、胡绳、艾青、李可染、唐明照、赵德清、谢芳春、吴景超、徐毓丹、张正宇、夏同光、江定仙等一批文化教育界人士组成的广西省土改工作团第二团乘坐的轮船,沿着邕江逆流而上,停靠在与左右江汇流处的老口渡。

北京大学教授谢芳春担任团长,田汉任副团长,广西省委派宣传部文艺处长陆地做他们的助手。安娥担任土改工作团的妇女团委和党的团部小组长,

工作团驻地在老口南岸的麻子畲坡——一个以种芝麻得名的小村,离南宁市区有二十多公里。

因为土改工作团里有许多文化名人,今天当地对这段历史非常重视。目前对麻子畲坡正进行修缮,计划将此"名人村坡"建成土改博物馆。这也将成为全国首个土改博物馆。

工作团员曾经住过的居民房,除田汉和安娥住过的那间在20世纪80年代被拆除外,其余的三处都保存完好。工作团总部是一间四房一厅的壮家民居,既是谢芳春、艾青、吴景超等人居住的地方,又是他们的工作之地,而陆地的住处就是房厅后院的一座木板楼,楼下是牛栏兼房东的厨房。李可染、胡绳等人住在面积比较小、

离工作团总部不远的民房。一块对着空地的墙壁上,李可染曾画过一幅清算大地主的宣传画,现在只能隐隐约约见到一些红白颜色,已经看不出任何图像。

安娥与田汉整天很忙,白天走村串寨,发动群众,了解情况,晚上工作至深夜。村里的老人还记得安娥和蔼可亲,特别喜欢孩子,同他们一起在榕树下玩耍,顺便了解一些村里的情况。他们的房东覃德清老人说:安娥当时是做书记或者整理文件记录之类的文字工作,她工作认真勤奋,"从早写到晚,累了就到江边散步,她的字漂亮又工整,就像印刷出来一样"。安娥"很面善,能听得懂平话,他们对我们都很好"。田汉夫妇也给覃占清留下一顶棉帽、一双棉鞋,还对他说:"天冷时你戴上,就会想起我们。"

半年后当安娥和同志们结束土改任务时,人人胸前都戴着一枚广西土改纪念奖章,这是历史的纪念,人民的嘉奖。

安娥认真学习了上级有关土改的指示,认识到"土改是一场激烈的阶级斗争",特别在广西这个敌我斗争形势特别严峻的地区。她自己总结说:她的"整个工作,尤其对政策的掌握方面,得到组织上的肯定"。她也决心在这场"一个阶级打倒一个阶级"的土改运动中教育自己、改造自己,要像那些文工团员一样,抛掉"超阶级观念、人道、温情",对斗争地主的"甚凶"场面,由"不敢看"到"敢看",到"要求参加"。她还用文艺作品启发贫雇农的阶级觉悟,点燃他们对"野狼"般的地主阶级的仇恨,"讨还血和汗",感谢恩人毛主席。安娥写了一个《土改清唱》,笔者读到了这篇没有收入《安娥文集》的六百多行的朗诵剧。

到了 21 世纪,有人想收集这些文化名人当年土改时期的作品,可难了。后来总算找到一些,如艾青的《智信村土地改造检查报告》,刊登于当时《广西日报》头版,并收入广西人民政府土改委员会编印的《土改重要文选》中,还加了编者按:"艾青智信村土改工作的检查报告,值得各地同志细读。"田汉写了一个反映土改运动的剧本《斗争前后》,未发表,一直没有找到。

《土改清唱》作者以正剧来展开剧情,起、承、转、合。第一场是土改开始了,工作队进村如何发动群众;第二场是斗霸,觉悟了的农民起来斗争地主;最后一场是胜利以后,群众拉着工作队的手,恋恋不舍地欢送工作队员。

朗诵剧一开始便宣言:

> 毛主席呀大恩人,
> 坚决跟着你闹翻身;
> 打倒地主和恶霸,
> 贫雇中农一条心。

接着便是贫雇农吐不完的苦水:

> 榕树底下那条江,
> 江水滚滚冒血浆;
> 血浆滚滚高千丈,
> 农民的血债如海洋。
> ……
> 地主婆捉住了我女儿,
> 塞在笼里用火蒸,
> 孩子在笼里做鬼叫,
> 地主婆柴火越添得凶。
> 妹妹在笼里断了气,
> 地主把她埋在果园里;
> 说道人肉的肥料比牛粪好,

明年定结大凤梨。

对这样"凶恶像野狼"的地主能讲什么仁慈？"血债要用血偿！"地主狡猾抵赖，群众高呼："不打垮地主不收兵！彻底把地主阶级击溃！"工作队的知识青年也受到教育：

> 不管是父母，
> 不管左右邻，
> 阶级立场要站得稳。
> 仇越深，恨越深，
> 仇恨越深越有决心。

通篇是血泪仇阶级恨，是无情的斗争，是感谢恩人毛主席。这是一份有煽动力的宣传材料，是一份批判"和平土改思想"的生动教材，偏偏没有一丝文学的气味。

一个作家、诗人彻底否定了"超阶级观点、人道、温情"，即人性和人道主义，还能成为一个作家、诗人吗？

关于写土改主题的文学作品，有人发表过一篇专题文章，认为老一代作家写土改的作品"几乎都寓含着强烈的证明意图，即从各个方面论证和阐述着土改运动的政治合理性和道德正义性"，"只表现政治胜利和阶级斗争的一面，……像人性、客观历史本质等问题就基本上被排除在这些作品之外。"（贺仲明《论中国当代文学中的土改题材小说》）安娥的《土改清唱》只是一个小作品，但也带有这些特征。

安娥在农村度过幼年，一写到农村、农民，她的笔下便会流露出由衷的亲切、激动、温情，如以前写的诗剧《高粱红了》、戏曲《新纺棉花》，甚至歌剧《武训传》，后来写的对唱诗《韩花香和史怀旺》、农村故事《今日梁祝》、朗诵剧《蛇吞象》等等。《今日梁祝》写民兵队长李杰干涉本村青年桂香和福根的婚事,诬陷福根是特务,要捆送公安局。福根逃到山崖顶上,桂香坦然上山,对福根说:"活着不能如愿,还是同死好。"二人相携跳崖,成为"今日梁祝"。《蛇吞象》是个寓言,说一个带领农民反抗地主的农民领袖,变成了一个骑在农民头上作威作福、满嘴官腔的官老爷,但还不满足,"做了大官想做皇帝"。这些作品中的爱和憎,都闪耀着人性和人道主义的光辉,因而具有一定的审美价值。

关于土改,安娥在这前后还写过一些政治上正确,但缺乏艺术感染力的诗歌,例如:

> 如果不是地主们的狠心剥削,
> 他们该过得多么富裕!
> 怎么能叫人不恨那些豺狼,
> 把农民的粮食抢去。
> ……
> 土改了,挖了地主的老根,
> "喂!请请吧!世界变了",
> 从今再没有奴隶。
> 谁种谁就吃,谁吃谁就种地。
> ……
> 经过了二十几年,
> 我们彻底把你们战胜。
> 毛主席又说,今天做了主人,
> 需要学习宽大。对!
> 能饶恕的就饶恕你们吧,
> 要是依着我们自己,

杀光了你们再讲话。

孩子们哪！咱们可好好干呀！
把今年最大的谷粒,咱送给毛主席,
叫他老人家欢喜欢喜。
(《看过〈解放了的中国〉以后》)

写《渔光曲》的诗人消失了,出现了一个站稳了立场的宣传员。
上天啊！何时还给安娥那支彩笔?

22. 思想改造

1951 年至 1952 年，安娥经历
了三次思想改造的学习。第一次是
1951 年夏季的《武训传》批判，第二
次是 1951 年 12 月至 1952 年 6 月
参加土改的学习与工作，第三次是
1952 年 8 月至 11 月参加中央戏剧
学院附属歌舞剧院的整党运动。对
于安娥说来，思想改造的重点，一
是与"资产阶级改良主义"划清界
限，二是肃清"超阶级的人性论和
人道主义"，三是抛弃知识分子的
"个体生产者思想"，把自己锻炼成
为革命机器的"不生锈的螺丝钉"。

1950 年代初参加整党时期的安娥。

1952 年 11 月 19 日，安娥在党小组会上做了思想检查。

安娥认为知识分子的确有改造的必要。她的检查并非完全是
违心的。

10 年前，1942 年 4 月桂林《诗创作》刊登了安娥的一首长诗：
《秋风吹着秋叶》，描写知识分子的"二重性格"，只有"大地母亲"，
也就是党，才能医治他的软弱与矛盾，才能给他一颗"赤色而透明

的心"：

　　秋风吹着秋叶

　　无声地落到地上，

　　着地还微闻他的叹息，

　　伴着他阳世永生的感伤。

　　……

　　秋本身就是矛盾的征象，

　　包含着夏的余热又接近冬凉；

　　一面呐喊着需要热力培养，

　　一面又惧怕纯洁的阳光。

　　这二重性格的混合榜样，

　　从来不能和实际去接壤；

　　因此只是阵不甚寒的秋风，

　　已经使他感到不能抵抗。

　　……

　　他每想到心头羞辱的怒火，

　　就努力来争取解脱；

　　他拖着个矛盾的性格，

　　终于没得到有效的结果。

　　……

　　厚土对这些仍然都不过问，

　　每天付出她最大的耐心；

不断地给他涂上些油润，

怕他的心锁生长锈痕。

她唱："凤凰经过火的洗濯才有力量，

生铁经过火的锻炼才成纯钢；

母亲的劳力从来没问过代价，

大地本是宇宙万物的娘。"

"再会吧，兄弟！

把一切旧的都给它搁起！

人间最珍重的是赤色而透明的心，

宇宙要有坚实的力量才令人可喜。"

　　诗作者以启发者和教育者的口吻劝说"秋叶"接受"大地母亲"的改造，而作者本人则是不具有"二重性格"的坚强革命者。但是，大约从 1950 年以后，安娥越来越感觉自己也是一片需要改造的"秋叶"，不仅是矛盾与软弱的，而且是"有罪"的。

　　她在"检查"中谈她在大连工厂工作的体会，说她在工人阶级面前"感到自己满身缺点，一文不值，连认识的几个字都是下贱的；因为它不能对工人有好处，想记录他们，宣传他们，但觉得自己的字都是废物！萤火是没有法子说明太阳的。在教他们文化中也找不到方法，我恨自己！感觉使他们饿着肚子耽搁时间来听我瞎掰，真是罪过"。"看见工人阶级的进步使我吃惊！而我这小资产的劣根性像牛皮糖似的，撕掉一块还有一块，撕掉一层还有一层。"她把原因归结在党性不强和自己的阶级出身上。她沉痛地表示："我在党面前，在人民面前是有罪的人！"安娥请求党——大地母亲——挽救她："我相信党是最大量，最耐心，最与人为善，治病救人的人。我依靠党自己爬起来，无情的斩断非无产阶级思想的劣根，我受得起考验！党会救我！在实现共产主义社会的途中，我努力锻炼(成)无锈的螺丝钉。"

在革命的风雨中走过了几十年的安娥说的这些话，今天的人听起来几乎不可理解，但当时却是"觉悟提高"的表现。

安娥都检讨了哪些"罪过"呢？首先是自由主义，安娥说她是为反对封建专制而脱离家庭的，所以存在自由主义思想；又因为长期在"白区"工作，组织观念不强，群众观念弱，对个人利害非常敏感；具体说就是对文艺单位中的等级制度和创作人员之间的上下级关系不满；不尊重领导，与处于领导地位的"老区"来的同志们关系不好，有强烈的政治自卑感，等等。安娥表示今后要服从领导。四十七岁的安娥像小学生似的向老师保证："比如对党小组长同志，我是真心实意的服从她的领导的，她的一言一行，我都取为我师，她的一言一语，我也都绝对服从。她只要指出我的错误，我就没犯过第二次，她给我的任务，我忠实执行。无论会议上和日常我都很自然地把她当领导同志尊敬。"真话吗？假话吗？无论如何都是在自损个人的尊严。而这正是知识分子思想改造运动所要求的。

安娥在"老区"同志面前有政治自卑感，反过来在另一部分人面前又流露出政治优越感。她在思想汇报里把自己和一位党外创作干部相比时说："在历史的清白上，我不和他比较，他是国民党员，我是和国民党斗争的。政治觉悟上我也比他高，否则，就是否认党的培养。"她说到参加土改时有人要她承认"装病不工作"，她给这些人加上这样的头衔："医院医生(带着问题去土改的，大贵族出身)和一位大汉奸的女儿(地下党员)，和一位神经病患者，还有一位大地主兼大资本家的儿子(党员)。"

安娥本来可不是这样的人啊！尽管从年轻时代就接受了激进的政治思想，但一向善于和各方面的人相处，与人为善，从不曾像这样小肚鸡肠地抓别人的政治辫子。社会生活中蔓延开的恶劣观念和险恶风气也在毒化和扭曲着她的灵魂,好在这只是她在特定时期所患的传染病。

思想改造的核心目的就是要知识分子承认自己"个体生产者"的原罪,即自己的个人主义与工人阶级思想的根本差别。

安娥在"对照检查"中特别写道:自己"知识分子的个人主义观点随时会出现"。

安娥摘录了列宁论知识分子的一段话:(知识分子)他的武器就是他个人的知识,他个人的能力,他个人的信念。他只是凭靠自己个人的品质才可获得相当的意义。因此,在他看来,自己个性表现的完全自由是顺利工作的第一条件。列宁还说:知识分子的这种特性是同他们……在很多方面接近于小资产阶级生存条件的谋生条件(单独工作或者在很小的集体里工作等等)有密切联系的。

安娥根据列宁的理论把自己划入"个体生产者"的社会阶层。"我这个个体生产者,虽说自己感觉是该(起)螺丝钉作用,但总有时在组织纪律上想钻些空子,我自动把党的工作分成等级,有重要有不重要,而工人阶级是把每个螺丝钉的制作看得和整个机器同样重要的。"

安娥把自己个人主义思想根源,深挖到青少年时代:"我存在着严重的技术观点,认为有了一技之长,便可以不受制于人;这里压迫我,我有技能,可以转到另一个地方去。"她批判自己从幼时为脱离家庭而学技能、进国立美专把美术当谋生手段而没有把它当做革命工具说起,一向看重个人的知识和能力,并把这种观念带进了革命队伍。

看着安娥一厚本的"整党笔记",令人感慨系之。风云激荡、豪情满怀的半生经历,被她自己说得一钱不值,甚至是"有罪的",如果当真如此,她的传记该如何下笔? 可悲的是,安娥和参加整党的许多知识分子一样,对自己的否定,至少在当时是真诚的,认为自己学会了阶级分析,提高了阶级觉悟。也许安娥觉得是获得了那颗"人间最珍重的赤色而透明的心"。

今天有人把 1950 年代初思想改造运动的目的归纳为:就是要统一思想,使思想一元化,使知识分子不能有任何独立性,不能有超然物外之想;什么事都有阶级性,思想也有阶级性,绝没有超阶级的行为和思想。这个目的在安娥身上的确实现了。

但是安娥这个自幼就有叛逆性格,有复杂的斗争经历和长期的文学创作实践,曾如此热情地赞扬过"无畏、坚强、自尊、人格的完整、人性的骄傲"(《我想白薇》)的战斗的女性,是否从此失去了独立思考的能力,变成了一个畏首畏尾、服服帖帖的驯服工具?

安娥的独立性格,在进城初期就受到过一次打击。1950 年从大连回北京后,住在田汉当校长的戏曲学校宿舍。她的侄女婿在该校工作,醉酒后有不良行为。学校把他捆了,要送到群众斗争大会会场。安娥说这样经过大街给群众看着不好,建议叫派出所带去。校领导说周扬同志同意由学校处理,不交司法机构,安娥说周扬同志同意了也要考虑影响。校领导认为她袒护反革命、干涉学校行政、反抗周扬同志,反映到安娥单位(北京人艺)党支部。结果安娥承认自己的建议对学校和群众影响不好,事情才结束。安娥在整党中检讨说:"最早我是'嫉恶如仇'的,对于任何人任何事只要我认为对,我便决不妥协,可是这时候我幼稚,没有清楚的立场,没有清楚的认识,只是一种感情的盲目行动。"她说后来只想做好一个"小职员"、"小媳妇",不得罪人,不挨批评,就满意了。的确变了一个人,但为时不久。

1954 年,安娥调离中央实验歌剧院之后,逐渐从压抑状态中解脱出来,在文艺问题上开始发表独立的见解,在创作上开始走出困境。这是在比较宽松的 1955—1956 年,如果 1957 年她仍留在文坛,情况会如何,那就很难预料了。

23. 走出困境

　　自步入文学领域起，安娥总以手中的笔迅速地描绘大时代的风云，反映民族和大众的苦难与斗争：《莫斯科》《高粱红了》《燕赵儿女》，更不用说大量的报告文学作品。1949 年以后，她依旧怀着饱满的热情为现实斗争服务。她写《美帝侵华史宣讲演唱词》，写大连工人战台风的三幕话剧《台风》，写反映朝鲜战争的歌剧（《崔斗焕与金玉姬》）和电影剧本（《正义的战争》），写广西贫雇农斗地主（《土改清唱》），写农村新风尚，写"解放台湾"、"打麻雀"和类似的许多歌词……

　　尽管她非常认真地学习党的(中国的和苏联的)文艺理论，力求符合党的工农兵文艺方向，但是直到 1953 年，她的这类作品几乎无一发表或演出。一方面她紧跟形势、歌颂工农兵的创作成果一一作废；一方面被批评为脱离实际、脱离群众而"写不出东西来"，"缺乏劳动人民的思想，写东西不够深刻"，"有民主人士的感觉"，"你差！你差！你很差！"这使安娥陷入极大的苦闷。她交给党组织的《思想历史自传》写到这一段时说：

　　　　在歌剧院每次开会，我总是被批评的对象。我十分害怕开
　　会，虽然很想从会议获得学习。我的作品被批评为旧知识分
　　子、没生活、质量低等等。写了十几万字，无只字被采用……我

觉得我一无用处,政治上的自卑感刺痛自己。我最怕人们提起《渔光曲》,它像针一样刺我!好像我只是一个吃"反刍"的动物了,只能靠以前倒出来的食物来活命。这几年我真是人前强笑人后哭,如果自己不记得自己是共产党员,怎么也会自杀了。

笔者读到一些收入和未收入《安娥文集》的这时期的作品,它们不乏一些精彩的情节和文字,但有一个共同的倾向,就是具有浓厚的政治宣传和阶级教育的色彩。对她的批评其实是文不对题,她这几年多半时间都在"联系群众,联系实际",都在向劳动人民学习。她与山西武乡农村女干部任换孩情深义重,多次通信。1953 年 4 月任换孩的信中说:

> 老安,……你对我的恩爱,到什么时候也不会忘记的。虽然咱俩过去不认识,但从太原到武乡一路相跟,情深似海。

北京石景山农村女干部顺英 1953 年 12 月真诚地写道:

> 敬爱的安同志:我接到你的来信真使我高兴地跳起来……看了后觉得非常感动,我们并没有忘记您,我真的经常念叨您。为什么没给您写信哪?就是怕您忙不给我写回信。

尽管在单位中被批得一无是处,她从农村基层干部那里得到了温暖。

但无论如何安娥这几年在创作上的确走入了困境。这时期除了《节日的晚上》《三位姑娘》等几首影响较大的歌词和为哈萨克民歌《美丽的姑娘》、朝鲜歌曲《在泉边》配词,以及与海啸合作译配的苏联歌剧《青年近卫军》外,在文坛上几乎没有留下什么痕迹。

1954年至1956年,也就是她创作生涯的最后两年,情况有了变化。文艺创作的大环境出现了一定的宽松的态势,安娥本人也逐渐从"小媳妇"的心理阴影中解脱出来,敢于发表议论了:

> 作家表现怎样的主题是作家思想的反映,谁也不能给歌词作者制定非写哪种主题不可。主题只要能代表人民大众的思想感情,一般说是没有限制的。(《关于歌词创作问题》,1955)

> 我读了一些作品,公式化到如此程度,谈恋爱必定谈生产竞赛或解决生产上的困难问题。好像谈恋爱的目的不是为了交流双方爱慕之情,不是为了增进爱情生活的幸福。(《关于讨论抒情歌曲的发言》)

> "修改"两个字的含义是"修理"着改,不是"改掉"……政治家、理论家都会比艺术家的政治性上改得强烈、深刻,但那很可能不是艺术。(《谁负责?如何负责?》1953年)

这些在今天看来十分普通的言辞,却标志着安娥正在文艺观念和创作上走出困境。在她《关于讨论抒情歌曲的发言》的发言中,也有一些"出格"的话,尽管都是从艺术创作的角度说的。如她说:第一个创造"东方红,太阳升,中国出了个毛泽东"这句话的,思想性是高的,后来用这句话的,很多是"公式"(安娥称之为"官中词")。她这样评论一首歌颂领袖的歌词:

> 毛主席在这首歌词里是"传大"了,又是"太阳",又是"救星",又是"要把反动派完全消灭",又"让人民活了命",但这里

的毛主席似乎是位观音菩萨,在空中替人民和反动派战斗,毛主席胜利了,人民凭空"起死回生了"。(1953年,油印稿)

这大致是从她1954年调入中国剧协创作组开始的。她转入了儿童文学和戏曲的创作,这是当时受到束缚较少的领域,她可以根据自己的意愿选择与现实有一定距离的主题,可以表达人性、人情,使笔下写出的是文学,而不是阶级斗争的图解。这两年中心情比较舒畅,她的劳动终于取得了收获。

《狼外婆》上演了。《海石花》出版和演出了,虽然已经是在她病倒以后。她为越剧创作和改编的剧本受到了欢迎,有的成为保留剧目。安娥有写戏曲的条件,她熟悉中国古典文学和传统戏曲,与戏曲演员和编剧们有长期密切的交往,得到过他们的帮助。她在《我的创作生活》一文(1956年)中说:

我写京剧剧本《黄泥岗》和《寇准探府》的时候,京剧演员李少春和导演郑亦秋花费了很多时间,用他们的智慧和经验帮我想办法处理京剧的场子。他们是毫无保留地提出他们的意

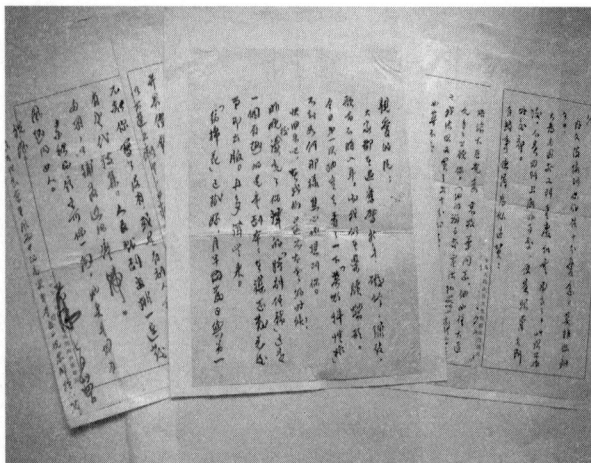

田汉写信给在大连工厂的安娥,告知她的《新纺棉花》在京演出情况。

见,也毫不客气地指出我的缺点。

早在 1949 年入城后不久,安娥便借用闹剧式的京戏《纺棉花》中张三与其妻的误会情节,推陈出新,写了一出《新纺棉花》,男主角也叫张三,内容反映解放区农村妇女的新生活。1950 年 5 月由新凤霞的评剧班在北京前门外劝业场演出。田汉看过之后写信告诉安娥:"我去看过了,大体上还不错。"这个戏的故事跌宕有趣,有生活气息,有人情味,是安娥写戏曲的第一次尝试。

1955 年,环境比较宽松以后,安娥又开始她的戏曲创作。事实证明,她选择这一方向是非常正确的,使她创作生涯的最后两年留下了丰硕的成果。她的二十场京剧剧本《黄泥岗》发表在《剧本》月刊 1956 年第三期。

安娥选定"智取生辰纲"作为她写京剧的主题,是因为当时《水浒传》被定义为歌颂农民起义、歌颂革命造反精神的小说,在强调阶级斗争的 50 年代受到特别的重视;同时《水浒传》中这一段情节紧张曲折,人物性格鲜明,容易取得舞台效果。安娥的《黄泥岗》把一帮江湖好汉设计劫取"一套富贵"的传奇,变为一出官逼民反的社会剧。把智多星吴学究塑造为一个有正义感的乡村教师:"想那有钱的人家,朱红大门之内,酒和肉吃不了都发了臭味;可是路旁却有许多人冻饿而死。""蔡京老贼心肠狠,害得百姓命难存。"安娥为吴用写的唱词,显示出她在戏曲语言上的功力:

只要俺一滴血还在,便要为国家除强梁,为黎民谋安康。只为这杀富济贫救忠良,哪顾得:山高,水低,烈日,风霜,寻同道,万里奔忙。不能叫奸贼们:高枕无忧卧画堂,笙箫歌舞夜未央!看今日啊!要智取他生辰纲,叫百姓们心欢畅,气吐眉扬。

原著中只说"阮小二有家小",其妻并未出现,在《黄泥岗》里却是一个十分了得的"女将",一脚把差役踢了个跟斗,在她的唱词和道白中,把对官府的仇视与轻蔑,说得痛快淋漓:

(唱)天下的众百姓都忍饥挨饿,哪有个打鱼的人独够吃喝?你看这待客的酒七斤不过,吴教授切莫笑这敬意菲薄。(白)是客人我们才好客。像那些狗官贼兵们,我们连一滴湖水也不给他们白喝。

安娥的作品中总会出现一个热心能干、意志坚强的女性。对碣石村湖泊美丽风光的描绘,像《渔光曲》一样,把听众引入严酷的现实:

风吹绿水起波纹,
朝迎红日暮送云。
说不尽渔村风光好,
一洼之水困煞人!
……

青山如臂抱村壤,
湖水悠悠挂夕阳,
渔船儿如梭来又往,
黄莺儿翩翩绕垂杨,
壮哉江山春如画,
可叹英雄落草莽!

《黄泥岗》虽然未脱出把梁山聚义视为农民起义的观点,但它是一部有审美价值的文学作品,是安娥走出创作困境的重要一步。

许多戏曲剧种里都有寇准到天波府祭奠杨延昭的戏,河南曲剧的《寇准背靴》被称为经典剧目。安娥的《寇准探府》特点在于它的集中紧凑的戏剧结构。例如和曲剧相比,它减去了关于辽国进犯、抗辽形势、朝中奸佞、杨家忠良大段大段的唱词,把这些意思几句话就交代了,或者把长篇唱词改为明白易懂的道白。天波府内佘太君与寇准间展开的那一场斗智(寇准发觉杨延昭生还,佘太君百般掩盖)表现得生动有趣:

佘:请寇大人书房待茶吧!

寇:啊……不必了,就在这里吧!啊……太君可好哇?

佘:唉!我儿延昭去世,已经三载。每逢佳节,思念亲人,怎不叫人悲痛!(假哭)

寇:啊……太君,今日佳节,且免悲痛,……老朽还要讨太君一杯酒吃呢。

佘:理当奉敬。宗保,重整酒宴,待老身把盏。

寇:老朽不敢,老朽不敢,(一看人数和杯筷)这里空着一席,老朽就坐这里吧。

佘:不成敬意了。

寇:不,不,不,想是太君知道老朽要来拜节,故而么,早就与老朽预备下这份杯筷了。哈……(笑)

佘:(尴尬地)……是啊……预备了……寇大人请。

寇:叨扰了。

……

这出戏由中国京剧院演出,剧名改为《探府记》,李少春演寇准,是他最后扮演的老生角色之一。

安娥与好友李少春合影。

田汉 1952 年将旧作《金钵记》改写为十六场京剧《白蛇传》，篇幅较长，安娥把它改写为十一场的"地方剧"版本。安娥的版本减去或合并了过场性的场次，改变了许多唱词和道白，总的说当然以田汉的本子为基础，但情节和语言变得比较简捷、通俗。对照一下：

(田本)白素贞：
　你忍心叫我断肠，
　平日恩情且不讲，
　怎不念我腹中怀有小儿郎？
　你忍心见我败亡，
　可怜我与神将刀对枪，

(安本)白素贞：
　你忍心将我忘，
　私随法海入禅堂；
　自从你把金山上，
　夜夜等你到天光；
　等得日落月东上，

安娥、田汉与京剧演员合影。

只杀得我筋疲力尽头晕目眩又
腹痛不可当。
你袖手旁观在山冈。
手摸胸膛你想一想，
有何面目来见妻房……？
妻盼你回家你不见，
可怜我枕上泪珠都湿遍，
可怜我鸳鸯梦醒只把愁添。

送月影落西方；
可叹我人前言笑，人后怅惘，
忍不住滚滚珠泪，
一行一行。
湿透了枕边、襟上
好不凄凉！……
我问你小婴儿有何罪状？
为你这无义的父他死得冤枉。

"安本"显然加重了女性的嗔怨。"可叹我人前言笑，人后怅惘"，对白素贞的心境表达得多么真切。安娥把略带书卷气的京剧原词，改得更口语、更明朗，适合于地方剧种的演出。

"地方戏"《白蛇传》的稿本曾寄到石家庄，请河北艺术学校的专家提意见。1955 年 7 月 23 日回信说：

> 我们仅提一点，即"道白"不太符合戏剧特点，应当青儿"京白"，白蛇"上口"（即韵白）。我们觉得，第一场是否大了一些，一开始就想把"联姻"问题解决，观众对此尚无思想准备和认识，是否仍可部分转至二场。……其他地方我们都满意。

安娥的《白蛇传》没有出版，好像也没有上演。

1956 年 4 月，由时任文化部艺术局局长田汉邀请，国营浙江昆苏剧团在北京演出经过改编的《十五贯》，轰动了首都，轰动了全国。在政治和文艺一度出现相对宽松的形势下，这出戏的思想性和艺术性得到了意想不到的高度肯定。毛泽东对《十五贯》大为赞赏，周恩来从"实事求是、调查研究"和反官僚主义、主观主义的角度给予了很高的评价。他说："《十五贯》教育我们做'官'的人，让我们想一想,是不是真正在为人民服务。"他还说:"这个戏,公安人员看后感动极了,对党政各级干部,对广大群众都有教育意义。"一般观众对这出戏的欢迎,也含有一些深层的原因,人们对肃反运动记忆犹新,平反冤狱的剧情成为人们普遍的话题,况钟和过于执分别成了"实事求是"和"主观主义"的代名词。安娥看了这出戏,立刻写了一篇《昆曲〈十五贯〉的音乐改革》,登在同年 5 月号的《人民音乐》杂志上,这是安娥发表的最后一篇论文了,因为几个月以后就因病失去了写作能力。

安娥首先按照普遍的评价,称赞了《十五贯》改编本的思想性,说它"给了主观主义者、官僚主义者和粗枝大叶的人一个严峻的批判。生动鲜明地表扬了依靠群众,不怕困难,不顾虑个人利害,对人民负责,为人民办事的人。"文章总体上是对改编本在音乐方面的创新,作了细致的分析。她首先讲解了昆曲音乐的特点:

> 昆腔曲子的排列,在每出戏里有一定的程序,如"六幺令"一定接"山坡羊"或其他一定的曲牌;"山坡羊"又一定接"黄龙滚"或其他曲牌。最后是尾声。第一支曲子就确定了一出戏的主要风格和性质。因为每出戏自成单元,所以展开得很自然,很统一。这是昆曲的优点,缺点往往是更多地偏重在曲调和节奏的变化以及旋律的曲折优美上,不太重视内容的思想感情的发挥……
>
> 浙江昆苏剧团改编的《十五贯》,不仅在剧本的处理上,文学的改进和演出上都有很大的成绩,同时在音乐改革上,也有显著的特点。

安娥指出改编的《十五贯》打破了曲牌衔接的成规,根据剧情要求,自由变换曲牌,又根据剧情的要求,对曲调做了加工。她通过某些段落的曲谱,说明改编者结合况钟、苏戍娟心绪的变化,在音乐上进行了哪些大胆的创新。安娥认为《十五贯》音乐最大的优点"是词和曲的结合非常严密……曲调简明易懂,使昆曲和观众更容易接近"。同时安娥也谨慎地提出:"是否在这个剧里,对于曲调的优美上还没有给予更多的注意?在有些似乎应当加强歌唱成分的地方,没有给予足够的发挥,创造一些更优美动人的曲调?"她对昆曲音乐的思考是认真而专业的,字里行间充满了对传统戏曲艺术的深厚感情。

从 1934 年发表《歌剧小言》和《歌曲小讨论》到 1956 年发表的最后这篇有关《十五贯》音乐的论文,可以看出安娥同样密切地关注着中国的新音乐和传统戏曲的发展,这是她和田汉的极大共同点,也是他们一生的事业和感情的一条牢固的纽带。

1955 年至 1956 年,安娥成天写作、看戏,顾不上健康,以致在

观看青年艺术剧院演出。前排左起:金山、李维汉、田汉、廖沫沙、安娥。

郑州观摩豫剧汇演时因脑中风倒在剧场。1958年3月6日豫剧院朋友来信慰问说:

> 你是为帮助我们工作而累病的……从你的身上,我们也吸取了不少的热量。当我们在工作上遇到了困难,我们就想起了你,我们学习你的顽强的斗志,去克服所遇到的困难;当我们在工作上取得了点成绩时,也就更加想到你,因为在我们工作成绩中,有不少是你的汗水所浇灌出来的。

这封信应该给了她很大的安慰。

她的辛苦没有白费,终于以儿童剧和戏曲方面的成绩告别了文坛。

24.　《狼姥姥》和《海石花》

　　我小时候看过很多戏,有一个话剧《狼外婆》给我留下深刻的印象,记得三姐妹最后把狼打死,全场小朋友都热烈地拍手,我把手都拍疼了,嘴里还喊着:"打得好,打得好!"

　　我一直不知道该剧的作者是谁?直到这次为安娥写传,方才明白,原来就是我写的传主——安娥。

　　1955年到1956年,安娥创作了两个童话剧:《狼外婆》和《海石花》。童话剧《狼外婆》是在她的木偶剧《三姐妹》或称《狼姥姥》的基础上改写的。《狼外婆》作者提示:"这个剧主要是表现儿童在对敌斗争中的智慧、勇敢和对敌人的警惕;养成儿童爱劳动的习惯,引导他们对民族童话传统的喜爱。"这个童话剧曾同时作为木偶戏和话剧在舞台上演出。

　　经过再次改编的童话剧《狼外婆》以及《三姐妹和狼外婆》至今仍演出不衰。

　　听说话剧《狼外婆》原来是为北京的中国木偶艺术剧团创作的,导演是周荻,我立刻给周导演打长途电话。

　　周荻是中国木偶戏导演艺术的拓荒者,小时候看扁担戏《王小二打老虎》,从此迷上木偶。1951年他调到中央戏剧学院木偶戏研究组,进入木偶剧团后,将自己的一生投入木偶事业。

　　1952年10月初,中国青年艺术剧院院长吴雪陪同苏联莫斯科木偶剧院院长奥布拉兹卓夫到沈阳进行个人演出，同时观看辽西文工团木偶剧队的剧目。奥氏看过之后，大加赞扬，请吴雪向周恩来总理反映："中国应建个国家木偶剧院。"

1955年5月5日，在周恩来总理的关怀下，文化部决定由中央戏剧学院木偶戏研究组、辽西文工团木偶队合并组成中国木偶艺术剧团，团长吴世杰，附属中国青年艺术剧院。

电话铃响了一会儿，那头传来好听的男中音，那就是周荻，我问："您导过安娥写的《狼外婆》吗？"

"是呀，不过剧名叫《狼姥姥》，还有一个剧名《假外婆》和《三姐妹》。"

我想，对啊，南方人称外婆，北方人不是称姥姥的吗？

当时田汉在文化部艺术局工作，对木偶非常关心。中国青年艺术剧院院长吴雪与田汉、安娥特别熟悉，想请安娥写个木偶剧本，于是，她特地为木偶剧团写了剧本。

《狼外婆》这个民间童话，流布甚广，讲述凶恶的狼精，装扮成和善的外婆，乘孩子妈妈不在家的机会，欺孩子们年幼无知，夜间吃掉其中最小的一个。两个姐姐识破后，逃到门外，用智谋治死狼精。

安娥从小就听说过这个故事。她热爱儿童，尤其敬爱那种勇敢、智慧、爱劳动的儿童，于是她选中这个故事进行改编，把三个小女孩作为剧中的主角。为了加强戏剧性，安娥的第一稿设计了这样一段：母亲在去娘家时，遇见红眼狼，"红眼狼利用母亲们热衷于夸张自己儿女的优点的习惯和喜爱人家夸奖自己儿女的这一空子，探知了母亲的家庭情况和她的地址，这样它就到了母亲的家里。家里只有三个小姑娘。红眼狼使三个小姑娘受了很大的惊慌。

关于这个情节，安娥说：

当我描写这些情节的时候，我也想到不应该在儿童们面前暴露母亲的不机智，也可以说是愚蠢，所以尽量在对话上给母亲补救一下，使孩子们能原谅她一时的过失。

安娥本来不想取消这个能够增加戏剧性的情节，但是：

感谢木偶剧团和《辅导员》杂志的同志们向我提了意见，才改成了现在一幕，把整个第二场取消……（安娥：《谈谈儿童剧的写作》）

为了表现三个女孩子的机智、勇敢和团结，作者精心设计了好几个细节，狼外婆被孩子们用盐花烫坏了爪子，用碱水当眼药点坏了眼睛，最后遭受一顿猛打而死。

安娥说：

事实上这样的三个孩子，是打不了一只凶残的狼的，可是我们热爱孩子信任孩子的祖先们，竟大胆地让她们胜利了。

为什么安娥要感谢木偶剧团的同志呢？且听我慢慢道来。

一天，吴雪对周获说："安娥已经将剧本写好了，你去与作者谈谈，沟通一下，这样排起戏来能够理解作者的意图，比较容易些。"

"好的。"于是，周获到安娥的家去讨论剧本。

那时安娥刚刚从中央实验歌剧院宿舍搬到东四北大街细管胡同 6 号剧协宿舍，同时，田汉也从文化部艺术局宿舍（就是他的办公室）搬过来。

这是典型的北京四合院，从南边进门，就能看到前后院过道两边的东、西屋和后院的北屋。院子里种满了各类花草树木，一切都

1954年迁入东四北大街细管胡同剧协宿舍（现为北京东城区文物保护单位"田汉故居"），安娥一生第一次有了自己的"家"。

显得那么郁郁葱葱，生机勃勃。但是，当我2009年10月去参观时，满眼都是破旧杂乱景象，惨不忍睹，只有前后院过道的东屋还可以看看，因为那是田汉基金会的办公室。

周荻如约到安娥的家，在西屋坐下，田汉也来参加讨论，屋里摆设很简单，周荻只记得有木桌和木椅，其他好像什么也没有，周围屋里时常传来说话声、走动声、嘈杂声，似乎有很多人在周围的屋子里。安娥见周荻的眼睛里打上问号，忙解释说："这是我们家的客人。"田汉讲："都是老乡，到北京来玩，住在我们家。"

讨论开始，周荻分析了木偶剧本与人演的剧本不同处。首先，题材很好，木偶剧一般都采用童话、神话、民间传说、寓言；其次人物设计也不错，以三个小朋友为主角，还有个反面人物——狼，戏剧矛盾就出来了。在戏里，小朋友是弱者，狼是强者，弱者和强者斗，只能用智斗，如何斗，怎样斗，斗得要有童趣，要斗得好看，斗得有理有节……周荻越说越来劲，忽然他意识到坐在他面前的是两位前辈，有点不好意思起来，话茬儿戛然停止。安娥正听得有劲，见周荻突然不说话，便催着："说呀，非常有道理。"

安娥从来没写过木偶剧本，不熟悉木偶表演和它的特殊性，因此觉得周荻说得很新鲜，田汉在旁边也说："讲呀，我可知道导演个个都是天才的演说家。"

刘荣宝操作《狼外婆》里的三妹。

"简单地说，木偶剧最大的特点，就是真与假，真真假假，半真半假，假作真时真亦假，真做假时假亦真。木偶能演真人剧，但是真人就不一定可以演木偶剧。木偶剧本语言要少，动作要夸张。安娥老师这个剧本，排练时，台词也许要动一动。"周荻说。

"没关系，没关系。"安娥当场表态。

我问周荻，这个戏有没有用一些木偶特技，回答：好像没有。我看到过《狼姥姥》的剧照，布景和人物造型都比较写实，特技似乎用不太上。1960年6月1日上海木偶剧团成立，同月23日上海木偶剧团在上海首次演出该剧，不过剧名叫《狼外婆》，由张启德改编并导演，参加演出的有刘荣宝和童丽娟等。

中国木偶艺术剧团经过紧张的排练，《狼姥姥》如期参加1955

年4月1日至10日文化部在北京举行的全国第一届木偶皮影戏观摩演出会。

《狼姥姥》的演出受到好评。在1955年5月9日出版的《戏剧报》5月号上,刊有该报记者阮文涛文章《记木偶戏皮影戏观摩演出会》,文中说:"中国木偶艺术团参加了这次观摩演出会,他们演出的《猪八戒背媳妇》《小鸭》《秧歌》《石龙子》《狼姥姥》等剧目,可以看出是在企图创造新的民族风格的木偶戏;这些出色的演出受到各地代表的一致称赞。"文章的最后写道:"这次观摩演出会,检阅了木偶戏、皮影戏潜在的和正在成长的艺术力量;展示出木偶戏、皮影戏广阔的发展前途。"

安娥写《海石花》经历了很长的过程。安娥1954年调到中国剧协创作组后,就开始创作一部童话剧,几经更名(《珊瑚引》《让生活更美丽》),多次易稿,最后才定名《海石花》。1955年12月少年儿童出版社写信问她:"《海石花》何时完工,希告字数,以便和您订合同。"1958年4月《海石花》才由少儿出版社出版,这时安娥已经病倒一年多了。

1954年政府号召妇女穿花衣裳,显示社会主义生活的新面貌。1955年5月17日上海《青年报》发表署名文章《支持姑娘们穿花衣服》。文章认为,"现在有条件可以打扮得美丽一些了,然而姑娘们的服装大都还是'清一色',有的姑娘全身一色蓝。我们不但要把国家打扮得像一个百花盛开的大花园那样,也要把姑娘们打扮得像一朵鲜花、一颗宝石一样。"随着和平建设时期的开始,生活一天天好起来,人们憧憬着物质上的丰富充裕,精神上的百花齐放;在衣着上已不满足于单调的颜色与样式,要求多彩多样。

安娥准备创作的童话剧的主旨,就是要让只有青白两色的海底世界(就像我们当时只有灰蓝两色一样)变得五彩缤纷,绚丽多彩，"让生活更美丽"；但必须不畏艰险、百折不回、团结互助、发挥聪明才智，才能创造出这样一个美丽的世界。

《海石花》讲的是很久很久以前，海底万紫千红，是宇宙间最幸福多彩的一角。一天海底突然来了群妖魔，毁坏了一切美好，从此，海底只有单调的涛声和凄冷的青白两色。住在海底的红瑜、珊瑚、琼华和姑娘们，不甘心长年累月

童话剧《海石花》封面。

过着这样的日子，为了增添大海的色彩，勇敢地离开海洋，尝试将陆上的花朵搬到海里来，可是这些红花绿叶到了海底不久就变成苍白色。海女们再三地尝试，感动了天庭的映虹童子和月亮姑娘，他们请太阳公公成全海女们的心愿。太阳公公认为施舍不会给人幸福，他指点海女们，只要取得朝阳山上那朵海石花，海底水会永远五彩缤纷。三个海女不顾一切爬上到处喷射烈火的朝阳山，击退雕鹰和猛虎的阻挡，采到海石花，从此海底变得美丽无比。

童话剧塑造了三位不同性格的姑娘：红瑜（鱼）对改变现状缺乏信心："想在海里长出红红绿绿的颜色来，真是瞎搞！……做这空想的事情我不耐烦。"珊瑚（树）不满现状，为理想坚持不懈："不是我要把水晶宫怨，人生爱美是天然。……哪怕失败一千遍，也要叫颜色到海里边。"小妹妹琼华（花）是个实干家："把好花搬来水晶宫，让海里生出万紫与千红。"这三个童话人物是当时追求多彩生

活的中国青少年的化身。但在后来的现实中，"人生爱美是天然"的观点被当做"追求资产阶级生活方式"而遭到批判，1964年青艺演出的《千万不要忘记》把穿毛料上衣和穿蓝布制服当做是"资产阶级思想和无产阶级思想争夺阵地"的严重问题。这些爱美的年轻人连同他们的憧憬，像在《海石花》剧中一样，被"舞凤童子"口袋里漏出的狂风吹得七零八落，百花凋零。这是安娥在宣扬"爱美是天然"观点时未曾料想到的。

安娥写完《海石花》后，将剧本交给好朋友袁雪芬。

这个戏在舞台上呈现的均是海里的、天上的虚幻人物形象，对舞美、灯光的要求也特别高，袁雪芬拿到《海石花》剧本，读了又读，觉得越剧无法演出，正巧此时，碰到中国福利会儿童艺术剧院院长任德耀。他说起剧院成立十周年，正缺儿童剧本，袁雪芬马上将该剧本推荐给任德耀。

1957年4月 中福会儿艺演出的《海石花》剧照

中国福利会儿童艺术剧院演出的《海石花》剧照。

任德耀拿到《海石花》剧本后，马上着手做案头工作，将它改编成为四幕八场的童话歌舞剧，并组织一套出色的创作班子，他自任导演，作曲是张鸿翔、舞蹈指导是汪傅铃，三位女主角红瑜、珊瑚、琼华分别由傅延敏、童丽娟和刘妩倩扮演。这个童话歌舞剧 1957 年 4 月 10 日在上海长江剧场演出。

为了真实、历史地了解当时的情况,我分别采访了目前还健在的张鸿翔、童丽娟、刘妩倩、孔小石、董明等老师,他们都热情地告诉我好些事情,让我得益匪浅。

首先是剧本改动得比较多,演出本和安娥的文学本有许多不同。剧情有了很大的变化,改为水晶宫的花匠想举行一次盛会,要恢复往日的欢乐;他和海女们商量,得到推云姑娘、映红童子和太阳公公的帮助,找到了海石花,使海底重新有了颜色。海底盛会开始,海底从此更加美丽。

上海福利会儿童剧团演出的歌舞剧,实际上是在安娥原作的基础上创作的一部新作。

1957 年 3 月 29 日《新闻日报》、3 月下半月的《戏剧介绍》、3 月 29 日《文汇报》、4 月 11 日和 19 日的《新民晚报》都刊登了有关《海石花》排练和演出的报道或评论。

中国福利会和宋庆龄基金会顾问美籍专家耿丽淑、宋庆龄的秘书谭宁邦、儿童文学作家陈伯吹都发表了自己的感想;指挥家刘良模于 1957 年 4 月 24 日给剧组写信,对这出戏的情节、场面、人物、表演、音乐、舞蹈提出了具体、细致的建议,供安娥和任德耀参考。

可惜安娥这时已经病倒,没看到刘良模这封热情的信,但信中提到的情节和人物,多是原作中没有的。

《海石花》在长江剧场演了二十多场,场场爆满,大人小孩都爱看。剧院原来打算到武汉等地去巡回演出,可是接着院里开展"大鸣大放",反右派等运动,演出就黄了。

2010 年 6 月 30 日我采访作曲张鸿翔时,他说:"目前《海石花》留下来的就是该剧的主题歌。因为是四三拍的,成为那两年跳交谊舞的伴奏。唱词后来任德耀改动了一下,因此,歌谱上写:安娥、任德耀作词。"

唱词如下：

> 海石花，海石花，
> 千辛万苦采得了它；
> 但愿它在海底永不凋谢，
> 世世代代永放光华。

唱词简单朴素，朗朗上口，小朋友容易记。张鸿翔给我看一本油印本，是上海电影乐团于 1959 年 3 月编的《交谊舞曲 200 首》，里面有《海石花》主题曲。

安娥以前为孩子们写过许多作品，如 30 年代的童话《毛孩儿的娘》、40 年代的歌舞童话剧《小战地服务队——牛鼻子挖战壕》，还有好几首歌词。从 1950 年到 1953 年，她非常勤恳努力地写了一系列企图为现实政治服务的作品，结果多是徒劳无功。1954 年以后转入儿童剧和历史剧，终于有了收获。《海石花》是她最投入的也是她最重要的儿童文学作品。对木偶剧、童话剧《狼外婆》(《三姐妹》《狼姥姥》)也是反复修改，当做大事来做的。

安娥在 1956 年发表的《谈谈儿童剧的写作》里开头就明确地讲道："写儿童剧首先必须热爱儿童。儿童剧作家对儿童的爱须是出自真正的爱，不能是欣赏式的。只有真正热爱儿童，关心祖国未来一代的成长，才能理解儿童的生活、儿童的心理和要求，才能写出为他们所需要的儿童剧。"

安娥热爱儿童、关心儿童，同时也在为孩子们写戏的过程中找到了快乐。

25. 越剧缘

安娥与越剧结缘,还是从 1946 年 5 月上海文化界名流观看越剧《祥林嫂》开始。1946 年 9 月 10 日安娥参加了袁雪芬为抗议恶势力(后来查明这个"恶势力"只是一个小混混)迫害在大西洋西菜社举行的记者招待会,从此和越剧界建立了越来越深厚的友谊。1947年安娥由上海剧校宿舍搬出来,无处居住,就和田汉一起住在越剧

1946 年 9 月 10 日在上海,参加袁雪芬为控诉恶势力迫害所举行的记者招待会。前排左起:安娥、袁雪芬、许广平;后排左起:洪深、田汉、郭沫若、严独鹤、朱凤尉、平衡。

学馆厢房后间，一直住到 1948 年离开上海。

1947 年 8 月 9 日，上海越剧界在黄金大戏院首演《山河恋》。

1947 年 8 月，袁雪芬倡议为建造剧场、筹备越剧学校举行越剧界十大姐妹联合义演《山河恋》，当时国民党当局怀疑该剧的演出与共产党有关，8 月 28 日该剧被上海社会局勒令停演，于伶为了开禁到处奔走，田汉则在《新闻报》上发表《团结就是力量》的文章表示支持，同时袁雪芬由知名企业家汤蒂因陪同向社会局交涉，此戏才开封演出。

记得欧阳翠老师曾告诉我，当时越剧"十姐妹"不知为了什么，闹不团结，后来安娥请十姐妹一起吃饭，欧阳翠作陪。

安娥 1948 年初在写给范瑞娟的信中，强调要继续发挥《山河

1947 年，"十姐妹"合影。前排左起：徐天红、傅全香、袁雪芬、竺水招、范瑞娟、吴小楼；后排左起：张桂凤、筱丹桂、徐玉兰、尹桂芳。

恋》演出时的那种团结、互助、求进的精神：

> 可是一个新的事业（艺术在内）的成功，却又必须是与社会环境共同前进才能达到目的。因此我觉得越剧从业员和爱护越剧的人士，除了努力于"前台"的改进外，"后台"的更加理想也是很重要的一面。如姐妹们相互鼓励，相互帮助，相互学习，相互求进种种，如何能继续那曾震惊了全国剧界和广大观众以及社会人士的光荣的《山河恋》的演出阶段，而更发扬光大。这真是我们为越剧的前途馨香拜祷而越剧姐妹们也一定更关怀努力的事。（安娥：《越剧演出片断——答范瑞娟女士》）

安娥与袁雪芬成了好朋友。袁雪芬回忆说："周振明拟将洪深先生的《鸡鸣早看天》拍成电影，要我饰大嫂一角。我说：'我不会国语，又不懂电影业务，如参加拍摄，反而会损害这部电影的整体艺术。'他们连连说，你可以演好祥林嫂，相信你也能演好大嫂。至于国语，安娥自告奋勇说：'我负责教你。'"

20世纪50年代中期，袁雪芬苦于当时越剧缺乏新戏剧本，要求安娥为上海越剧院写剧本。1956年初秋，安娥应邀到上海编写了《追鱼》《情探》《杨八姐盗刀》等几个本子，在编写过程中得到该院编剧庄志先生的帮助。到沪后，安娥住在傅全香家里编改剧本，两人除了聊家常，最主要的是讨论剧本。傅全香说《情探》这出戏是为她"量身定做"的。

2009年9月12日我去华东医院采访傅全香时，她正躺在床上，看电视《西游记》，说话有气无力地，等她得知我的来意后，停了半晌，才轻轻地告诉我："安大姐来上海，住我家，我到北京去住在她家。现在老西门的房子已拆，进行了改造。"说着，头转向里面，这时，我听见她对看护小陈说："我头晕，把电视关了吧。"小陈应声关闭电视。我赶紧起身告辞,此时,傅全香又慢慢一字一句地发出声音:"安大姐对我说,文艺工作者要为人民服务。"这真是发自肺腑之言啊!

1945年,田汉在昆明据明传奇《焚香记》改编二十七场京剧《情探》,戏中敫桂英自杀遇救,没有鬼魂情节。田汉1946年著文说:"我的《情探》竭力反映了当时历史背景,想给王魁、桂英的悲剧一些必然性,同时削去此剧的神怪气氛,便成为单纯的人情剧,因而川剧《情探》王魁以桂英为人而实鬼,我的《情探》王魁初疑桂英为鬼而实人。"1950年上海东山越艺社到北京演出的就是"没有鬼"的本子。由傅全香和范瑞娟分饰敫桂英和王魁,南薇导演。傅全香说:"1950年的演出,虽然受到观众的欢迎,但从我来说,由于文化素养不高,艺术上缺乏借鉴,没有演好敫桂英这个角色。"

当年傅全香曾对记者说:"当时我还不能完全理解全剧的主题,也未从角色的具体分析着手,而是单纯地从悲剧角度来处理这个角色的,仅仅在舞台上表演了一个受刺激后的疯疯癫癫哭哭啼啼博人怜悯的女性。虽然那次演出基本上可以说是失败的,但我对敫桂英产生了爱好和同情,并且期待着有重演的机会。"

安娥对剧本做了较大的改动,增加"阳告"、"阴告"等戏,敫桂英不仅被改为自缢而死,还出现了鬼魂的形象。那时社会上对于鬼戏颇有争议,傅全香看了剧本后,不无担忧之心,忍不住对安娥说:"安大姐,台上出现鬼的形象,行吗?"

安娥很有见地地说:"争论归争论。我们现在写,就像梁山伯和祝英台死后化蝶,焦仲卿和刘兰芝死后变成相思鸟一样,都是人民想象出来的,反映了人民的美好心愿。"

田汉见到傅全香时,向她讲解了剧本内容,详细地分析了敫桂英和王魁两个人物。《情探》这个戏不是局限在过去所表现的"痴心女子负心汉"上面,而是突出这场爱情悲剧的社会原因,有力地抨击了罪恶的封建社会制度,鞭挞了达官贵人和王魁等人,歌颂了敫桂英这个被侮辱、被损害的妇女典型。

田汉接着说:"鬼是浪漫主义的东西,舞台要净化,不能出现恐怖、丑恶。我们来创造一个'美鬼',相信你一定能够把她演得很美。"安娥夫妇的一番话,不但消除了傅全香的疑虑,并且启发了她如何来创造一个"美鬼"的形象。

这个难题一解决,安娥就果断地推翻1950年的本子,按照元曲改过来,可惜安娥仅仅写完初稿就病倒。将要饰演王魁的陆锦花对照田汉、安娥写的前几稿的本子,细细琢磨,分辨剧本改在何处,增加了些什么。她发现田汉安娥夫妇新修改的《情探》把作品深化了,在描写王魁这个人物时,多处增加了人物的矛盾心理,以体现王魁背弃桂英时所受到的压力。

(唱)他那里言语如利剑,
不由王魁把头低。
咳,可惜娘子是烟花女,
怎做堂堂状元妻?
思前想后无主意,
进退两难费迟疑。
……

由于陆锦花对修改的本子有了深刻的领会,她扮演的王魁成为她演艺生涯中的一大亮点。

1957年上海越剧院的傅全香、范瑞娟、陆锦花、陈少春等在天津演出时,特地去北京探望安娥和田汉,告诉安娥,越剧院决定排练演《情探》,给了她极大的安慰。

2006年傅全香对笔者说:"只可惜安大姐已病重,话也说不清

1955 年在北京住宅前与傅全香、范瑞娟、徐玉兰、金彩凤合影。

楚，她拍拍枕头让我把田大哥叫到房里，让我给他鞠了个躬，又指指我手里的《情探》剧本，田大哥很快就会意了。"他动情地表示："你们安大姐现在已经不能执笔，《情探》是她的最后作品。你们有这个心意，我一定把本子改写好。"

　　田汉在修改《情探》里的"行路"这一段时，桌上摆了张很大的中国地图，有人说"行路"的构思就是从地图上来的。也有人说，"行路"是田汉在飞机上完成的，当时飞机正好飞过泰山的天空，看着下面巍峨的山脉，联想到敫桂英千里寻夫的艰难。

　　傅全香早就听安娥说过，川剧演员阳友鹤的《情探》演出得很出色,是他的拿手好戏。1957 年刚好阳友鹤在北京出席文化部、中国音协召开的全国戏曲音乐工作座谈会。安娥和田汉鼓励傅全香、范瑞娟等人向阳友鹤老先生去学艺。他们还着重关照傅全香,学的时候要注意三个字:"一是'美'——敫桂英心灵最善良,最美,一定把她内心的'美'表现好;二是'情'——敫桂英的'情',是真挚的、高雅的'情',不是虚伪的、庸俗的'情',是中国妇女最典型的优美品德;三是'怨'——敫桂英的'怨',是一片痴情被王魁玩弄、遗弃的结果。因为痴情重如山,所以一旦发现被玩弄、被遗弃,便怨深如海。她的'怨',不光对王魁一个人,而是针对压在妇女身上的封建制度的血泪控诉。封建社会里,中国妇女已经处于底层,妓女则处于底层的'最底层'。这出戏,借敫桂英的嘴,喊出了这个'最底层'的最强烈的呼声,因而感人至深。"(一然:《傅全香谈重演〈情探〉》,载 1957 年 10 月 27 日《新闻日报》)

阳友鹤用了五个晚上,把"打神告庙"和"情探"两场的身段全部教给她们。

傅全香一行人回到上海,又碰上川剧老艺人"表情种子"、"四川梅兰芳"周慕莲,从他那里得到十分可贵的启发。周慕莲特别告诉她,在"阳告"一场,敫桂英眼泪哭干了,但是却显得毫不在乎,嘴里念着"王魁,我不想你,我就是不想你,我硬是不想你",短短三句话,正好勾画出敫桂英那种既爱且恨的心理,实际上她却是想透了。这种既精练又深刻的表现方法,只有老艺人经过多年的艺术劳动才能领悟出来。

1957 年 10 月 26 日,《情探》在上海大众剧场演出,从一点三十分一直演到四点五十分,共三个小时二十分钟,来看戏的有文化局领导,越剧院的同行,还有上海戏曲学校越剧班同学,约 400 人。1958 年,越剧《情探》从舞台搬上银幕。安娥和田汉也看了这部影片。安娥对丈夫谈了自己的想法,觉得电影剧本没有交给原作者改编,不然可以将电影拍得更好看些。1960年傅全香到北京去看望安娥和田汉,田汉把他和安娥的意见,讲给傅全香听。1980年初,上海越剧院再次恢复排练《情探》,原因很简单,就在于要推翻"文化大革命"对这出戏的诬陷,以告慰安娥与田汉的在天之灵。傅全香认为:"经得起时间考验的作品是不朽的。《情探》将长存于越剧剧目的宝库里,安大姐和田老将永远活在我的心里。"

20年后,2006年10月,《情探》又由上海越剧院的青年演员裘丹莉和黄慧完整地搬上了舞台。2007年绍兴小百花越剧团和上海越剧院合作,以男女合演的崭新姿态上演《情探》。2008年3月,绍兴小百花越剧团又推出由陈飞和吴凤花主演的傅范版全本越剧《情探》。

1948年初安娥给挚友范瑞娟回信,首先为回信太迟表示道歉,一是到台湾去了一次,更主要是因在北方的五哥去世、四哥音讯断绝、在西北的妹妹健康堪忧而产生的悲愤烦躁,以致不能写信。接着谈越剧的特点:力求接近生活,力求现代化,表演自然。越剧"必有它的光辉闪耀"。安娥希望越剧姊妹们相互鼓励、相互帮助、相互学习、相互求进,不能允许"有第二个筱丹桂的惨痛事件发生"。她还发表对"男女合演"、"大嗓、小嗓"、"武戏、武功"等问题的看法,说她希望"男人们尚未做到的,而妇女先完成它。京剧未能实现的,女子地方剧能实现它"。这封信以《越剧演出片段——答范瑞娟女士》的标题登在上海的一家报纸上,表达了对越剧姊妹们的关怀与期望。

十年后的1958年,范瑞娟接到田汉和病中的安娥来信,无比兴奋。她写了一封十分亲切的回信:

当我读完你们的来信,真是高兴得跳起来了!我接一连二地读给院里的同志们听,他们都抢去看了,大家齐口同声地说:"安先生能写信了,她的病进步得多快呀!"都要我在回信中代笔问好!

大姊,你所以好得这么快的原因,我们知道,除了医生治疗以外,主要是依靠你自己掌握与锻炼得好。你那耐心的休养,乐观的精神,这一点(是)我们在北京的时候所看到了的。另外,也由于我们的田先生早晚贴心的照顾分不开的。大姊,我们相信并且断定你再过一些日子就会完全恢复起来的。

田先生,你好吗?上月从人民日报上看到一条消息,正当零下廿度天气很冷的一天,你同梅先生等去慰问工人,可见你不仅精神可佳(嘉),身体也比前更好了。我们院的文学组说:田老是老当益壮,干起工作来不分昼夜,精神十足,实在愧煞我们年轻人。

病中的安娥坚持锻炼。

记得，过去你常常称呼先辈艺人是国宝。我说，那么你是国宝的头，国宝的带路人，应该多加保重。所以无论如何也得抓时间休息才是。……

瑞娟

(1958)二月十一日

1947 年 1 月，以傅全香、范瑞娟为首的东山越艺社成立。1950 年 7 月，正是剧团歇夏之际，东山越艺社是自负盈亏的民间剧团，没有演出就没有收入，剧务部提出到北方去演出，于是请编剧南薇给田汉去信。那时田汉是文化部戏曲改进局局长，很快回信邀请他们北上。剧团带去的剧目有：《祝福》（即《祥林嫂》）、《李秀成》和《梁山伯与祝英台》。

1950.9.6. 东山越艺社全体演职员在北京颐和园合影

1950 年 9 月 6 日，东山越艺社全体演职员在北京颐和园合影。

田汉还请周恩来总理来看"东山"的演出。"东山"在北京的演出要结束的那天,总理宴请他们。饭局中间,周总理接到电话,告诉他们毛主席要看《梁祝》。毛主席是第一次看越剧,剧场效果很好,毛主席也纵情大笑。

"东山"在北京演出期间,北京很多知名人士老舍、马寅初、曹靖华、王昆仑、翦伯赞、程砚秋、欧阳予倩、王朝闻、阿甲等来观看演出和参加座谈会。这都是田汉和戏曲改进局组织邀请的。

2010年8月11日,我去华东医院拜访范瑞娟老师。范老师告诉我一件事:上世纪五六十年代,安娥到上海来治病,每次北京寄来钱,用不完,就交给范瑞娟。范瑞娟把这些钱存起来,居然存了三千元,等到"四人帮"打倒后,1978年再次当选为全国妇女代表大会代表,到北京开第四次代表大会,将这笔钱交还给安娥之子田大畏。

徐玉兰从12岁起学戏,1947年8月"玉兰剧团"成立,相继推出四部新戏:《香笺泪》《风流王孙》《同病相怜》和《国破山河在》,在龙门剧场演出半年,场场客满,此时很多社会进步人士和著名戏剧家安娥、洪深、熊佛西都专程前去观看。

1947年12月初,安娥去观看《国破山河在》,于同年12月8日《新闻报》上发表了一篇文章:《由〈国破山河在〉说到殉夫问题》。文章一开头写道:"前几天看过徐玉兰女士的《国破山河在》。这是由周贻白的《北地王》改编的,徐饰北地王刘谌。"

安娥的文章提出戏曲中的妇女观问题:"凡是结了婚的妇女无论是为政治、为经济、为爱情、为寂寞的死,人家多数喜欢说她是'殉夫'。……这差不多已经成了公式。"这反映了对妇女的一种陈旧有害的看法。《国破山河在》仍有这个共同的缺点,安娥认为应当更加强调雀妃之死的殉国意义。安娥说这个戏演得很成功,她高度赞扬徐玉兰女士的表演技巧、演唱、表情。"……而这戏的第五场使作弄观众感情的巨匠洪深先生也热泪盈眶,不能自已,可见她们的成功。"文章最后描述了演员与戏剧家们会见的情形:欧阳予倩、洪深诸先生观剧后到后台谈话,徐玉兰等主要演员以及所有工作者都争问:"我有什么毛病?""我哪里不对?"安娥说:"这一种求进步的热情在话剧界也是少有的。这真是越剧发展的最好保证!"

为了弄清当时的情景,我特地到华东医院去拜访徐玉兰老师。

"徐老师,1947年12月你演出《国破山河在》时,知道安娥在台下看戏吗?"我问道。

"演出时不知道,演完后,安娥和洪深等人上台来,经人介绍我才知道。"

"安娥他们怎么会来看你们戏的?"

"因为我们团里有人与他们熟悉,而且听说是个爱国戏,因为这种戏码那时很少有剧团会演。"

"你当时看过安娥的这篇文章吗?"

"没看过,也没听说过。"

"下次我复印后给你。"

"谢谢。"

下次去的时候,我把安娥的文章复印后送给徐老师,并向她借了本《徐玉兰影集》,我发现里面有好几幅1947年演出《国破山河在》的剧照,还有一幅是1957年的剧照,不过剧名已改成《北地王》。

关于越剧《追鱼》的改编,田汉在《〈金鳞记〉后记》中说明:"一九五六年夏初,看了湘剧《追鱼》。我对康德局长讲了一些修改的意见。康德的本子出来之后,我又加以再整理。安娥也带了这个本子到上海去了,她是应上海越剧院之约去写剧本的,在庄志兄的协助下,她把湘剧高腔本《追鱼》改写成越剧。我在安娥同志的改编本的基础上把《追鱼》又改成了《金鳞记》。一九五七年七月十七日。"(原载《剧本》月刊 1957 年 8 月号)在上海越剧改革 50 年特刊(1942—1992)上,有这样一个说明:"1956 年上海越剧院演出《追鱼》,剧本整理:安娥。"

安娥改编的《追鱼》1956 年由上海越剧院在上海大众剧场演出,黄沙任导演,王文娟扮演主角鲤鱼精,筱桂芳扮演张珍。原来张珍是由徐玉兰饰演,可惜她正怀孕,无法演出,后来拍摄《追鱼》电影时,由她和王文娟来担纲。

《追鱼》的剧情是讲书生张珍与金宰相之女牡丹指腹为婚,张珍不幸亲亡家败,只好前往金府投亲。岳父见他衣衫褴褛,借口"金家三代不招白衣女婿",命张珍于碧波潭畔草庐中攻读。张珍每于夜阑人静,在潭边自叹心事;碧波潭鲤鱼精于夜间变作牡丹小姐模样,去书房慰藉相思。一日,金宰相偕夫人小姐游园赏月,张珍赴鲤鱼之约闯入园内,巧遇牡丹小姐,欲上前倾叙,小姐惊呼,宰相大怒,将张珍逐出府外。鲤鱼与张珍同返故里,途中又被宰相双双捉回,真假牡丹难分。金宰相请来包公断案,龟精受鲤鱼之请,化作假包公往金府一同审案。经过复杂曲折的审问后,真包公不愿拆散人间美眷,脱身不问。金宰相又请张天师捉拿妖精,正值天兵追急之时,观音出面相救。鲤鱼不愿随观音往南海修炼成仙,宁可丢弃千年道行。她忍痛剥下金麟三片,坠落红尘,与张珍同甘共苦。

安娥把剧本交给上海越剧院后,剧院领导把《追鱼》剧本给王文娟,让她看看,是否喜欢。她看完剧本后,就向领导表示,愿意接受这个剧本。

笔者手头关于《追鱼》的材料比较缺乏,就约了女作家王小鹰陪同去看望王文娟老师。

我与她谈起安娥,王老师立刻打开话头,说:"那时候安娥大姐住在傅全香家里修改剧本。"

"是住在华山路上的枕流公寓吗?"我问道。

"对的,那次去,是我们院的党支部书记胡野檎陪我去的。安娥大姐蛮乐观,蛮热情,说话蛮亲切的。"王老师一连说了好几个"蛮",说明安娥的形象在她脑海里蛮深刻的。

"安娥大姐说,这个戏里的武戏可以加强。我把自己的想法说出来,说,鲤鱼精越痛苦,对张珍的爱情越深,这儿是否可以增加一些唱词。她听了后,连连点头称是。"

在鲤鱼精被天将追赶得无路可逃时,写进了一段倒板:

鲤鱼精:看天将,

　　　　雾集云围。

　　　　天将逞威风,

　　　　肆意摧残,

　　　　这恶战我何曾惯。

　　　　张郎,

　　　　转眼间不见张郎,叫人断肠。

　　　　这里是猛虎当道,

　　　　那里是张罗北山。

　　　　影只形单,

　　　　心乱意烦,

　　　　待图个自由自在,

　　　　怕的是千难万难。

仗义相助鲤鱼精的虾兵蟹将掀起了金涛碧浪,手执枪棍剑矛的天兵天将也气势汹汹。饰演鲤鱼精的王文娟穿着一身雪白的紧身衫裤,一面守护着她的张郎,一面抵挡着张天师派来的天兵天将。鲤鱼精对张珍的一往情深,感动了观音,戏就进入了拔鱼鳞的精彩片断。王文娟表现了平时少有的功夫,前仆后仰,急速地翻滚摔跌,一改过去文雅的小姐模样。王文娟说:"这是她自幼学习的武功'金剪刀',已经有十几年未曾用过了。"(吴星:《王文娟演〈追鱼〉》1956 年 12 月《新闻日报》)

随后,天津和武汉的越剧团也先后到北京演出了安娥的改本,很受首都观众的欢迎。

1959 年越剧《追鱼》拍成影片。导演:应云卫,舞台剧本:安娥,主演:王文娟、徐玉兰。

《追鱼》演完后,上海越剧院立即排练安娥的《杨八姐盗刀》,于 1957 年 1 月 26 日起,在上海大众剧场演出。

这是安娥写的第二个杨家将戏。第一个是 1955 年为中国京剧院写的《寇准探府》,该院演出时剧名改为《探府记》。安娥写越剧《杨八姐盗刀》,一定程度上还是中国少年儿童出版社的一封约稿信促成的。1955 年 12 月该社编辑部表示:"我们希望您来编写《金铃记》《杨八姐过关》的故事,欢迎您编写为图画故事。"安娥没有写出少儿出版社希望的杨家将儿童故事(只写了一个故事梗概),却于 1956 年写出了戏曲剧本《杨八姐盗刀》。

《杨八姐盗刀》剧情是杨八姐奉命到辽国京城夺回杨令公的定宋金刀,先乔装番将,事急又改扮小道士,后来银花公主招她为驸马,八姐机智地取回宝刀,使公主落空。王文娟扮演杨八姐,金采凤扮演银花公主。

剧情设计精巧,文场武场,计谋痴情,真真假假,使两位演员获得充分展示表演天才的机会。戏里既有文采华丽的也有家常语言式的唱词。如八姐咏"藏刀楼"的唱段:

> 秋色清明令人爽,更有楼台披新装。
> 雕梁画栋飞龙蟒,玲珑剔透八宝镶。
> 朱红栏杆描金凤,铁打兽环放光芒。

楼高千尺入云汉,紫雾缥缈白云扬。

不知何处巧工匠,造得如此楼中王。

而萧后见到扮作小道士的八姐时的唱词,就是相女婿时的平常话:

彭少年果然貌风流,眉儿清,目俊秀。

礼数周全人聪敏,身材不高不矮能将就。

······

1947 年 8 月,袁雪芬和姐妹们办了越剧学馆,金采凤是雪声越剧团的随团学员。在金采凤排练《杨八姐盗刀》时,正逢她与导演黄沙喜结良缘,时间在 1956 年 12 月 30 日。剧组的同志们都去参加了婚礼,闹新房,吃喜糖,尝汤团,玩得不亦乐乎,但新娘子是位事业心很强的好演员,不出两天,又出现在排练场上了。

安娥 1956 年秋到上海为越剧院写戏,成为她的绝唱。

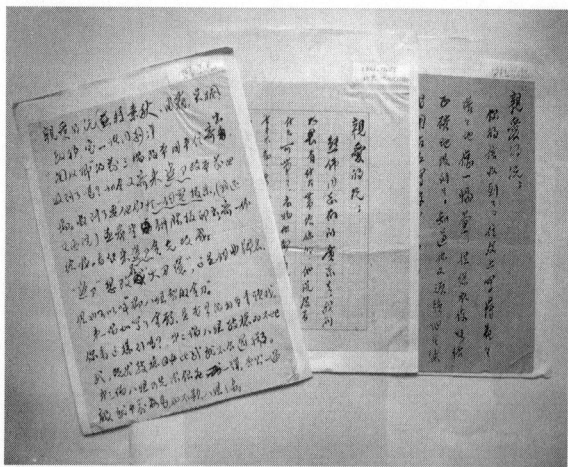

田汉经常写信给病中的安娥,讨论戏曲剧本(《杨八姐盗刀》等)创作问题,并鼓励她坚持锻炼。

她 11 月 25 日寄给儿子的信中说:"我们在武汉,后日去开封。十二月中可回(京)。我在上海改的本子,已经有开排的了。可惜我不能看见上演。"她是和田汉去郑州观摩豫剧,在剧场里突患脑卒中,半身不遂,失去写作能力。同年,田汉将越剧本《追鱼》改写为十四场戏曲《金鳞记》;1963年,田汉在安娥的《杨八姐盗刀》基础上写成了十一场京剧《杨八姐智取金刀》。田汉写信征求她的意见说:"第一场加写了金殿,是老旦的相当重头戏,你看这样行吗?第二场八姐教枪而不比武,既然教枪,再比武就不合逻辑了。第三场可先给银花一弹,否则一遇敌就中箭落马,也不显八姐之勇。第四场我把吴枫改本既做了大胆加工,又有所压缩,除了多位女主人之外,想把杨康的风格做些提高,而保存他的风趣,不知你合意否?"在艺术上,他们一生就是这样合作的。

安娥的《杨八姐盗刀》1957年经再度改编后由云南京剧院演出,"上演的效果很好,共演出了二三十场,都是青年演员演的,观众很喜欢"(1957年11月13日金素秋致安娥函)。1957年和1959年长春评剧院也演出了这个戏。

26. 爱情·亲情·友情

1956 年,安娥在上海为越剧院改剧本。11 月 10 日至 13 日,文化部和剧协在上海举行"盖叫天舞台生活 60 周年纪念",田汉代表文化部,授予盖叫天荣誉奖状。盖叫天演出《快活林》《鸳鸯楼》《恶虎村》,同时举行盖叫天表演艺术座谈会。

会后不久,安娥带着创作成功的欢乐,拖着疲惫的身躯,随田汉到郑州市。这年冬天中国戏剧家协会河南分会成立,同时举行豫剧会演,安娥夫妇前去祝贺并观摩。

安娥从上海抵达郑州后,浑身像只"用老的破木椅,各个关节都松裂了",躺在床上,软得像被电打过一样,简直没有力气站起来, 丈夫见她这副模样, 心疼地说:"晚上的演出你就不要去看了吧?"

"《陈三两爬堂》是优秀的传统剧目,不去看,一辈子会感到遗憾的。"别看安娥累得歪歪扭扭的,但口气可坚定了。

"那好吧,你快起来,咱们吃点东西去看戏。"田汉碰到倔强的妻子,往往服输。

当他俩开门正准备走的时候,发现天上正下着鹅毛大雪,望出去,白茫茫的一片,煞是好看,可是现在安娥他们不是要赏雪,而是要出去看戏,丈夫关心地问:"你看怎么样?还是不要去吧?"

"不。"看样子,安娥是吃了秤砣铁了心,非去不可。

"那好吧。"田汉无可奈何地点点头,安娥把手挽住丈夫的手臂,冲入雪夜之中。

接着,安娥又观摩了豫剧《抬花轿》,她一边看,一边在思考,想把这些剧目改编成越剧。此时,掌声响起,安娥和大家纷纷站起来,热烈地鼓掌,忽然,安娥觉得头是那么虚空昏涨,身子一下子腾空了,轻飘飘的,仿佛变成一只洁白的仙鹤,迎着亲人,迎着闪光的晨星和那即将升起的温暖的朝阳,向前飞去,她跌倒了……

剧团陪同看戏的同志,见此情,赶紧将安娥扶进旁边的休息室,这时,田汉恰巧没在场,他闻讯后,飞速前来,边走边喊:"式沅,式沅!"当他看到紧闭双眼的妻子,心如刀绞,用颤抖的手抚摩着安娥苍白的脸,"式沅醒醒,醒醒……"

安娥好似走在一条深深的黑巷子里,走着,走着,忽然看到前面有一点亮光,她吃力地加快了步伐,耳边仿佛听见有人在叫:"式沅,式沅,醒醒!"是谁?是谁在叫她?她努力地想睁眼,可是张不开,那亲切的声音还在耳边回响,努力,再努力一把!安娥在心里想着,终于,她张开双眼,看到自己丈夫焦急的脸庞,周围是穿着白大褂的医生,正在给她打急救针。

安娥想安慰丈夫,让他别着急,可是嘴张了好几次,发不出声音,她想抓住丈夫的手,却怎么也抓不住,"我这是怎么了?"安娥的心在颤抖。

田汉拥着安娥,看出她的心思,说:"别着急,待会儿就会好的。"在田汉的守护下,安娥慢慢地安静下来。

安娥是脑中风而失语,从此半身不遂。

一点真爱,哪怕它薄如青烟,细若游丝,但它是一点晶莹,一缕温情,一份纯真,一片诚恳!即便只有那么一点爱,也自有它爱的厚度。但是,田汉对安娥的不是一点,而是全部的爱,他们的这种爱,在安娥病倒后,发展得更浓更深。

田汉原来打算将妻子连夜护送到北京,在医生的建议下,暂时先在郑州河南省医院里治疗,一段时间后,她开始有了记忆,认识亲友,达到可移动的程度,这时,田汉便把安娥送到北京。

据说这种病,只有中医才能治好,于是田汉首先聘请中医研究院的名医,被人称"峨眉山神仙"的四川籍蒲辅周大夫以及杜大夫,让他们到家里来,给安娥按摩和内服中药,由于治的及时,病情很快有了好转,效果非常明显,安娥能够下地站立,但是还不能说话。

经人介绍,田汉又请大名医施今墨给安娥看病,不久,安娥能够与田汉打哑语,做手势,此时,也只有田汉能看懂安娥的意思。

1957 年 6 月 8 日,毛泽东起草了党内指示《组织力量反击右派分子的猖狂进攻》。同日,《人民日报》发表社论《这是为什么?》,指出:"在'帮助共产党整风'的名义之下,少数的右派分子正在向共产党和工人阶级领导权挑战。"7 月 1 日,《人民日报》发表毛泽东为该报撰写的社论《文汇报的资产阶级方向应该批判》。作为中国剧协的主席,田汉正尽力地参加他所不愿意的反右斗争,每天开不完的会,说不完的话,回到家里已很累,但总装出很轻松的样子。早上起床帮安娥穿衣、洗脸、吃饭,临出门时说:"我上班去了,在家听话,好好练走路,我回来要检查的。"

每逢此时,安娥总是脸上挂着最灿烂的微笑,连连点头,朝他挥挥手,意思是要他快走,不然要迟到了。看着丈夫的背影,她倚着门,感到无比的温暖。

这天,安娥的家门口停着一辆大卡车,车上装着许多花草树木,从车里跳下几个园林工人,一个组长模样的小伙子,指挥着大家把东西搬下来,在院子里忙开了。

"这是干吗?"安娥对田汉打着手势问道。

"这是吴院长的功劳啊。"田汉看到安娥眼里放出不解的目光,便又说:"就是中国青年艺术剧院的吴雪院长呀。"

"噢。"安娥明白了。

"还记得《节日的队伍》这首歌吗？贺绿汀作曲，你写的唱词：'重重叠叠的鲜花像彩霞般的美丽，层层密密的锦旗像波浪似的飞起，幸福的队伍前进，前进……'我要把我们的院子变成一座大花园。可以在这儿聊天，看书，欣赏花木，品尝葡萄、大枣。"

听着丈夫的话，安娥脸上泛起了笑容。

一眨眼，空旷的大院子种植了大批花木，有葡萄、枣树、碧桃、夹竹桃、紫竹、芍药、牡丹等，田汉牵着安娥的手，似乎置身于仙境之中。看那牡丹开得正盛，一朵朵手掌大小的花压满了枝头，鲜红的花瓣足有七八层，被苍绿的叶子映着，好像一团团温暖的火。再看看那竹子，杆细节长，那么轻盈飘逸，又那么庄重质朴，犹如一群群绿色的天鹅，翩翩起舞。

每天早晨，安娥在田汉的搀扶下，到院子里去呼吸新鲜空气、散步，对病人来说，这是一帖最好的药啊！

病中的安娥与好友们欢聚一堂。由左至右：常香玉、红线女、田汉、袁雪芬、安娥、童葆苓、张瑞芳、张颖、尹羲。

20 世纪 50 年代，家里有电视机的人家寥寥无几，一是贵，另一是无货，田汉怕安娥生病不外出，与社会脱节，感到寂寞，托人买了一台苏联"红宝石"牌电视机。

田汉是剧人领袖，善于团结人，文化界人士都愿意到田汉家里来，经常客人不绝，每到此时，田汉都让安娥出来参加，一起拍照。演员陈素真、彭俐侬、红线女、范瑞娟、傅全香等都亲切地与安娥问长问短，给安娥以极大的安慰和鼓舞，此时她虽然口不能语，但思维却已恢复，喜怒哀乐均形于色。看着爱妻这些变化，丈夫感到很大的快慰，特别是安娥已经能够行走，走得不太稳，有点摇晃，但可以走出门了。

1958 年和 1959 年大跃进时期，田汉以极大的创作热情，写了话剧《关汉卿》《十三陵水库畅想曲》《文成公主》，改编《西

田汉在西山写《关汉卿》时，与安娥在院里闲坐。

与金山、吴雪、孙维世等友人郊游。

厢记》。这些作品中，除《十三陵水库畅想曲》在家里写，其余都是到西山长安寺和香山去创作的。他带着安娥同行，一是让她零距离地接近京郊的大自然，二是引起他的创作灵感。

有时候田汉在屋里写东西，安娥就自个儿到附近散步，欣赏大自然的美景。看那影影绰绰的群山像似一个睡意未醒的仙女，披着蝉翼般的薄纱，脉脉含情，凝眸不语。再看那远处的森林，不仅给人一种稀有美丽的感觉，而且给人一种无限温柔的感情。左边是树林，右边也是树林；后边的树林远去了，前边的树林堆涌着，如云似海，迎面扑来……

由安娥陪伴在身边，田汉想象自己戏里的人物，要刻画出一群斗志坚强、热爱自由解放的女性形象。如朱帘秀、崔莺莺、文成公主等，这些人物和安娥坚强的性格，都有些相似。

田汉是全国人大代表、中国剧协主席，经常到各地去视察、观摩、指导工作。安娥凭着顽强的毅力，跟随丈夫远行，曾到西安观兵马俑、到山东威海甲午战争古战场海域，到海南岛看万株椰林树和乘登陆舰、巡洋舰航海，安娥处处显露出勇敢的性格。

2009年1月8日，田汉的秘书黎之彦在给一位记者的信里深情地回忆道：

> 田汉、安娥和我参加榆林港（三亚）的鱼雷快艇海上演习，安娥端坐快艇上，雷艇如离弦之箭。驰向无边大海，艇溅起银浪滔天，溅在田汉安娥身上，安娥竟然面不改色，巍然不动，显示出燕赵女侠英姿，海军战斗员为之感动。田汉这一给安娥锻炼的项目，确使安娥病况大有改变。

1960年代初，一切似乎很祥和。

安娥与田汉的一生都伴随着浪漫的情节。在三亚市鹿回头的山上，田汉让安娥在原地休息，自己跑到天涯海角的山坡上采来红黑相间的红豆，双手捧着，献给安娥，嘴里念着："红豆生南国，春来发几枝……"他还没说完，安娥接着吟道："愿君多采撷，此物最相思。"

他们依偎着听导游说猎人与鹿美人的民间传说，当田汉看到安娥在五光十色的珊瑚前止步不前时，知道她喜欢，立刻买了两件带回北京，让安娥天天欣赏，让她回想起创作《海石花》时的喜悦。

田汉到陕西省西安不久，安娥随后也到达，两人相约到临潼山下的长

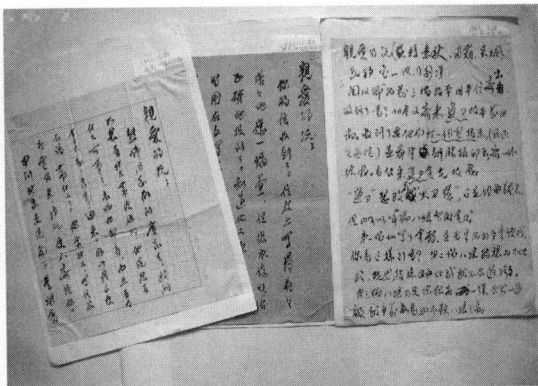

安娥在外地养病时，田汉经常写信鼓励，也讨论剧本创作之事。

生殿，来到贵妃池，双双进入温泉，浸泡在甜蜜的爱河中，幸福地享受晚年之恋，极尽诗意之美。

经过多次的远行，安娥的脑力、精力、体力均有很大恢复。此时田汉诸事繁忙，安娥非常体贴丈夫，知道他忙，表示自己能够独自出行。田汉见爱妻虽然不能流利讲话，却可以操简单语言，交流思想，终于同意将她放飞。安娥先后到沪、粤、滇疗养，田汉便鸿雁传书，两人虽然相隔千山万水，却心心相印，犹如天天见面似的。

1962 年安娥与田汉的儿子田大畏已过而立之年，还是单身贵族，安娥的心可真着

孙女叫"欢欢"，正是祖母的心情。

爷爷抱孙女。

急。这时安娥在上海疗养，住在东湖宾馆，田大畏接待外宾出差到上海，公事办完后，去看望母亲。正好许秉铎的妻子丹敏也在那里，丹敏年轻时参加新四军，全国解放后，在上海合唱团任职，她拿出一张照片给田大畏，说："她叫许埜屏，如愿意，我把她的地址告诉你，你们可以先通通信吧。"田大畏回到北京后，立刻往南京写信，两人开始通讯来往。1963 年 2 月两人结婚，田汉在曲园酒家摆了二三桌喜酒，请了夏衍、翦伯赞等好友参加。可惜，此时安娥不在北京，正在广州养病，未能参加她盼望已久的盛事。1963 年田大畏夫妇喜得千金，取名欢欢，安娥和田汉都乐不可支，特别是安娥更是笑得合不拢嘴。1964 年，田汉通过熟人，将许埜屏从南通人民公园调到北京故宫园林科。

随着 20 世纪 60 年代中期的来到，这样温馨、和谐、幸福、快乐的家庭美景一去不复返了。

1963 年 12 月 25 日至 1964 年 1 月 22 日，华东地区话剧观摩演出在上海举行，田汉应邀到沪。会议期间，上海市委书记柯庆施发动突然袭击，围攻田汉。

会演中途，田汉突然离沪到苏州。田汉与苏州有特殊的缘分：他 1927 年率电影剧组去苏州，影片未能拍成，却产生了他早期代表作之一《苏州夜话》；1937 年 5 月与阳翰笙、阿英、于伶、辛汉文等同游苏州，田汉赋诗六首记述这次难忘的苏州之行，并将在洞庭西山邂逅的美丽的樵女谢黛娥写进他的电影剧本《忆江南》。后来又于 1956 年秋天、1962 年 1 月两次去苏州，都留下很好的回忆。而这一次也是最后一次来苏州，情景就完全不同了。阿英之女钱璎在 1993 年 10 月 15 日出版的《苏州杂志》1993 年 5 期上发表文章《忆田汉三临苏州》。那时她在市文化局工作，每次都是她陪同。那天，钱到火车站去接站，田汉一下火车，就说："这次我来，主要是休息和写东西，你不要为我安排活动，也不要惊动市里领导。"

到南林饭店后，钱问起会演情况，田汉介绍了这次演出的话剧，说着说着就讲到张春桥等人在会上提出"写十三年"的问题。他说："这样提法有片面性，怎么可以说只有写社会主义时期的生活才是社会主义文艺呢……"说这话时，田汉有些激动。这时，钱才知道田汉是愤然离会而来苏州的。

1964 年《红旗》杂志 15 期上，发表了柯庆施在华东地区话剧观摩演出会上的讲话，在全国范围内产生很大的影响，有的同志逐渐冷淡田汉。

1964 年六七月间的全国京剧现代戏观摩演出的总结大会上，田汉写的京剧《谢瑶环》，还有昆剧《李慧娘》，影片《早春二月》《舞台姐妹》《北国江南》《逆风千里》等，通通被打成"大毒草"。

接着，1964 年 7 月 11 日，下发了毛泽东关于文联的协会和刊物"跌到了修正主义的边缘"、"要变成匈牙利裴多菲俱乐部那样的团体"的批示。

随着毛泽东批示的下达，形势急剧变化，1966 年 2 月 1 日《人民日报》发表云松的文章《田汉的〈谢瑶环〉是一棵大毒草》，说该剧"反党、反社会主义"。《戏剧报》2 期转载该文时加了《编者按》说："《谢瑶环》是一出反党反社会主义的坏戏，是田汉同志资产阶级政治思想和文艺思想的集中表现。"

这些莫须有的罪名,使田汉枕席不安。安娥当然了解丈夫,但又能说什么呢,只有尽其所能地给予安慰,使田汉感到病妻的热情和温暖。

田汉经过一段时间的批判,练习书法至深夜以排遣苦闷,与安娥相向度日。田汉被派到乡下去搞"四清",名义上是"观察员",实际是让他观看斗争农村"走资派",但不能发言,当然也不能写戏。是文人总是想写东西的,于是他写日记,给爱妻写信,练字。田汉生性爱热闹,剧协下去的"四清"干部,常常到他的宿舍里去谈心说话,因此他并不感到孤立和寂寞。

2009年1月8日田汉秘书黎之彦回忆道:"我在工作队分团和田汉居室相近,仍常去给他生火取暖、送简报、方便面,给安娥传递书信","当他得知安娥与母亲在京平安、健康,他也放下心,所以生活安静"。那时,"他每月仍能回京两次到北京医院打针,治糖尿病,故能与安娥同住一起,安娥毕竟是巾帼丈夫,鼓励田汉要坚强,少说话。田汉因而对政治、戏剧采取沉默态度,祈求党和主席能理解他,所以身心尚算健康"。每次田汉要走时,行动不便的安娥总要陪着到车站,目送他离去,有时甚至拖着病残的身子,到郊区看望丈夫。

1966年5月,中央发出《5·16通知》,发动"无产阶级文化大革命",田汉和一批文艺界领导干部在报刊上被定为"反革命修正主义分子"。

1966年7月,田汉在文联礼堂接受戏剧界的批判斗争之后,晚上对儿子田大畏谈他的感受:"我仿佛进了冥界,在那里生前的熟人彼此都不相识了。"但是曾有短短的一刻,田汉感受到朋友们还是相识的,世界上还是有温暖的。当时在中国对外文化联络委员会工作的梁沈修先生回忆说:

1966年9月，日本四家进步演戏团体组成70多人的日本话剧团访华。其领导人日本戏剧界泰斗潼泽修、杉村春子、东野英治郎等人强烈关注田汉情况，一再要求会见。当时田汉已蒙难。约在9月20或21日晚，由文联两人押送到首都剧场，进入后台一化妆室。当时田汉光头无冠，旧衣，赤脚穿一圆口布鞋(我记忆特别深刻)。日方人员内山鹑关了房门，把两个陌生人(文联二人)关在门外，室内只有田汉、潼泽、杉村、东野、内山四个日本人和接待方代表我本人以及上海外办借来的瞿姓日文翻译。寒暄几句后，瞿翻译即借口出去了(安排的还是无意的，我不知道)，通译由中文并不流利的内山担任，我不懂日语，见他们用日语交谈了几句便轮番与田汉拥抱、拍肩。我猜想田说了"我已失去自由"之类的话。后因快开演了，乃道别，前后约一刻钟。出来时，文联人员问我"他们谈了什么？"我当时仍在仰慕田汉，对他赤脚布鞋心中酸楚，便告诉他们"问候而已，无任何违规"。"他们用日语交谈了吗？"我说"一句也没有"。后文联人员代田汉谢绝了观看日方话剧《死海》并拿走了送给田的礼物(因都有包装，看不出是什么，约7—8份，只知其中有一当时还罕见的电动刮胡刀。(梁沈修2010.11.15致田大畏函)

作为"四条汉子"之一的田汉，被当做敌人，不断遭到批判、示众，田汉感到痛苦、委屈，可是他看到越来越多的老干部被打成"黑帮"、"敌特"时，对自己的境遇，反而处之泰然，有时在批斗中还能听到他叫群众"冷静点"。后来田汉与文联各协会"黑帮"关在地下室时，互相研究应对红卫兵批斗的"妙计"。

1966年秋天到冬日，田汉有时尚能够回家。每逢此时，安娥总是早早地站在门口，等待丈夫归来，给他安慰、给他力量、给他鼓

田汉被批斗。

励。田汉看到爱妻,总是笑脸相迎,从不提外面受到的侮辱等事。

诗人、翻译家屠岸在耄耋之年写的《我始终愧对田汉》(2010年5月30日《天天新报》)中说:1966年,他(屠岸)还在革命群众队伍中时,看到过田汉的书面交代。田汉除了被"示众",每天要写思想汇报,这年国庆节,田汉写道:

我听到了国歌的声音,心里还感觉到安慰,但我希望同志们注意安全。

接着屠岸说:"田汉挨打挨得很厉害,写那些字是颤抖的,根本不像他的手迹,他原是书法家呀! ……有一次,红卫兵用铁丝把田汉捆在椅子背后,用鞭子打。"

1966年12月6日,一批以高干子弟为首的红卫兵,采取"45分钟行动",把彭、罗、陆、杨、"四条汉子"等12人,全部抓走。

那天半夜,门被粗暴地踢开,冲进一伙红卫兵,厉声喊着:"田汉在哪儿?快滚出来!"他们奔到里间,硬生生地把田汉从床上拖起来,推着就要走。安娥被眼前突然发生的事蒙住了,虽然她知道这事总有一天会来,但不知道会来得这么快,这么狠。她决断地说:"等一等。"声音不响,可是足以震住人,红卫兵一下子安静起来,看着安娥干什么?

安娥慢慢起来,她的脸像一泓平静的湖水,没有激动,没有波浪,哪怕是微风泛起的涟漪,此时此地,任何人也觉察不到。安娥帮田汉穿好衣服,四目相视,默默无语。但田汉能感觉到安娥那充满爱的目光就像春风一样,在自己的身上轻轻抚摩;安娥也读出了丈夫目光里的话,要她坚强,要她勇敢,等着他回来。他们像老战友那样紧紧地握手,千言万语都在这一握之中。当田汉经过母亲床前时,低下头,望着她惊恐又忧伤的眼神,柔声地说:"妈妈,您多保重!您放心吧,我的事情总会弄清楚的,我会回来的。"然后被押走,塞入汽车,在黑夜里迅速消失。没想到这一走竟成永别。

田汉被抓走后不久,1967年1月《红旗》1期上,发表姚文元《评反革命两面派周扬》,除对周扬妄加罪名外,还点名批判田汉、夏衍、阳翰笙、林默涵、齐燕铭、陈荒煤、邵荃麟、何其芳、翦伯赞、于伶等人。同年7月17日《人民日报》在题为《中央直属文艺系统革命派高举毛泽东思想的革命批判旗帜,联合起来向文艺黑线总后台及其代理人发起总攻击》的长篇报道中,把田汉归入"文艺界党内最大的一小撮走资本主义道路的当权派"之列。

田汉关在监狱(北京卫戍区)和301医院,被提审逼供达一二百次,对他的精神、身心摧残至极。被囚禁时,与阳翰笙住楼上楼下。阳翰笙说:监管田汉的人很残暴,田汉患有糖尿病和心脏病,有时候把尿洒在尿盆外,那个监管员毫无人性地要逼田汉趴在地上喝下去。(屠岸口述,何启治、李晋西整理:《回忆田汉》,载2009年11月13日《作家文摘》11版)

1968年12月10日田汉在残酷迫害中死去,终年70岁。死前他还写歌颂毛泽东的诗,成为他的绝笔。

人们不清楚安娥是何时得到噩耗的,但根据友人的观察,只觉得她始终保持镇静,无限地等待,坚强地活着。

1979年4月25日,举行了由廖承志主持的田汉同志追悼会,华国锋、叶剑英、邓小平、李先念、陈云等中央领导同志送了花圈,宋庆龄等参加了追悼会,沈雁冰致悼词。此是后话。

1966 年 7 月底,田大畏被隔离审查,9 月被勒令搬家,留下安娥一个人住在细管胡同,她也被勒令搬进一间闷热的小西屋,专案组抄走了她所有的手稿。尽管她中风不语已经 10 年,只能艰难地表达意思,但仍不断有"外调人员"想从她嘴里榨出一些"材料",特别是在"文革"中被诬蔑为叛徒、遭受残酷迫害的邓洁(邓鹤皋)的历史。有一次,1968 年夏天,田大畏在场,看到外调人员无论怎样追问,安娥总是平静地重复"在上海见过"那句话。外调人员大失所望,怏怏离去。

1966 年至 1973 年,生活几乎不能自理的安娥过了七年孤苦伶仃的生活。1966 年 8 月,一位照看她的老保姆被迫离开,右侧偏瘫的安娥无法做饭,有时到胡同口小饭馆买碗面,买个烧饼,平时只能用面粉和点糨糊似的东西充饥。对外文委的梁沈修先生回忆说:

> 1970 年我从干校回京,8 或 9 月时到北新桥细管胡同找人,误入一个大杂院。院内一大姐听说我是文化部的,便一指说"是找安娥吧?"我不由惊呆,伫立良久,只见一头发蓬乱老妇人,拖一双踩倒后跟的布鞋,正在屋前捅炉子。这就是风华绝世、创作颇丰的才女安娥?我心中有无限酸楚,当时已知田汉辞世,这一对革命伉俪晚年竟至如此,呜呼!(梁沈修 2010.11.15 致田大畏函)

尽管如此,安娥仍挣扎着出门去看望落难的友人。李少春是安娥最好的京剧界朋友之一。安娥写京剧剧本《黄泥岗》《寇准探府》得到过李少春和郑亦秋的帮助。"尤其李少春,甚至在旅途中,在病中还写信帮助我。"(安娥:《我的创作生活》)。安娥后来的表侄女婿黄其煦记述了这样一件事:

我到沙滩大街……办完事刚刚走出来，突然感到身后被人抓住。回过头看去，竟然是安娥，白发苍苍，站在寒风中瑟瑟发抖，口中也是气喘吁吁，围巾胡乱地围在头上，一个口罩几乎没有遮到嘴巴，而是荡在颌下，不过身上的衣衫到底不乱，依然与周遭的众人显然不同。我看她竟然吃力至此，赶紧扶她到马路的墙边站定。她见到我仿佛也安下一些心，口中又是嚅嚅而语，且让我从她的大衣口袋里掏出一个早已油渍不清的小笔记本。打开一看，上面全是密密麻麻的地址电话。她叫我翻开一页，指着上面的人名，显然是希望我送她到那里去。她指出的人名原来是著名京剧武生李少春。……我小心搀扶着她，吃力地在寒风中挪动着脚步，一条不到半里路的道，我们却走了将近一个小时……到了李家，记得出来应门的是李家的太太侯玉兰。她见是安娥，大吃一惊，没有想到她老人家竟一个人可以从东四细管胡同摸到这里，赶紧将我们让到里面。这时我才发现，一代名伶李少春"文革"中遭人暗算，被乱棍打坏，卧病在床……我从旁看着他们的谈话，又见到李太太对安娥的嘘寒问暖。原先就听梨园子弟们说过侯玉兰的人品，有着"布衣女伶"之誉。如今见到李家一门在此"文革"非常时刻还能坦诚迎迓孤苦伶仃的安娥老太太，可见传言果然不虚。（"二闲堂"网站）

战乱、纷争、婚变，安娥与田汉在经历 20 年风风雨雨后，1948年终于双双走进了他们向往已久的解放区。安娥与田汉从 1949 年至 1954 年依旧过着独立的"宿舍生活"，没有称为"家"的住处。1954 年，虽然有了共同的宿舍，但他们仍是聚少离多。

大畏感觉父亲是为了戏剧来到这个世界的，而写作也是母亲的主要生活内容。他们无论环境怎么恶劣,怎么困难,只要跟这些事有关,都不知疲倦,把物质和地位完全抛之脑后。

大畏曾因对父亲不够理解,不够体谅,而和父亲有过争执,但当他看到父母晚年相濡以沫的情景,也情不自禁想落泪。他说:"我9岁才被母亲接到重庆,见了父亲一面,之后联系很少,多半都是自己住校",几乎没有过什么家庭的感受,"但当我翻阅父亲晚年写给母亲的信时,才了解他原来对家人有那么细腻的情感"。

1956年田汉在颐和园创作,听说安娥突然生气了,非常不安地写信给她:"……你昨天回去生了气,不吃饭,生了谁的气呢?应该始终保持心境平和,乐观,这样对于病才有好处(1956年安娥中风,半身瘫痪)……两三天后再回来开会。同你到万寿山玩玩吧。"

20世纪60年代初,安娥到上海疗养,住在东湖宾馆,常常一个人出去会朋友,有欧阳翠、赵清阁等。2009年1月22日,我去看望欧阳翠老师,她对我说,东湖宾馆离文联不很远,安娥就一个人摸索着来到文联。那时,欧阳翠的办公室在三楼,她支撑着疲惫的身体,走到二楼,有人问:"你找谁?"她说不出话,向人要了纸,写下欧阳翠的名字,那人陪她上三楼。当欧阳翠看到安娥这副模样,还来看她,心里特别感动,暗暗默念道:这就是真挚的友情啊!

欧阳翠上前拉着她的手,说:"你来了,也不通知我一声,我好去看你呀。"

"我……我这是……锻炼啊!"安娥断断续续地说着,她倔强的性格就是这样。

第二天,欧阳翠到宾馆去看安娥,以后天天去,陪她吃晚饭。这时,来看她的人很多,大部分是戏曲界人士,有童芷苓、王文娟、傅全香、范瑞娟等,送去衣服和吃的。

赵清阁回忆道,她住在华山路时,一天清晨刚起来,听到门口楼道里有声音,打开一看,是好久没见的安娥。只见她用左手扶着楼梯栏杆,艰难地一步步跌跌撞撞爬了三层楼才到赵清阁的家。看见安娥那满头大汗,气喘吁吁的样子,赵清阁的眼泪顿时涌了出来,连忙扶她坐下。

安娥含笑地上下打量着赵清阁,吃力地说:"你还是老样子,没有变。"赵清阁紧紧地握住她的手,安慰地说:"你也没大变,身体恢复得不坏。"她摇摇头,叹了口气,说:"我残废了,看书、写字都不行了,连讲话也,也很困……困难!"她边说边指指瘫痪的右手和偏斜的嘴唇,流露出气恼懊丧的神情。

过去赵清阁很少见她这样激动,在记忆里,安娥一向是冷静,很有涵养的,现在竟不知道如何劝慰她才好,只有叨叨不休地讲些自己的情况。安娥一边听着赵清阁说,一边站起来参观她的书橱、写字台,并用手轻轻地抚摸着桌上稿子,高兴地拍拍赵清阁的肩,说:"好!你还在写,写,写下去吧!"说完便很有感触地转身往外走。

赵清阁要送下楼,她不允许,说自己需要锻炼,于是赵清阁只能眼睁睁地看她蹒跚地走了。过了两天,赵清阁到东湖宾馆去看她,她已经回北京了。赵清阁为安娥未能全力投入自己擅长的事业感到惋惜。1998年6月她接受中央电视台采访时说,安娥写诗,写歌曲,写戏剧都好,"我对她说:'为什么你一门心思就在一个田老的身上呢,你不能摆脱一下个人感情,把自己的感情投向自己喜爱的或者较比长久的事业呢?'她就是不肯改。"

2009年10月16日上午,大畏夫妇陪我去看望他们的表侄女张小青。张小青是安娥哥哥的孙女。

张小青于1950年出生在上海,当时他们家住在乍浦路海运学院宿舍,1953年他们离沪赴京,住在西城,安娥住在东城。张小青被送到交通部幼儿园,离细管胡同很近。安娥有时带小青到家里玩,她回忆说:"我的印象是,房子很好,院子很大,每次去,大姑奶奶总给我糖吃,给我看小人书,从大姑奶奶家回来时,总背一书包的小人书,好开心。她还带我去看望小白玉霜、吴雪、翦伯赞等老前辈。我叫他们奶奶或爷爷。"

大约 1970 年,小青到大姑奶奶家去。看到侄孙女来,安娥忙让进屋,打开一只箱子,说:"里面衣服随便挑。"小青一看,哇,全部都是好衣服哎。安娥看小青的眼里打着问号,便又说:"回头'他们'(她担心被抄家)要来拿的,还不如你早点拿去吧。"

小青横挑竖挑,最后挑了件短大衣,料子好,款式也好。

安娥的话不能连续说,有时用手势来表达。一老一小聊天才有趣呢。问:"江青是好人吗?"

安娥伸出小拇指。

又问:"冼星海呢?"

安娥伸出大拇指。然后,两人相视而笑。

2009 年 10 月 16 日,我们又拜访了生于 1918 年的王玉玲女士。她和丈夫胡辛安在 1946 年即认识了安娥夫妇,关系很好。1949

作者采访王玉玲女士。右一为田大畏。

年 12 月，王玉玲随丈夫进京。一天，王玉玲夫妇到文化部戏改局去看望田汉。

王玉玲说："田先生，我要工作。"

"你刚到北京，先玩几天，上班可要守规矩了。"

"我知道。"

回去后，王玉玲分配在青年艺术剧院当会计。她住在东单的栖凤楼胡同，安娥住在附近的西堂子胡同，两家常来常往，周日相约到中山公园去玩，倒也热闹。

那时王玉玲夫妇白天要上班，没法带小孩子，安娥就让孩子胡士吉住到自己住的宿舍里，像亲人一样对待。

安娥生病以后，王玉玲经常带孩子去看望安娥，见她努力地练习吃饭、画图、写字，早先要用左手帮右手，后来能够直接用右手了。

在去看望杜高的车上，大畏问我："你知道杜高吗？"

"我知道一些，前一阵李辉在北京潘家园的旧货市场上，买到杜高于 20 世纪 50 年代至 70 年代的全部档案，是杜高在中国社会的政治命运的真实记录。"

杜高生于 1930 年，可是看上去，没有一点老态龙钟的模样，思维敏捷。他记得 1953 年初，中央文化部决定成立一个剧本创作室，将所属的几个剧院的创作人员集中起来，加强对戏剧创作的领导。这个创作室以原来中央戏剧学院创作室人员为主，再加上中国青年艺术剧院、中国儿童艺术剧院、中央歌剧院和其他单位调来的几位创作干部。其中就有安娥。

杜高说："在创作室的成员里，安娥先生是我们最敬重的前辈作家。"1955 年 5 月反胡风运动开始后，杜高被关起来"隔离审查"。

杜高的回忆中写道：

在杜高家中。左起：丁言昭、许塈屏、李欲晓、杜高。

　　1955 年严冬的一个晚上，小院里静悄悄的，我伏在台灯下，艰难地读一本俄文书。没想到门被推开，安娥先生闪身进来。她站了一刻，亲切地望着我，又看一眼那本俄文书，竟一句话都没说，只向我露出一个慈祥的微笑，转身就走了。这是我被隔离审查后，唯一一个来看望我的人。但也是我见到她的最后一面。望着她的背影，我回想起 1942 年在桂林演出田汉先生《秋声赋》的情景。我认识她和田汉先生时还是一个 10 岁的孩子，她是看着我长大的一位前辈。

　　当时与杜高一起参加演出《秋声赋》的，还有两个孩子，一个是田汉的女儿，另外一个是孟超的孩子。

　　2009 年 10 月我们到河北省石家庄采访，并实地去看了安娥老家的宅地,那儿已看不到什么,只有一个大菜场和一些民房。10月12日在河北汇宾大酒家见到了安娥二哥的孙女张胜娥。

张胜娥在石家庄读初中时,常上北京到安娥那儿去玩。张胜娥说:"大姑奶奶对我很和蔼,给我来回车钱。她生病后,买张月票,经常一个人出去,有时独自到胡同口去买烧饼,居委会的好心人来替她烧开水,烧一次,她就喝三天,尽量不麻烦人。有时我看她把百雀龄面油的铁盒子打开,再合上,合上,再打开,反复练习,以增加手的灵活性。"

一个偶然的机会,朋友寄来一份材料,我一看,原来作者是剧协的干部,叫胡金兆。他在2007年6月由学苑出版社出版过一本《见闻北京七十年琐记》,里面有一章《安详镇定属冰心 安娥"存款"有笑话》。

安娥1956年生病,后来退休,作为1937年以前参加革命的老同志,文艺三级的工资253元。

1968年春,中央发了文件,以天津作家方纪、北京美术家刘迅等人"以稿费存款支持某些人,破坏文化大革命"的"罪名"为由,命令立即冻结各单位的"走资派和反动权威"的银行存款。中国戏剧家协会对符合这种条件的人,一律自己做个生活开支计划,按月领取生活费,工资的其余部分由财务科按月代存入银行中,连同交来的存折,通知银行予以冻结,等问题解决了,凭机关证明解冻发还个人。而此前,他们都是工资全发的。安娥是否也这么办?中央专案组责成剧协办理,也要封存冻结。这事落在胡金兆和一位女秘书及一通信员的头上。

安娥此时一瘸一拐勉强能走动,说话只能发一个字的单音。这天,胡金兆他们三个人到细管胡同,看见安娥一个人在家里。安娥请他们坐下,胡金兆向她说明情况:中央有指示,让"高工资的人",钱不能乱花,要存起来,你的钱怎么处理?

在这里，胡金兆故意回避了文件中"走资派"一词，因为病中的安娥，什么派也不是。

安娥听完，吃力地说："钱——有。"起身走进里屋，抱出一大堆钞票来，放在桌上。胡金兆三人清点后，约有近2000元。他们找了个大牛皮纸信袋，把这些各种面值的人民币放进去，外边写上钱数，三个人签名，然后把信袋交给安娥，说："这钱不要花，花了要犯错误。"

安娥点点头，回答道："不——花，不——犯——错——误。"

事情办完后，胡金兆三人立即离去，走在路上三人哈哈大笑，那个通信员说："安娥要是把钱花了怎么办呢？"

胡金兆说："就是她不花，你能挡得住每月发的253元工资吗？咱们是奉命办事，办了就算。反正咱们个人没沾包，于心无愧，就成了。"

胡金兆在文中说："'查封'的安娥的现金，要比我们三个人的工资总和还多，要是耍点手腕，糊弄一下病老太太，趁机我们三人抄点'肥'，一点也不困难。如果我们那么做，那还叫人吗？古有名训：'为人莫做亏心事，半夜敲门心不惊。'"

看来世间还是好人多啊！

27. 她没走……

有一份思念无处可表,有一种深情无人可诉……

她常常思念他那字里行间的深情,力透纸背的思想,掷地如金石的语言,永远在发射出能量。

往事如雪泥鸿爪,一处履痕就是一朵纪念,但更像一根弦,在心室里来回拨弹。她常常深情地回忆,忘不了他俩在上海滩的见面,忘不了他们的相知相爱,忘不了痛苦和幸福交织的共同旅程,文艺创作的紧张与欢欣,内心的困惑与苦闷,她病后那相濡以沫的十年,风暴袭来时的生离死别……现在他走了,她还活着,她必须得活着,因为他临走时说过:等事情弄清楚后,他就会回来。是的,他就会回来,她要坚强地活着,忍耐地活着,等他回来。

1976年7月28日,河北省唐山地震,影响着北京。首都每个家庭纷纷搭起防震棚。田大畏为母亲在细管胡同6号的院门外也搭了个简易"防震棚"。一张小床,挂上蚊帐,外面罩着塑料布。当安娥从住房里朝外走时,刚跨出门槛,忽然"扑通"一声摔倒在地上,大畏听到声音,赶紧奔进院来,一见母亲躺在地上,已经人事不省。那天早晨,临街的门面都已关闭,任何屋顶下都认为是危险的。站在一间厂房外的女工知道情况后,允许大畏进屋去打电话叫救护车,但关切地叮咛:快打,快出来!尽管"阶级斗争"的喧嚣震耳欲聋,但当天灾降临,普通的北京人立刻现出正常的、未被扭曲的、最美的人性。"天灾使我们成一家,人祸逼我们牵紧手",《新凤阳歌》的作者得到了下层群众的帮助。北京急救站仍然坚守着自己的岗位,接到电话后,迅速派出了急救车,但说,不知道医院是否接受,试试看吧。大畏和医生一起把母亲抬上急救车,向隆福医院驶去。医生不顾余震的危险,仍在室内进行了紧急的抢救。发生地震那几天,北京各医院的病房都关闭了,病床都放在街上的帐篷里。这几天,医院里已经陆续到达了一些唐山地震的幸存者,他们受了伤,曾参加救人,但自己的家人现在还被埋在瓦砾堆下,谈到这一切,声音出奇地平静,脸上几乎没有什么表情。安娥在不幸的变故面前一贯的镇定、冷静、坚忍,正是根源于多灾多难临危不乱的中国民众特有的性格。过了十多天,帐篷病房搬到一个学校的操场上。大畏夫妇和保姆,几个人轮换陪在安娥病床旁。

安娥摔倒后,一直处于昏迷状态,医生发了两次病危通知,于1976年8月18日去世。

田大畏向文化部留守处一位负责同志(原剧协领导成员。当时文联各协已不存在,一切事务归文化部留守处管)提出,希望原单位能为安娥举行一个追悼仪式,那位原剧协领导成员回答说安娥早已退休,单位不管,应去找街道。问街道办事处,说只能给一定丧葬补贴,不能举行什么仪式。后来经大畏工作单位北京图书馆的副馆长杨放之同志出面交涉,留守处同意由家属写悼词,经他们审查后,在追悼会上可以读。杨放之同志曾在莫斯科中山大学学习,1931年回国,对安娥的革命经历很熟悉。

仪式原来安排于9月某日在"八宝山"小告别室进行,大畏骑车通知一家家亲友。没想到那天殡仪馆有"重要活动",安娥的追悼仪式必须改期,大畏再骑自行车冒着酷暑一家家去通知。那天追悼会来了几十位朋友,还有北京图书馆的同事。

安娥的悼词经审查修改后,由在文化部留守处工作的胡金兆寄给田大畏,并附了封信。信曰:"大畏同志:遵嘱将安娥同志的悼词送上,请收阅。因主席逝世、学习班任务较忙,延误了一些时间,请谅。"下面日期是 9 月 25 日。悼文如下:

> 　　原中国戏剧家协会创作干部、中国共产党党员安娥同志,因病医治无效,于 1976 年 8 月 18 日逝世,终年 71 岁。
> 　　安娥同志是河北省石家庄人,1925 年参加革命,1949 年 4 月重新入党。安娥同志 1925 年参加革命后,先后在北京、大连任共青团支部技术书记,从事学生运动和女工运动。1927 年由党派往苏联学习,1929 年回国。回国后继续做党的地下工作。30 年代以后,在上海、重庆等地从事文化工作,创作了一些宣传抗日救亡和反映解放前劳动人民苦难生活的文艺作品,如《卖报歌》等,在民主革命中起了一定的作用。抗日战争初期,曾去新四军短期工作过。全国解放后,安娥同志继续从事文艺创作工作,曾去工厂和朝鲜前线生活、写过一些歌颂新中国和抗美援朝的文艺作品。1956 年因病失去工作能力。1965 年退休。安娥同志热爱党热爱毛主席、热爱社会主义,在党的领导下为革命做过一些有益的工作。
> 　　安娥同志的逝世使我们失去了一位革命老同志。今天我们悼念安娥同志,要把悲痛化为力量……

说起这件事,胡金兆在自己的书《见闻北京七十年琐记》里写道:

> 　　1976 年夏天,安娥逝世,指定我办理她的丧事。我"陪"着她的遗体去八宝山火化,在"批邓"的腥风恶浪中,还给安娥举行了一个小型追悼会,我给起草了悼词,由剧协的一个中层干

部主持,在那个时候就非常不容易了。她的儿子田大畏对我完全信任,很为满意。后来还传出他对我有很好的评价。我不禁自警:当初,幸亏我没有一点脏心,否则,后来的事情就不会这样了。

安娥逝世后,大畏在写给二姨张式浓的信中说:

> 我妈七月卅日患脑溢血后,送隆福医院抢救,不幸于本月18日去世了。昨天已送八宝山火化,她的原工作单位(现在是文化部留守处)准备近日给她开一个追悼会,对她的一生,给与一个评价。

> 妈妈病后,一直昏迷,后来能睁开眼睛,但已不能表达什么意思了。在病况一度危急时,我们把欢子、玉子叫到她身边,她精神马上安静下来,好像是有一点明白的。她一开始就全身瘫痪,呼吸急促,有几天稍趋稳定,但接着就是发高烧,上痰,肾功能衰竭,胃出血,最后呼吸衰竭,临终没有什么痛苦的表现,很安静地去世了。……对于我母亲的后事,她的原工作单位(剧协,现在统由文化部留守处管)的负责人,开始推脱不管,借口是她早已退休,应由街道办事处负责。我现在的工作单位(北京图书馆)的领导多次和他们交涉,并派专人和他们联系,主动做了许多事,这样,他们才答应开追悼会……

安娥没有看到"四人帮"被打倒的日子,可是人们并没有忘记她,1989年3月为她举行了骨灰安放仪式,将骨灰存放入八宝山革命公墓。1989年3月25日《文艺报》上发表了一文《安娥同志平反昭雪》,内中有几句非常重要的话:"十年动乱中,因江青反革命集团迫害田汉致死的打击",安娥"悲愤至极,不幸于1976年8月18

日与世长辞"。她去世后,"'四人帮'全盘抹杀安娥同志长期对革命事业的贡献,竟将她的档案转至街道,作平民处理,因此,她骨灰亦未能进入八宝山革命公墓。现在拨乱反正,为安娥同志平反昭雪,重新安放安娥同志的骨灰,庶几可告慰安娥同志九泉之下"。

安娥的骨灰分作两份,一份存放北京八宝山革命公墓,一份安置在她的家乡——石家庄的河北省双凤山革命陵园(现称"河北省英烈纪念园"),安娥与田汉的合葬墓及双人塑像于 2008 年 9 月 22 日在纪念园落成,同时还举行了盛大的"安娥、田汉作品音乐会"。英烈纪念园位于石家庄市西郊,整个园区由北凤山、南凤山和双凤湖组成,有山、有水、有树,风景极佳,走进去给人一种美丽、安静、庄严的感觉。我们站在安娥与田汉塑像前,只见他俩并肩站着,眺望远方,微风吹拂着安娥的头发,显示出女性的温柔,那双曾写下

2008 年 9 月 22 日,安娥、田汉塑像揭幕仪式。前排站立者左四为河北省民政厅厅长古怀朴,左五为解放军某部副军长李广文。

少年儿童在 2008 年 9 月"安娥、田汉作品音乐会"上演唱安娥作词歌曲。

多少作品的手,交叉在胸前,折射出燕赵女子坚忍不拔的气概。在英烈纪念馆的大厅里布置了专门介绍安娥的展区,安娥一生各个时期、各个领域活动的图片给人以深刻的印象。

听说作者要写一本安娥的传记,英烈纪念园热情地提供了他们保存的资料并帮助作者探寻传主在家乡的足迹,对这本传记的出版,也给予了大力赞助,并将此书拟定为对青少年进行爱国主义教育的教材。这一切都显示出家乡人多么珍视对安娥的记忆。

人们没有忘记安娥。安娥的采访报告集《五月榴花照眼明》先后于1989 年 5 月和 2005 年12 月由华中师范大学出版社出版,2006 年 10 月中国电影出版社出版了由钟立民编的 《渔光曲——安娥作词歌曲集》,田大畏编的《安娥文集》(上、中、下)作为"中国文联晚霞文库"之一种于 2008 年 9 月由中国文

竖立在双人墓前的安娥、田汉雕像

联出版社出版,王律、盛英等编著的《安娥与田汉》也于 2008 年 9 月由大众文艺出版社出版。

安娥的形象也出现在舞台、电视屏幕上和广播剧里。

2006 年 11 月,石家庄市委宣传部、市社科院组织省会古、近、当代名人评选,安娥被选为"石家庄十大革命人士"之一。

同年,石家庄跃进路小学少先队成立了"安娥中队";在高年级成立了"安娥文学社"。石家庄市委书记吴显国 2007 年 4 月 3 日致"安娥中队"的函中说:

> 你们深入寻访安娥不凡的一生,以安娥的名字命名了自己的中队,并开展了"寻访安娥,学习安娥,做光荣的石家庄人"为主题的联合中队会等活动,使自己受到了深刻的爱国主义和革命传统教育,激发了作为石家庄人的自豪感。这些都很有意义,希望你们继续坚持下去。

一位少先队大队辅导员在信中说:

> 少先队员们都为家乡有这样一位名人而感到骄傲、自豪。纷纷表示:要以安娥为榜样,学习安娥的自立自强、从小树立远大的理想、热爱祖国、热爱家乡的精神。长大做一名对社会有用的人才。

当我们的少先队员们用甜美的声音演唱《卖报歌》的时候,当我们的少先队员们认真地排练安娥的独幕剧《狼姥姥》的时候,看着他们的认真劲,听着他们说"我在演安娥的作品"的时候,我想:孩子们对在小学的这段经历会铭记终生的。

安娥故居石家庄长安区还活跃着一个由退休人员组成的"安

2010 年 11 月，田大畏夫妇与安娥在石家庄的亲属在安娥、田汉双人墓及雕像前。

娥艺术团"，建立了"安娥基金"，经常到偏远山区进行慰问演出，捐款捐物。

缅怀我们的传主一生，追想往事，心海中常常卷起一波又一波怀旧的浪花。回眸望去……既有曲折坎坷雨雪寒霜，更有春风阳光人间真情。多少个难忘的瞬间，像放电影一样在记忆的屏幕上一幕一幕重现。

本书写完了，可是我们的安娥没走，她永远活在我们中间。

后　记

2008 年的一天,北京的张惠卿和吕林老师来看望父亲丁景唐,他们都是解放前地下党的老同志,说起以前的事情,一点一滴都记得清清楚楚,我在边上听得津津有味。忽然张老师问我,"最近在写什么?"我说:"我刚完成《关露传》。"

"接下去,准备写谁啊?"

"还没定,也许写陈衡哲或关紫兰、或梁白波、或胡兰畦、或施济美、或英茵、或……"

"那你何不写写安娥呢?"张老师帮我出主意。

"安娥倒是我研究的对象,不过材料不全。"

"那没问题。我认识安娥的儿子田大畏,而且很熟悉。"

"为什么?"我张大眼睛问道。

父亲在一旁笑了,说:"你不知道,他的弟弟张辉是田汉的小女婿呀。"

"真的?"我大吃一惊,赶紧请张老师替我联系田大畏。

张老师回北京后不久,给我打电话,说:"大畏到外地去了,过一阵回来。"接着,他把大畏老师的电话告诉我。

过了些时间,张老师又来电话,说我怎么没给大畏打电话?他已经回京了。于是我马上给大畏打电话,那头传来厚实的男中音,问起我准备写安娥的事,就这样,我与大畏联系上,以后他不断地给我寄有关他母亲的材料,还介绍一些研究安娥的学者专家,如盛英老师等,给我很大的帮助。

经过一段紧锣密鼓的案头工作后,我于 2009 年 3 月 19 日开首写《安娥传》,写到第 10 章时,感觉底气不足,我与父亲商量后,他说:"你应该到安娥的家乡去走走看看,有一点感性材料,写起来会顺手些。"

2009 年 10 月 10 日我约了大姐丁言文,再请大畏夫妇和周扬的大公子艾若老师与我同去河北省石家庄。在那儿受到河北省双凤山革命陵园(现称河北省英烈纪念园)同志的热情招待,在大畏的带领下,我们参观了张家老宅,安娥父亲张良弼就任过的学校,采访了张氏亲属等,在北京又带我去采访了安娥的亲朋好友,参观

作者一行在河北省英烈纪念园参观。左起:王秀文、丁言文、丁言昭、许堃屏、贾金栋、周艾若、田大畏。

了他们以前的住处:细管胡同6号(现在是9号)。那天去的时候,艾若老师带了两位热爱安娥的朋友,他们都是音乐界人士,说了不少有哲理的话语。

陈锡凯说:"狂妄来自于无知,骄傲来自于浅薄。安娥是母亲级的美女,是我崇拜的偶像。"

艾若说:"我们应该还原历史的真实,美不是表面的。时代的发展谁也不能够阻挡,假的东西不能长久。我从小就爱唱歌,唱老歌,从这些老歌中感受人格的魅力。"

在去石家庄的来回火车上,临离开北京的前一天,大畏对我谈了许多有关安娥与田汉的往事, 对我帮助极大。2009年10月20日,我满载着收获、希望回到上海,马上接着写。

在这期间,我采访了许多与安娥有关的人,有其闺中密友欧阳翠,有戏曲界的范瑞娟、傅全香、徐玉兰、王文娟;有演出《海石花》的演员童丽娟、孔小石,作曲张鸿祥;有中国木偶剧团导演木偶戏《狼外婆》的周荻。另外我去了上海图书馆、中国福利会儿童艺术剧院资料室等处。我的许多朋友得知我在写安娥传,纷纷寄来有关材料,或提供线索,使我脑子里的安娥形象逐渐丰满、立体起来。就这样,我于2010年11月24日完成了《安娥传》,然后请大畏过目,他又提供了不少资料,补充了不少内容,最后成就这本书,不知能不能得到读者的认可?我期待着。

本书的出版得到了安娥的安葬地河北省英烈纪念园管理处的慷慨赞助,纪念园已将此书确定为对青少年进行爱国主义教育的教材,在此表示衷心感谢!

附录:

安娥年谱(1905—1976)

盛英编纂

安娥原名张式沅,1905 年 10 月 11 日(农历九月十三)出生于河北省获鹿县范谈村(今属石家庄市长安区)。明代永乐年间,张氏祖先从山西迁来,落户京师获鹿;清代咸丰年间,曾祖父辈的张家已成为望族。父亲张良弼曾留学日本,回国后历任保定直隶省实业补习学堂堂长、直隶甲种工业学校校长,1913 年当选为国会众议院议员,后在河北省高阳县开办整染厂等。父亲具一定民主思想,喜欢读古书、谈诗文,对女儿日后的文学之路有一定影响。母亲何氏,操持繁重家务,生育七子两女,性格刚强。安娥在家得宠,自幼胆小、文静、听话,为母亲解去不少愁闷。安娥自小喜欢在家庭果园里种植花草果木,或到田野沐浴大自然的美景,寂寞时则常常沉浸在歌谣的吟诵中,这些歌谣可谓她最早的音乐文学启蒙物。安娥幼时就同奶娘——本村的一个贫苦农妇——亲近,去保定上学后,只要回到老家,必去奶娘家探望。少女时期,她还喜欢同设在自家里的织毯作坊的工人联络,学校放假时,她总会站在织毯子的机器旁做些接线头等事情。安娥钦佩工人劳动,惊叹他们的创造,觉得自己应获"一技之长",以"早日独立生活";基于对家庭内部严格封建制度的不满,以及对工人的同情,她还始终站在工人一边,为他们工资少、生活苦说话。这一切,正是安娥童年、少年时代所处的环境,也是她走进社会、热爱文学、迈向革命的出发地和起点。

1912—1919 年(7—14 岁),安娥随母亲迁居保定,就读于保定女师附小。她上学由二年级开始。但因父母关系不好,小学阶段的学习,时停时续。母亲一怒就休学,父亲一怒就又上学,直至毕业。

1920 年(15 岁),就读于保定二女师附中。初一时,领导全班同学罢课,反对女学监的辱骂和不合理的校规。女学监秋菊农是保定二女师创办人之一,还是安娥母亲的结拜姐妹;但最终她只得引咎辞职。而安娥此时也只得离校。

1921—1923 年夏(16—18 岁),随父亲去北京,在女一中就读,完成中学学业。

1923 夏—1926 年春(18—21 岁),考入北京国立美专西画系学习。美专期间,安娥一方面把学习美术看做是掌握"一技之长",心想进入社会后可以不受制于人;另一方面则积极投身于学生运动,参加反对日本帝国主义和反对军阀的示威游行,参加罢课、赶走校长郑锦的活动等。当时,她同美专同学、中共党员邓鹤皋关系甚密;在他影响和介绍下,1925 年(20 岁)加入共青团,同年加入中共。

1926 年 1 月,母亲何氏赶到北京,硬把女儿从学校拉回到家里,以免安娥陷入社会运动太深,也可以陪她苦守那寂寥黯淡的日子。从安娥后来写的《我是怎样离开的母亲》一文来看,青年时代的安娥,思想激进、行动果断、一派时代女性敏锐、刚毅和机智的风貌。在时代之锤敲打下,母亲虽不失慈爱之心,但她到底没能解去身上的"封建之衣"。母亲虽给女儿以物质享受,但安娥却要以付出

"自由"为代价——受她监视、谩骂、坏脾气，成为她的"顺气丸"、出气筒，女儿怎么可能顺服呢？母亲尽管对儿女曾作过成功的刚性"训练"，要求他(她)们对自己做的事"不示弱"、"不表示伤感"，也"不讨好"；但她自己却已跟不上大时代的变迁，总找女儿的别扭，致使母女矛盾走向冲突。当安娥从报上看到"三一八"事件报道后，她实在无法忍住自己的愤怒与眼泪，尤其姚宗贤同学的死状，更引起她马上返校参加战斗的决心。此时，安娥趁母亲去石家庄看望病重的大哥之际，毅然逃出家门告别故园，返回学校参加战斗。安娥追求自由的性格已经凸显出来，她以为，功名富贵、家庭骨肉，一切都抵不过自由！

1926 年(21 岁)，与邓鹤皋结婚。邓鹤皋，后改名邓洁(1902—1979)比安娥大三岁，但在校时，他已是共青团北京地委委员兼组织部长，中共西城党支部书记。1926 年 6 月，受中共北方区委负责人李大钊派遣，邓鹤皋去大连任地委书记；同行的作为共产党员的安娥，则在大连从事女工运动。安娥自述，邓鹤皋对她的工作要求颇为严格，还批评过她自由主义思想；安娥认为这段"极其危险和艰苦的生活"，对她是个"非常有益"的"锻炼"。其间，她感到"记忆最深、最感谢的、也最害怕的"则是邓鹤皋！安娥在大连女工中颇受欢迎、颇得人缘，但后因支部里有同志被捕，情况恶化，邓鹤皋批准她逃往上海寻找组织。

安娥在大连期间，第一次从事歌词创作活动。《大连市志》中有这样一段记载："1926 年春福纺百日大罢工进入艰苦时期，中共北方局委派邓鹤皋(邓洁)、张式沅(安娥)来连加强对罢工的领导。工人自编自唱的《工人团结歌》经安娥的修改，传唱更广。这是区境内第一首群众革命歌曲。""当时罢工工人唱过的一支歌《工人团结歌》，她(安娥)很喜欢，便把歌词改得更朗朗上口：'起来起来，齐心协力，巩固我团体；努力奋斗，最后胜利是我们的！'"

1926 年冬,住在上海中共中央交通机关,重新见到萧三,并认识了周恩来。

1927 年 1 月,被派往莫斯科中山大学学习。组织上希望她学成归来后,能"给中国革命以新的力量"。从她回国后发表的小说《莫斯科》片断看,安娥从上船的第一时间开始,就牢记组织上交给她的任务——留心观察苏维埃国家的工人状况。在船上,她果然或向人询问苏联工会情况,或向船上党的书记和士兵了解苏联普通工农的生活。她把苏联看做是"红色的太阳照耀之国",对它充满神往。

1927—1929 年 11 月(22—24 岁),安娥到莫斯科中大上学时,学校已经开学八个月,为了不留级,她抓紧时间学习:一、拒绝俱乐部工作,不去当俱乐部舞台上的"红人"(安娥有演艺才能,萧三曾预言,她到莫斯科后,一定会成为俱乐部舞台的"红人");二、不参加学校里的社会活动。毕业时,她果然成为全班优秀生之一。1927 年下半年,刚到莫斯科不久的安娥,听萧三说,邓鹤皋被捕,受刑不屈,被判处死刑(其实是个误传)。后来,她同中山大学职员、中共党员郑家康联系上并相结合。郑家康先让她注意反对派的行动,后来又介绍她去苏联国家保卫总局,由此,安娥开始了她的特工生涯。1928 年 3 月,苏联国家保卫总局需要一个年纪小、俄文还可以、工作努力、不爱出风头吹大话的人到他们东方部工作,安娥正好符合这些条件。结果,1928 年 3 月—1929 年 10 月,安娥担任了苏联国家政治保卫总局东方部首长的助手。她的工作,主要是整理有关中国"反革命分子"的资料和做简单的笔译,偶尔也担任审案的口译工作。

1928 年,高尔基从国外返回苏联,安娥曾去火车站欢迎,这次活动使她对文学的意义有了新的认识。

1929 年 11 月回国。

1929—1933 年(24—28 岁),在上海中共中央特科工作,受陈赓直接领导。在此期间,安娥结识田汉,积极协助田汉开展戏剧运动,并对田汉的左转起过重大影响。两人有过一段同居生涯。此时,安娥已成为左翼文艺组织的成员,撰写和发表了不少文艺作品,包括小说、剧本、歌词等。

1929 年 11 月回国时,中共地下组织正遭遇大破坏。不久,已回国的郑家康也被捕牺牲。安娥先到各纱厂门口找工作,但遭遇包打听的"注意"而作罢;12 月,被中共特科派往国民党组织部调查科("中统"前身)驻上海"中央特派员"杨登瀛(鲍君辅)处,担任杨登瀛的秘书。杨登瀛自 1928 年 5 月之后,在我党影响下也为中共效力,成为双料特工。杨登瀛的上海办事处(北四川路大德里对面的过街楼内) 正是中共特科帮他安置的, 陈赓还为他配备了工作人员,这个办事处就此成为重要情报的集散地。安娥(当时有许多化名,如张红惠、张瑛、左平等)的工作,就是把杨登瀛收集来的情报,一边保存,一边予以处理;凡属对中共有用的,她就及时抄送给陈赓。杨登瀛确实为中共提供过一些重要情报,并帮助过一些中共人士(如周恩来、任弼时、关向应等)化险为夷。1931 年顾顺章叛变,中共特科在上海的格局被彻底破坏,杨登瀛也入了大狱。之后,安娥同杨登瀛(鲍君辅)失去了联系。直到解放后,大约于 1956 年,在陈赓安排下,才得以会面。

同年,经南国社学生中共党员左明介绍,来到南国社,同田汉相识。

1929 年冬,帮助冼星海购买船票去法国学习音乐。安娥后来在诗中说:"我不能忘记,你托我给你搞船票到法国去时,/你的母亲——战友——正在给东家洗衣。/她甩了甩手上的水珠,对我说,/

姑娘,正式的船票,我们买不起。/儿子要到法国去读书,我同意。/我的两只手可以养活自己!"

1930 年(25 岁),署名苏尼亚发表小说《莫斯科》,由《南国》连载。田汉写的"编辑后记"对该小说作了特别的介绍和评价:"在本期小说中,我要特别介绍的是《莫斯科》。这长篇是写一个留俄女学生的忠实的生活记录。全文长十余万言。我们由此可以看出这个大时代的发展,可以看出一个有为的女性怎样克服她的小资产阶级性,把握坚定的新意识。可以看出工农祖国伟大的运动,可以看出留俄中国同志中的工人与知识分子的斗争。这样的作品现在是很unique(注:即独特的、无与伦比的)的。"《莫斯科》在《南国》月刊 2卷 2、3 期(1930 年 5、6 月 20 日出版)只刊出了前三章,后因《南国》被禁,再也未能见到全作。在前三章里,安娥除了呈露出她的"左倾"思想、敏感个性外,也已显现出其良好的艺术感觉和对微妙心理把握的才能。

当时,安娥住在北四川路永安坊的一个小亭子间里,自称在新华艺专教书和在一个大户人家谋职。她的衣着时而朴素无华,时而华贵洋派;行踪则诡秘不定,给人以"奇怪"的印象。她是地下党派去同田汉联系的。田汉也承认自己的左转同安娥有关。俩人相识后很快坠入情网,并怀上孩子。当时,安娥知道田汉同身处南洋的林维中有婚约在先,但她又无法克制自己对田汉的爱情。当林维中从南洋回国后,她按田汉之请求,为他俩租好房子完婚。

1930 年 8 月左翼戏剧家联盟成立,安娥开始投入戏剧运动。10月,参加持志大学部分学生和南国社部分老友相联合的话剧排练活动。转年 1 月,以"华北同学游艺会"名义,演出《梁上君子》等剧,安娥(当时化名丁娜)在《梁上君子》中扮演律师太太。整个演出受到热烈欢迎。

1931 年(26 岁)春,为庆祝中共领导的江西苏区红军反"围剿"

胜利,安娥(丁娜)作为左翼"剧联"成员,把苏联拉甫列涅夫小说《第四十一》,改编为话剧剧本《马迪迦》(三幕剧),由大道剧社、大夏剧社联合排练,并在大夏大学礼堂公演。该剧几次高喊"苏维埃万岁!""红军万岁!"口号,甚为轰动。参加演出的有李尚贤、刘保罗、郑君里、周伯勋、郑雄、朱光、胡萍等,周起应(周扬)还演了个群众角色。导演是侯鲁史。

1930年代初,曾去上海麦伦中学演讲。30年代的麦伦中学,是"民主革命的教育基地",每周请社会著名学者和爱国人士来校演讲,安娥正是演讲者之一。

1931年1月17日,左联作家柔石被捕之日,安娥交给与柔石邻居的唐瑜(也为中共中央特科工作)一个小包(内有情报资料),唐给潘汉年看后,潘通知唐立刻转移。

1931年8月,安娥与田汉的儿子田大畏出生。安娥把儿子送往河北老家,请母亲照顾;一边则把这段感情生活当做"毒酒","不愿再喝了"。一年多以后,安娥回到上海,对田汉说:"孩子死了。"此时的心情,在后来写的小诗《母亲的宣布》中也有所流露,她一方面决心用自己的心血疗好"私生"孩子的"伤口"、冲开他的"前途";另一方面她则通过诗歌,为受压迫、受屈辱妇女的痛苦命运悲鸣呐喊;表达自己作为"人类的妈妈",誓向"旧社会一切的遗毒"作坚决抗争的信念。

1932年"一·二八",日本侵略军进攻上海,激起淞沪之战。战后,安娥由保定返回上海,继续从事地下工作(直至1933年因领导人姚蓬子被捕叛变,而失去同党的联系)和左翼戏剧活动。左翼剧联下设有"苏联音乐之友"社(该社由田汉与聂耳、任光、安娥、张曙等商量后而组成),安娥为该社重要成员,她就此较多地从事歌词创作。生活上,她则"以痛苦的心情接受了"田汉好友音乐家任光的爱,并一起合作创作了许多优秀歌曲。

1933—1937 年(28—32 岁)，与任光共同生活。在任光介绍下，到百代公司歌曲部任职，后两年当了歌曲部主任。该时期，安娥生活相对稳定，但心理和情感备感痛苦和煎熬。然而歌词创作却甚为丰收，尤其《渔光曲》为她带来了很高声誉。

　　1933 年，在百代公司歌曲部任职，经常为电影写插曲。1933 年4 月发表影评《〈女性的呐喊〉的质和量》，为刚出世的左翼电影摇旗呐喊，并实事求是地指出其艺术上的不足。载于上海《晨报·每日电影》。

　　1933 年 3 月为胡蝶当选为"电影皇后"大会作歌词《最后一声》。该歌由胡蝶亲自演唱，洋溢着抗日的爱国激情："亲爱的先生，感谢你的殷勤，恕我心不宁，神不静，这是我最后一声。你对着这绿酒红灯，可想到东北冤鬼悲鸣？莫待明朝国破恨永存，今宵红楼梦未惊！……我再不能和你婆娑舞沉沦，再会吧，我的先生！我们得要战争，战争里解放我们，拼得鲜血染遍大地，为着民族争最后光明！"

　　1933 年创作的歌词还有《警钟》(任光曲)等。

　　1933 年 3 月，夏衍电影剧作《狂流》公映。安娥对这部反封建的左翼影片，提出了更高要求，认为它反封建还不够充分，尚存有一些"拥护封建道德的气息"。剧作者不甚同意她的看法，但女作家对封建主义的敏感与抵抗，却略见一斑。

　　1933 年，在上海《文学》杂志 1 卷 6 号发表小说《打胎》，描写妇女的悲惨命运、她们的抗争和一位革命女性的形象。

　　1933 年，在《现代》杂志 5 卷 5 期发表小说《围》，讲述军阀混战中一个小城市民众的种种遭遇。

　　1933 年在《文艺》杂志 1 卷 2 期发表独幕剧《兵差》，描写贫苦农民所受的欺压和他们的觉醒。1934 年收入张立英主编的《女作家戏剧选》。

1934年创作《渔光曲》(任光作曲),该曲为电影《渔光曲》插曲。《渔光曲》由于曲调由孟姜女调发展而来,既哀愁又舒展,幽怨、悠远、优美之感令人心动和心醉。歌词为渔民"写气图貌",也升腾到一个情采并茂的艺术境界:"云儿飘在海空,/鱼儿藏在水中,/早晨太阳里晒鱼网,/迎面吹过来大海风。潮水升,浪花涌,/渔船儿飘飘各西东;/轻撒网,紧拉绳,/烟雾里辛苦等鱼踪!"《渔光曲》的歌与词,确实做到了词由歌而飞,曲由词而翔;电影一播放,该歌顿时引起轰动,迅速流传。在莫斯科影展中《渔光曲》荣获"荣誉奖",这同插曲紧密相关;为之,聂耳在《一年来之中国音乐》一文中曾这样褒奖它:"《渔光曲》一出……其轰动的影响甚至成了后来的影片要配上音乐才能够卖座的一个潮流。"《渔光曲》流传之际,正是田汉遭遇2月19日国民党上海公安局大搜捕之后;当田汉在南京大牢里听到《渔光曲》歌曲的时候,不能不激起对安娥的怀念,作诗《狱中怀安娥》:"君应爱极翻成恨,我亦柔中颇有刚。欲待相忘怎忘得,声声新曲唱渔光。"对于歌词《渔光曲》的创作,《大连市志》记载的一段资料,有一定参考价值:"(安娥1926年)在大连期间,由于居住的地方黑石礁当时还是农村,所以她从工厂回到住地,时常流连海边,亲眼看到了渔民的悲惨遭遇,对渔民的生活进行了深刻的了解,在现实生活和与殖民统治者的斗争中积累了丰富的创作题材。"

1934年,创作《卖报歌》(聂耳作曲),该歌是田汉和聂耳合作的新歌剧《扬子江暴风雨》的贯穿歌曲之一。《卖报歌》是聂耳结识了一位卖报小姑娘后引起的创作冲动,他请安娥作词,并让这位卖报小姑娘提意见。后来,小姑娘提出"如果能把几个铜板能买几份报的话也写在里边,我就可以边唱边卖了",安娥果然在歌词里添上"七个铜板能买两份报"的话,《卖报歌》成为一首脍炙人口的歌曲。

《扬子江暴风雨》是田汉的第一部歌剧,反映 1932 年上海码头工人英勇反帝斗争,工人拒运军火的抗日行动;剧本不仅呈现出他倾心于大时代脉搏的创作气势,也呈现了他喜欢将戏剧创作同音乐联姻的爱好。这点,安娥同田汉是一脉相通的。不久,安娥写评论《歌剧小言》(上海《民报—影谭》),放言对歌剧的见解。

1934 年,创作的著名歌曲还有《新凤阳歌》和《燕燕歌》。它们都是电影《大路》插曲。《新凤阳歌》,安娥用填写民谣的方式创作该歌词,既寓情于景、情景交融,又在底层人民血泪的歌吟中,透露他们即将掀起反抗风暴的必然,颇能代表她歌词创作的民族化、革命化特征。《燕燕歌》是首新儿歌:"花儿红又鲜,开放在小河边。对对小燕儿,飞到那柳树尖……燕燕,唧唧唧,穿穿,唧唧唧,飞飞飞,飞上青天。"从小热爱歌谣的安娥,抒写儿歌轻车熟路,自然清新,朗朗上口,深受孩子们的喜欢。

1934 年,创作的电影插曲还有《大地行军曲》(任光曲,电影《空谷兰》插曲)和《采莲歌》(任光曲,电影《红楼春探》插曲)等。另,创作儿童歌曲《落叶》(任光曲)和《小鸟儿思亲》(任光曲)等。

1935 年的歌词创作,比起 1934 年来要沉寂些。新作歌词有《抗敌歌》(任光曲,也是电影《空谷兰》插曲),以及同田汉合作的《采菱歌》(任光作曲,电影《凯歌》插曲)等。

1935 年 7 月 17 日聂耳在日本藤泽市鹄沼海滨游泳时,不幸溺水而亡。安娥撰文纪念。聂耳一生创作 41 个音乐作品,其中 35 首是歌曲,安娥为其写歌词 5 首(田汉为聂耳曲写歌词 10 首)。

1936 年春,由上海经北平回保定探亲。写成组诗《困在古城的女儿》。该组诗抒写了对北平的回忆。她对着前门、天安门、皇城道、长安街、御河等处,自由地诉说,呈露了她由"驯羊"变成斗士的变化经历;并抒发了北国女儿受尽亡国伤痛之后奋起抵抗的激愤情感。该组诗还直抒了重回故乡后的矛盾心情,苦涩而情深,尤其对母亲的倾诉,对自己走向异乡追求新的人生征程的悲情、苦情的抒发,真实而感人。另一首重要诗篇《母亲的宣布》也在此时完成。

1936 年 7 月发表诗歌《平沪路上》(《东方文艺》1 卷 4 期)。

1936 年,由家乡返回上海后,为电影《迷途的羔羊》创作插曲《新莲花落》(任光曲),为电影《狼山喋血记》创作插曲《狼山谣》等。

1936 年,创作《打回老家去》(任光曲),这是一首抗日救亡的"口号歌"。歌词一边怒斥侵略军"他杀死我们同胞"、对东北三省的蹂躏;一边怒吼"打回老家去",表达广大群众的心声。由于整个歌曲曲调铿锵、气势豪壮;歌词情感饱满、简约有力,很快唱遍长城内外、大江南北。

1936 年,误传已经牺牲的邓鹤皋曾找过安娥。此时,安娥正同任光生活在一起。

1936 年 9 月,与任光同去南京,田汉曾陪他们游览金陵名胜。在清凉山上,就像两年后写的小诗《朝霞曲》所述,同田汉的相晤,彼此陷入了相当尴尬的场面:"记得前年的一个月夜,咱们在玄武湖里摇着船,故意说些不相干的话,故意摆出些不相识的脸;只管迟迟的,迟迟的,逗留在荷花之间。"

1936 年 12 月 25 日发表长诗《潮》,原载《文学》1936—1937 年6—7 卷和《光明》2 卷 2 期。《潮》是反映一二·九运动的,由波、潮、浪、截、堵、涌、浪、沸八小节组成,以潮头的掀浪受截挨堵乃至重新沸腾,象征抗日浪潮的不可阻挡,奴隶们争取自由解放的爆发力和凝聚力。长诗气势磅礴,情绪激昂,意象壮观,是一首优秀的政治抒情诗。

1936 年还创作歌词《路是我们开》《我们不怕流血》(冼星海曲)等抗日救亡歌曲。

1937 年 3、4 月,上海《华美晚报》连载安娥长篇报道《早四点的枪声》,记述 1932 年河北省立第二师范学校("保定二师")发生的学潮和惨案。

1937 年 5 月 10 日,在上海《光明》杂志发表寓言故事《毛孩儿的娘》,以"东山狼"暗示日寇,号召国人奋起抗日。

1937 年 2 月,上海举办普希金逝世 100 周年音乐会,并决定为普希金竖立铜像。2 月 10 日那天,安娥将写好的一首既歌颂普希金、又指斥沙皇的歌曲在音乐会上散发,由指挥亲自教唱,锣鼓击打,钢琴伴奏,结果大家一学就会,全场齐唱,将音乐会推向高潮。宋庆龄、蔡元培和苏联大使鲍格莫洛夫都参加了音乐会。由于安娥的歌,激发起大家激昂的情绪,整个音乐会气氛变得愈发热烈和悲壮。

1937—1938 年(32—33 岁),"七七"事变后,安娥曾大病一场;尔后,她资助任光赴法国学习,并由此而分手。1937 年 11 月撤离上海,恰与田汉同船赴南京,并从此携手在抗日烽火中。他们经过皖南、南昌、长沙抵达武汉,一起投身于抗日文艺运动。安娥是战时儿童保育会最早的倡议人之一,热心投入战时儿童保育会筹备工作和抢救孩子的事业。1938 年 10 月 26 日武汉失守,安娥撤退到重庆。该期,安娥歌词创作依然丰盛,并完成诗剧《高粱红了》,辑成诗集《燕赵儿女》等。

1937 年 8 月 13 日,日本侵略军在上海发动大规模军事进攻。正在这个时候,安娥病卧在医院做手术,一病好几个月,还经历过长久的昏迷状态。她为自己未能留下反映这个时代壮烈史绩的作品而痛心。但事实上,只要身体许可,她必定笔耕不辍。如从昏迷中醒来后,她就马上写诗《生死线上》,融生病经验于抗战奋斗之间,表达了自己"冲过了死亡线"后,仍要以笔抗战的决心和激情。

1937 年 11 月,上海沦落前夜,田汉曾找到安娥,两人一起走在上海大马路上,凭吊保卫上海的 10 万英灵。安娥表示自己想痛哭一场,田汉告诉她,"哭,不一定是消极",对之,安娥感到一种"意外的安慰";安娥还告诉田汉,自己"本不喜欢上海这个地方",但"经历了这段艰险的抗战生活之后","不觉很爱它了"。

1937 年 11 月 12 日,上海沦陷。13 日,安娥和摄影家郎静山一家同路去南京,不想,在船上同田汉和他三弟田洪相遇。抵达南京后,安娥加入了田汉一群,先与叶剑英、廖承志等在陈铭德寓所聚餐,过后,又搭陈铭枢的汽车离开南京前往湖南。经浏阳时,安娥告诉田汉,"孩子尚在,而且也长得很高了"。田汉感到惊喜,安娥更愿从此与田汉并肩同行。

1937 年 12 月 5 日,由长沙抵达武汉。到武汉后,田汉经常把党的政策告诉安娥,并告诉她该做哪些工作,安娥以为党组织派田汉来领导她了,以为自己接上组织关系了,心情变得异常愉快和骄傲,从而一年多时间没有生病,并全身心地投入抗日工作。

1937 年 12 月 27—31 日,参加"中华全国戏剧界抗敌协会"筹备会工作,出席在武汉大光明戏院举行的成立大会,被推举为协会理事。

1937 年 12 月,与他人共同倡议成立战时儿童保育会,并为组织战时儿童保育会而四处奔走。田汉帮助她撰写保育会的发起宣言。

1938 年 1 月 13—20 日《新华日报》《妇女生活》公布"战时儿童保育会"首批发起人名单,从沈钧儒、郭沫若、邓颖超、李德全到沈兹九、刘清扬、安娥等共 184 人。此时,安娥与徐镜平、金家骥、赵一恒等一起,借汉口基督教青年会房子办公,为建立儿童保育会做筹备工作。

1938 年 1 月 24 日,举行抢救战时受难儿童发起人大会,决定成立战时儿童保育会筹备组,公推李德全、郭秀仪、钟可托、安娥、唐国桢、吕晓道、于汝州、朱涵珠、曹孟君为筹备委员。

1938 年 1 月 21—29 日，参加"中华全国电影界抗敌协会"筹备委员会工作，并出席了在江汉路一家餐馆举行的成立大会。

1938 年 2 月中旬，与沈兹九、曹孟君、徐镜平等一起发起"救救孩子"的签名运动。

1938 年春节，云南妇女战地服务团在武汉 60 军驻地受训，安娥和冼星海受服务团之请，写成激励抗日将士、威震敌胆的歌曲《六十军军歌》。该军歌鼓舞着 60 军参加台儿庄战役、武汉会战、长沙会战等战役，因而，受到很高评价。

1938 年 2 月，诗剧《高粱红了》(田汉作序)作为"大时代文库"第三种，在武汉出版(该诗剧是在上海完成的稿子)，并由上海杂志公司发行。诗剧由 4 部分组成：1."青纱帐起"，2."高粱红了"，3."暴风雨之前"，4."太阳上升"。它描写一支自发农民队伍，经过残酷斗争逐渐成长起来，最后投入民族解放运动的历程。人物形象鲜明生动，剧情起承转合自然妥帖，语言既讲究对人物的塑造性，又讲究意境创造的诗意性，颇具感染力。但也存有戏剧动作过于单纯等缺憾。

1938 年 3 月 10 日，经过极其紧张的筹备，以中国妇女慰劳自卫抗战将士总会名义筹设的"战时儿童保育会"，终于宣告成立。成立大会上，大会主席李德全宣布宋美龄为保育会会长。筹备组安娥报告筹备经过。会后，理事会推举宋美龄、李德全、黄卓群、唐国桢、曹孟君、安娥等 17 人为常务委员。安娥在保育会办事机构内部，只被安排了宣传委员和秘书处干事职务。

1938 年 3 月 27 日参加在汉口举行的"中华全国文艺界抗敌协会"(简称"文协")成立大会，被推举为理事。

1938 年 2—3 月，创作歌词《山茶花》《战士哀歌》《抗战中的三八》等。《山茶花》(星海曲)把勇敢的女孩小红，比喻为五月里的山茶花，表扬她抗日救国的英雄行动，礼赞她为"妇女之光"。《抗战中的三八》也是为抗战妇女写的赞歌。《战士哀歌》(星海曲)则是为牺牲于战场的抗日战士所写的哀歌:"你们为着抗战,勇敢牺牲/你们活得伟大,死得光荣/我们踏着血迹,继续前进/我们抱定志愿,誓达完成。"

1938年4月4日,参加战时儿童保育会儿童节庆祝活动。

1938年5月"文协"会刊《抗战文艺》创刊,编委会由王平陵、田汉、朱自清、朱光潜、老舍等33人组成。安娥系编委会成员之一。

1938年初,安娥在武汉《文艺月刊》先后发表诗歌《世仇》《武装了黄鹤楼》《冲出了象牙塔》,前者倾诉了流亡者对日寇的刻骨仇恨,后两首则歌颂了抗战中文艺工作者的新面貌。

1938年5月20—25日,出席宋美龄召开的"庐山妇女谈话会"。宋美龄提出,新生活运动总会妇女指导委员会是领导妇女参加抗战建国工作的全国性总机构,因而,"战时儿童保育会"不再隶属"中国妇女慰劳自卫抗战将士总会",改为隶属于"新生活运动妇女指导委员会"。安娥成为该委员会委员。

1938年6月发表关于保育院的报道《孩子们到四川去了》,记叙"战时儿童保育院"500名孩子陆续离开汉口,去重庆第一保育院时的情景。《抗战文艺》1卷8期。

1938年5月22日发表短文《介绍长沙儿童剧团》(《戏剧新闻》2号)

1938年7月16日,发表散文《江上歌声》,抒发对武汉和"三八歌咏队"的感情。《抗战文艺》2卷1期

1938年8月5日,发表《战时儿童保育院院歌》(张曙作曲),载于《妇女生活》6卷7期。院歌通过失去父母和家园的难童之口,把战时儿童保育院当做"新的家",高喊要打倒日本帝国主义、建立新中华,使孩子们备感亲切和振奋。保育院孩子们唱着院歌上街宣传、游行,它至今仍是前保育生们聚会时必唱的歌曲。该期歌词创

作还有《受难的孩子们》(刘雪庵作曲)等。

1938 年 8 月 4—8 日,投身抢救武汉儿童运动。上街宣传保育会宗旨和保育儿童的措施,并做收容工作。

1938 年 8 月 13 日发表《抢救孩子去》,《抗战文艺》2 卷 4 期。

1938 年 9 月诗集《燕赵儿女》于汉口生活书店出版。该诗集是由在上海创作和在武汉创作的诗歌所组成。分 4 个部分:

(一) 战士之声:(1)《献给女战士》、(2)《抗战的歌手》、(3)《武装了的黄鹤楼》、(4)《台儿庄》、(5)《飞将军凯歌》、(6)《孩子们的队伍》。

(二) 燕赵儿女:(1)《燕赵儿女》、(2)《古城的怒吼》(即长诗《潮》)、(3)《打回老家去的人们》。

(三)逃亡线上:(1)《逃出了封锁线》、(2)《好汉坡》、(3)《世仇》、(4)《朝霞曲》、(5)《红焰曲》。

(四) 古城的回忆:(1)《大地》、(2)《困在古城的女儿》、(3)《母亲的宣布》。

1938 年 10 月 19 日,参加在武汉青年会举行的鲁迅逝世二周年纪念会。会议由郭沫若主持,周恩来、邓颖超、田汉、任光等数十人出席。任光已从法国、新加坡回来;而歌曲创作方面,任光仍然同安娥合作。

1938 年,歌词创作颇丰,任光作曲的就有《少年进行曲》《妇女节歌》《空中哀歌》,以及为电影《王老五》写的插曲《王老五》等。其他如《保卫我们的土地》(盛家伦作曲)、《抗战的女工》(江定仙作曲)、《怀念着祖国的儿女》(安娜作曲)、《秋风》(沙梅作曲)、《收获谣》(沙梅作曲)等,都受到欢迎。

1938 年,在赵清阁主编的《弹花》上发表过随笔《残翼》和诗歌《歌手》。

1938 年,曾任"国民外交协会"理事一职。

1938 年 9—10 月，与郭沫若、子冈等 20 余位民众代表，赴第五战区司令部采访。由司令长官李宗仁接待。并同日本俘虏谈话，写出报道《他是我们的敌人吗？》，该文表达了对被迫来华参战的一般日本士兵的同情，而将仇恨集中在日本军国主义头子身上。文章刊于 11 月出版的《抗战文艺》。

1938 年初冬，由武汉向重庆撤退时，因厌恶保育会内个别人对她的人身攻击，本想离开儿童保育会，不再从事妇女工作；但因舍不得两万多个孩子，到重庆后，依然坚持参与了该项事业。从她写的一些"散记"，如《进步着的孩子们——参观重庆临时保育院》(1938 年 11 月，《妇女生活》6 卷 11 期)、《歌乐山上的保育院》(1939 年 1 月，《妇女生活》6 卷 12 期)和《流浪儿在保育院》(1939 年 5 月《妇女生活》7 卷 16 期)、《小总队长》(1939 年《文艺月刊》3 卷 3、4 期)，以及歌舞童话剧《小战地服务队——牛鼻子挖战壕》(1939 年《文艺月刊》3 卷 12 期)等，可以看出，她对孩子的热爱，对保护、培养民族幼芽事业的赤忱。

1938 年 11 月，参加中苏文化研究会，任音乐组副组长(正组长是盛家伦)。

1939 年(34 岁)，在重庆参加"文协"各项活动，并常同蒋碧薇、方令孺等一起具体组织安排"文协"的例会——茶会和晚会。春夏之交，被教育家陶行知聘为"育才之友"；冬日，作为记者由重庆出发去第五战区采访，为创作反映时代的、重大题材的作品做准备。

1939 年 1 月 10 日参加"文协"举行的"扩大诗歌座谈会"，讨论"诗与歌的问题"。

1939 年 2 月 6 日参加"文协"举行的诗歌座谈会，研究出版诗刊事宜。

1939 年 2 月出席"文协"国际宣传委员会的首次谈话会。决议致函世界各国文学团体及文学杂志，致谢各国对中国抗战表示同情的诸作家，并计划系统介绍中国抗战文艺运动及作品于国外。

1939年3月1日参加"文协"举行的诗歌座谈会。

1939年4月9日参加"文协"年会。再次当选为理事。年会号召广大作家到敌人后方去，并提出"文章入伍"、"文章下乡"口号。

1939年4月18日"文协"常务理事会决定：(1)接洽以王礼锡为团长的"作家战地访问团"的出访事宜。(2)在王礼锡出访期间，安娥与陆晶清、戈宝权分担王礼锡的国际宣传委员会主任委员的工作。

1939年"五三""五四"重庆遭遇大轰炸。当时安娥住重庆苍坪街18号。轰炸那天，同赵清阁等从防空洞出来后，找过老舍。老舍有《五四之夜》一文记叙这次轰炸及与安娥等人相见的情形。当时，田汉在桂林，当他得知安娥无恙时，为她的"福分不小"感到欣慰。

1939年5月13日会见陶行知(1891—1946)。7月，被聘为"育才之友"。

1939年，安娥身体多病，写作较少，除随笔《"下乡"与"入伍"》(《抗战文艺》4卷1期)外，创作反映武汉失守后敌后游击队活动的话剧《小寨主》，但未及发表。

1939年初冬，以《广西日报》《珠江日报》特约战地记者名义，奔赴李宗仁为司令长官的第五战区湖北前线。邀请人是莫斯科中山大学老同学、蒋介石侄女婿韦永成。当时，安娥与谢冰莹等一起乘民生公司"民觉"号轮由重庆至宜昌，换乘汽车到襄阳。曾去隆中访诸葛祠。后与姚雪垠同行，由襄阳赴枣阳前线采访。

这段生活在1942年发表的《征途私感》中有不少记载。安娥途中浮想联翩，或思念田汉和孩子，或想念北方的故乡和故乡亲人，或回忆在苏联学习时的情景；到白帝城后，她对杜甫、李白的诗、对诸葛亮接受刘备托孤的心境，都发表了感慨。而同"女兵作家"谢冰莹共处的情景,更让她难以忘怀;冰莹约安娥一起去安徽;冰莹讲述从汉口撤退时救护伤病员的情景,特别令人起敬。后来,谢冰莹去南阳,安娥独自过江到襄阳。

到襄阳后,同姚雪垠一起去枣阳前线采访。一路上,安娥见到了抗战环境的恶劣、百姓的受难和军人的士气。她当时身体很不好,但依然或策马前行,或在极其困苦条件下咬牙坚持采访,称自己是"苦难的征人"。安娥在后来发表的《征途杂感》中对这段生活有较为详细的记载。《杂感》所留下的姚雪垠的身影,以及同史沫特莱相遇、共处的记录,都是极有价值的珍贵史料。在唐县镇时,因吐血返回枣阳。

1940—1941 年(35—36 岁),在五战区鄂北前线采访并与史沫特莱一起采访新四军豫鄂挺进队。发回战地报道多篇,在大后方发表。著有日记体访问记《五月榴花照眼明》和小说、剧本多种。1940 年回重庆后,尽管身患心脏病,但仍然积极参与抗日文艺运动和战时儿童保育会的工作。创作也不懈怠。

1940 年 1 月,前往枣阳前线采访途中,在鄂北防区遇到了美国记者史沫特莱。这时新四军豫鄂挺进纵队政治部联络科长张执一送日本俘虏到第五战区二十九集团军司令部,于是俩人跟他到了新四军的鄂豫边区。她俩于 1 月 12 日到达豫鄂挺进纵队首脑机关驻地(大洪山东南麓的湖北京山八字门)后,马上投入采访活动。在纵队和鄂中敌后近三个月时间里,足迹遍及京山、安陆、应城、汉川等县的山地、平原和湖区。所到之处,安娥和史沫特莱总是受到极其热烈的欢迎和贵宾般的接待;她们同正在开创鄂豫边区抗日民主根据地的党政军群各路干部,也结下了极其深厚的友谊。她们同纵队指战员一起行军、一起过敌人封锁线、一起经受战火的考验;同边区群众谈心、访问伤病员、搞联欢活动。人们赞美她们是战火中的"海燕"。

在湖北抗日正面及敌后战场访问期间,陆续发回桂林《广西日报》发表的战地报告有:《擂鼓墩和滚山的争夺战》《大洪山麓的××集团军》《忆钟毅师长》《敌后行军记》《伪军的话》《敌后的经济》《敌后的民众生活》《武汉的阴霾》等多篇,及时报道了前方军民英勇抗敌的事迹和牺牲精神。另在《文艺月刊》发表《夜行军》《伪军》。

1940年2月,发表战地生活报道《马上行》(重庆《大公报》1940年2月27日、28日)。该报道记录了去五战区随县、枣阳前线途中的见闻。处在大别山里的霍山抗战队伍,活跃而热忱,尤其妇女们无论在动员抗战方面,还是救护伤病员方面;无论在慰劳前线方面,还是在识字训练方面,都呈现出一派融洽、进步、活跃、和美的景象;作者自己在马背上歌吟"新的女性,生长在大时代中"的英姿,也给人留下美好的印象。

1940年春,创作反映台儿庄战役的五幕歌剧《洪波曲》(任光谱曲)。该剧呈现了这位作家把握宏大叙事的才能:歌剧气势磅礴而不失生动细节,尤其在表现军人士气、民众支援方面,都给人以深刻印象;歌剧在演唱中着意于人物形象的刻画,尤其在表现我军民的英雄行为,以及敌军士兵的矛盾心理方面,都提供了一些新经验。台儿庄战役在《洪波曲》里得到了历史的和真实具体的呈现。在当时,它是一部成功的现实剧;到了今天,它仍不失为一部优秀的历史剧。歌剧脚本于1942年12月由桂林育文出版社出版。

1940年5月,发表短篇报道《过公路》(《大公报》战地副刊5月9日、13日),该报道取材于新四军豫鄂挺进纵队的战斗生活——在"汉宜路"(汉口—宜城)上赶路,结果遭遇敌人在公路边烧房子;我一小股部队一边袭击敌人,一边赶路。作者虽第一次见到打仗,但却以举重若轻之笔法,既描摹了战斗场景,又谈及自己决不当俘虏的拼死决心。该报道中,新四军派给自己的勤务兵——盛四儿

(即史沫特莱的"中国儿子"盛国华)正式登场,他是个聪明活泼充满朝气的小战士。

1940年5月15日发表歌剧剧本《战地之春》于《抗战文艺》。该剧由石林谱曲,另有力丁作曲的主题歌《战地之春》和由守廉作曲的插曲《新娘四季歌》。该剧是1939—1940年访问五战区前线的成果之一,它在生动地反映春到战地、战地逢春的战地生活的同时,颇有意味地涉及妇女问题;通过女宣传队员述明当上战地司令太太后的自责,提出女人所面临的爱情、婚姻、家庭问题,以及女性的"自我"问题。

1940年5—6月,创作反映前线政工队生活的独幕话剧《警报》,该剧副标题——"没有男人的剧"。几位政工队女队员,在空袭警报时刻,议论开战争时期的男女关系问题。同《战地之春》一样,具一定女权色彩:既有对男权话语的批判,也有对女性自我的反省。该剧人物形象个性突出,但剧本未见发表或演出。

1940年夏末,歌剧《战地之春》发表之时,安娥已离开鄂北,经安康来到陕南城固县。在城固,同逃难前来的母亲、四哥、九妹、儿子田大畏相聚;还同西北大学学生来访者一起讨论歌剧《战地之春》。这次,安娥决心把儿子带在自己身边,一起到四川去。母子俩坐黄包车从城固到汉中,在褒城汽车站,遇到执行运输任务的军车队,车队队长坚决不让老百姓搭军车,但是看到安娥名片上的姓名,知道她是《渔光曲》作者,就热心地送他们母子俩抵达成都,又介绍他们乘另一队的军车到了重庆璧山。

1940年,刚到重庆就生病。经田汉介绍,在军委会政治部文化工作委员会(第二组)当雇员,但没做什么工作,只是拿几十元的饭费而已。贫病交加情况下,儿子田大畏入学问题,只得请陶行知帮助。11月,儿子进入位于合川县草街子的育才学校后,同育才学校关系密切起来。既在育才学校向孩子们发表演讲、讲述战地少年故事,又与陶行知共同研究战地教育问题。

1940年夏秋之交,曾和赵清阁一起,为帮助剧作家左明治疗肺病,到周恩来处探求方略。

1940年夏秋之交,在重庆整理、完成日记体访问记(现亦称中篇报告文学)《五月榴花照眼明》。该著是安娥对新四军豫鄂挺进纵队与鄂豫边区初创期战斗生活的真实写照。它既有对纵队司令员李先念和其他领导人的生动描写,又有对普通战士的详尽报道;既反映了鄂豫根据地人民的日常生活、游击活动和野战医院情况,也对边区党委女书记陈少敏、统战部长陶铸等作了栩栩如生的介绍。并像其他作品一样,安娥尤其关心妇女生活和她们的精神风貌,并对"男性特权"给予批判。这部作品是新四军军史不可多得的宝贵史料,也是中国现代报告文学史上值得重视的作品。只是,它直到49年以后即安娥逝世13年后的1989年5月,才同史沫特莱《中国的战歌》第九章合在一起,得以出版。由豫鄂边区革命史编辑委员会编辑,华中师大出版社出版。可惜的是,作品最后部分约一两万字毁于"文革"浩劫,与她的第一部小说《莫斯科》原稿的命运有些相似。

1940年秋季开始,在身体情况许可的情况下,协助苏联大使馆做情报工作。这工作一直持续到1946年初夏。当时,她总以为自己还是中共地下党员,也是这么同苏联大使馆说的。但实际上,她的组织关系已经丢了。

1940年11月2日,参加《戏剧春秋》社在重庆天官府街举行的"戏剧的民族形式问题座谈会"。

1940年11月5日,为四川合江四川第五保育院院长蒋鉴女士的病逝,作歌词《悼蒋鉴女士》两首。两首哀歌,催人泪下,至今还被人所怀念。

1940年12月1日,下午出席"文协"诗歌朗诵队举行的联欢大会。晚上,参加中苏文化协会举行的戏剧讨论晚会,议题:"怎样发扬戏剧上的现实主义"。

1940 年 12 月 7 日参加"文协"为欢迎当时从各地来到重庆的作家(如茅盾、巴金、冰心、安娥、徐迟、袁水拍等)举办的欢迎茶会。

1940 年 12 月 10 日, 参加范长江与沈钧儒之女婚礼。安娥认为,自己对五战区的采访报道,正是学习名记者范长江的笔法。

1940 年任光去皖南新四军之前, 曾在女作家赵清阁住处与安娥会面。

1941 年 1 月 6 日,任光在皖南事变中牺牲,他新婚妻子徐韧当时也在皖南的叶挺部队。在任光留下的唯一箱子里,存有许多安娥的照片和未发表的、为安娥作词所写的歌谱。这个箱子是任光去皖南前,留在陶行知校长那里的。箱子曾在育才学校被展出。

1941 年 3 月 6 日,田汉离开重庆去湖南衡阳、南岳,他很希望安娥同行,但自称"燕赵孤鸿"的安娥,仍然像在战区当记者时那样,没接受去南岳的邀请。她的自尊和独立个性经常外溢,在此,也略见一斑。

1941 年 3 月 10 日参加中国战地儿童保育会建会三周年纪念会(在重庆曾家岩求精中学内举行)。

1941 年 5 月,筹备"第一届诗人节"。为诗人节(端午节)征求纪念文稿,并同报纸接洽出版诗刊事宜等。诗人节上,安娥朗诵于右任先生的五律二首。

1941 年夏,因心脏病须卧床休养。曾在李德全家(即璧山歇马场白鹤林冯玉祥公馆)养病两个月。安娥离开重庆后留下的事务,则由上小学四年级的儿子田大畏来做。田汉给安娥来信,希望她能从儿子那里"发现全部兴趣"。

1941 年 9 月 26 日,参加在渝诗人举行的诗歌座谈会。

1941 年 10 月,同李德全、史良等一起为解决育才学校的粮食事项奔波。终于"请米"成功,"给米"于保育生。陶行知称她们为"人间观音大士"。

1941 年 10 月 14 日参加戏剧岗位社举办的 "如何建立现实主义演出体系"讨论会。

1941 年 11 月 1 日,歌剧简谱单行本《战地之春》,由陕西力行月刊社出版、发行。

1941 年 11 月 15 日, 出席为郭沫若五十寿辰和创作二十五周年举行的座谈会。

1941 年 11 月,参与育才学校音乐组指导委员会、戏剧指导委员会、儿童剧本编译委员会的有关工作。

1941 年 12 月 12 日,"文协"举行诗歌晚会,安娥和方殷一起朗诵臧云远的诗剧《雾海》。

1940—1941 年之间,开始撰写长篇小说《石家庄》,该作取材于自己家庭和童年生活。从留下的两份手稿看,均系未完成稿。这里叙述的张氏家族史,安娥童年生活的家庭,正是属于中国清末民初社会转型阶段的某种家庭形态;那里,封建主义和资本主义杂存,保守和开放相糅,具一定典型性。安娥驾驭这个题材,始终把对家族的叙事与对社会、历史的叙事紧密地结合在一起。另外,安娥对日常生活的叙述,颇为细腻和生动,"原生态"意味强烈,至今仍具较高的借鉴意义。

自 1942 年 2 月离开重庆抵达桂林,到 1944 年年底随难民自桂林撤退逃到贵阳,近三年的"桂林时期",不仅病贫交加,精神上的痛苦更加难熬,但创作依然活跃,既发表在前线采访的长篇报道《征途私感》和《征途杂感》,又完成重要的自叙传作品《我怎样离开的母亲》;对文化界活动也尽可能地投入,并热心协助田汉开展戏剧事业。

1942 年 2 月 7 日，参加由"文协"假中央电台举行的广播讲座和诗歌朗诵会，朗诵《民众们动员起来》。

1942 年 2 月，在重庆时，有些人对安娥同田汉的关系不仅不予谅解，还竭力挑拨和诬蔑；安娥终于接受田汉建议，抵达桂林养病。先住在东灵街一个风雨飘摇、喧闹得令人头晕的小屋子里。第二年搬到桂林东南郊施家园。开始到田家时，因得不到田老太太的接纳，日子"过得非常委屈可怜"(田汉语)；俩人有时相抱而哭(那时，林维中因不愿离开重庆，仍在重庆留守)。

1942 年 3 月 24 日，同田汉一起拜访戏剧家熊佛西，并随田汉、胡风、范长江等之后，在熊佛西一幅画鹰的画上题诗留念。

1942 年 6—10 月，发表前线报道《征途私感》和《征途杂感》，连载于《广西日报》"漓水"副刊。两篇著作除真实、细致地反映战地生活之外，所表露的女权思想，同样应引起重视。比如，她认为，不让女人谈政事，讨厌女人谈国家事，是中国男女之间存在鸿沟的重要表现；再比如，她竭力主张女人须凭自己的学识、劳力去工作去生活，而决不能靠"卖"了自己去换饭吃；等等。

1942 年 9 月 3 日，同田汉一起参加中兴湘剧团成立大会，并观看了他们的演出。日后，安娥教该剧团小演员们学习文化，其中，她对主要演员彭俐侬尤为钟爱，而彭俐侬们也把安娥伯母看作亲妈妈一样，彼此特别亲热。

1942 年发表长诗《第四十一的故事》(成都《战时文艺》)、诗歌《来吧，一起去！》(桂林《文学创作》)评论《文士三部曲》(桂林《野草》)、《历史剧杂谈——〈孟姜女〉序》(桂林《戏剧春秋》)。

1942 年 9 月 7—8 日，发表散文《大桥风景线》，载于《广西日报》"漓水"副刊。该文素描大桥在早晨、中午和晚间的某些景色，以点染战争年代桂林的苦难；文字虽短，却颇有情思。

1943 年发表诗歌《雪中战士》(成都《战时文艺》)，评论《发芽中的中国歌剧》(桂林《艺丛》)。

1943年5月28日,桂林文化界人士发起并举办柳亚子58岁的祝寿活动,100多人参加,呈现了进步文化人士精诚团结和抗战到底的决心。安娥也参加了此盛会。画家尹瘦石为此盛会画《漓江祝嘏图》,48名文化名人入画,安娥也被入画。

1943年5—7月,发表纪实小说《盛四儿》(取材于新四军豫鄂挺进纵队小勤务员盛四儿事迹)。尽管安娥离开盛四已经三年有余,但两人在战斗中结成的母子情谊,实在难以忘怀。该小说通过对盛四身世的铺叙,以及两人交流思想、感情的桩桩件件,颇具感染力地呈现了这棵战地之苗的"苦根",以及他的可爱可敬之处;同时,作者同他纯正无私的母子感情,更加令人动容。小说载于桂林《文艺生活》第5、6期。

1943年夏,田汉母亲染上霍乱,安娥在医院隔离室日夜守护她。老太太由此改变了对安娥的态度;而安娥自己却得了结核性肋膜炎。

1943年夏,在桂林市立中学教语文。但不久因病而中断。田汉有时给她代课。

1943年夏,田汉一家人在桂林生活极度困难,可以说,衣食温饱都在水平线之下。一次,田汉要去学校讲演,但实在没有一件可穿的没打过补丁的衣服;安娥急中生智,把被里剪开,用手缝制了一件又宽又长的上衣给他出门。

1943年夏,同田汉一起培养创作人才。如对四维剧团金素秋《离恨天》、曹慕髡《芝兰怨》(即《孔雀东南飞》)的剧本创作,两人都投入了很多心思,不仅给予鼓励,还亲自修改,给他(她)们以极大帮助。

1943年8月7日,发表美术评论《我看见了冯法祀先生的画》于《广西日报》"漓水"副刊第124期。该文一方面赞扬画家和抗战生活血肉相关的艺术旨趣，一方面则在色彩和采光等技巧上提出看法。评论写得相当内行。安娥是学美术出身的作家，1930年她就为朋友专著《李长吉评传》，画过"一个很美丽的封面"（王礼锡语）。像她这样具备文、音、美、剧多方面潜质和才能的作家，并不多见。

1943年秋，住进广西省立医院。

1943年10月20日，参加讨论茅盾新作《霜叶红似二月花》座谈会。

1943年12月，参加洪深50寿辰庆祝会。当时洪深在重庆，但身居广西的田汉、欧阳予倩却倡议为他祝寿。活动搞得颇为热烈生动。尤其将洪深创作的剧名串联成诗的节目最引人入胜。安娥把他的《压岁钱》一剧入诗："压岁钱多少？海棠花之魁。"

1944年1月，去宜山朋友曾宪猷、程炯夫妇家疗养。

1944年4月，由宜山回到桂林时，田汉、欧阳予倩主持的西南剧展已近尾声。但她仍然为大型活报剧《怒吼吧，桂林！》（汪巩、严恭编剧，许秉铎导演，新中国剧社演出），写了好几首插曲：《醒一醒吧，大后方》《卖花歌》《怒吼吧，桂林！》《湖滨月》等。

1944年4月22日，参加桂林"文协"主办的诗歌朗诵夜会，朗诵普希金《恋歌》中的《哥萨克》一诗。1944年5月25日，参加在桂林艺术馆举办的"桂林诗人为保卫中原而歌"的诗歌活动。

1944年5月，创作歌词《献金歌》（费克作曲）。该歌曲为桂林文化界举行的、慰劳保卫长沙将士的宣传周而作，曾传唱一时。宣传车所到之处，献金运动便开展起来。

1944年应黄宝询之约，撰文《我怎样离开的母亲》。该作列入1945年重庆耕耘出版社《女作家自传选集》一书。《我怎样离开的母亲》是一部重要的自传体作品，具体、生动地呈现了安娥在20世纪20年代的激进思想和行动。

1944年9—12月，桂林守城司令部发布第三次疏散令后，被称为"十万人大流亡"的湘桂撤退开始。安娥先跟着演剧四队到柳州，再撤到独山，同田汉会合；接着到都匀，住在四维剧团（京剧儿童剧团），给孩子们排过田汉编的《新雁门关》《新儿女英雄传》等剧；12月2日，一起乘坐西南公路局的运货车，终于抵达贵阳。这段撤退经历，相当艰苦，1946年刊出的《逃难杂记》，曾作过一些记录。

1944年冬，在向贵阳逃难途中，发现林彪父亲在向难民们吹嘘自己儿子是115师师长。安娥一方面要他别声张，一方面找人帮忙，将其安排到难民收容所；并给重庆周恩来去信，联系将此老人接走事宜；后来，经过李德全的联络，事情果然办成。

1944年11月13日，发表《介绍衡阳突围一位将领》于《扫荡报》；尔后，又以笔名"君秋"发表《衡阳突围的周庆祥将军》一文。两文或以将军的自述、或以记者的访问形式，铺叙了衡阳突围的情景，为历史留下珍贵镜头。可惜所留连载两文的剪报不全。

1945—1946年，"贵阳时期"、"昆明时期"，主要协助李德全做救济工作，协助田汉投入文化人救济事业和培养戏剧人才工作。抗战胜利后，真诚地投身于民主运动。1946年上半年由昆明到重庆，下半年由重庆到上海，虽然田汉的家庭纠纷凸显出来，但她仍坚持在民主战线上的斗争。该期创作照样配合政治形势，作品充满朝气和激情；其中，《孟姜女》《武训传》剧本的连载，又各自形成了颇具意味的文学现象。

1945年初，向国民党搞赈济工作的人士如张道藩、陈铁生、惠令安等要钱、要物，以接济四维剧团的孩子们。

1945年初春，和李德全一起去独山、河池，救了三车难民，其中，有些是文化人。当时，李德全主办"贵阳难童收容所"，安娥协助她做了不少事情。她和田汉让四维剧团儿童班的孩子们住进贵阳难童收容所。另，还将救济物品运送到独山、南丹等地，交给那里的难民和难童。

1945年刚到贵阳不久，因过分的劳累和简陋的生活条件(住的是四壁透气的破庙,吃的是粗茶淡饭),又一次病倒。但在病榻上,依然不忘对年轻人的教育,希望年轻人多为社会作贡献;有时还用田汉抗日救国的精神和业绩激励孩子们。

1945年3月15日,在报上发表表现戏曲艺人生活的话剧剧本——《给我一点自由》,但该本子现只留下极少片断,难以作出描述。

1945年3月22日,从贵阳到云南曲靖。由于国民党贵阳党部不许孩子们演戏,经田汉联络,四维剧团就归属了原拟出国赴缅作战的青年军207师。207师总部设在离昆明不远的曲靖。安娥和田汉先到达曲靖。

1945年3月24日,抵达昆明。当晚,同田汉一起前往昆华女中,观看夏衍编的话剧《离离草》(由旅昆剧人社演出)。

1945年4月,四维剧团儿童班改名为四维儿童戏剧学校。任该校指导。享受一份军饷。

1945年4—11月,四维剧校在曲靖排戏、演出。安娥为孩子们上文化课,讲解放区故事,教革命歌曲,督促练功,纠正发声,讲解剧情、分析人物。当时演出的剧本,主要是田汉作品如《新儿女英雄传》《江汉渔歌》,和他新写的剧本如《情探》等。她尤其注意对女孩子的教育和帮助,教给她们卫生常识和自我保护意识,孩子们都说:"妈妈、老师该管的事,她都管了。"

1945年5月,随四维剧校在昆明公演一个月(昆华女中)。

1945年5月6日,发表《我对于幼年剧工们的看法》一文,通过对儿童演员所处环境和戏剧圈子的剖示,呼吁社会尊重这些孩子的人格,给以好的影响,以促进他们的成长;对"四维"小演员们,她尤其寄予期待。该文载于昆明《正义报》"影剧专叶"第五期。

1945 年 6 月 25 日，在昆明威远街 29 号文化沙龙，参加全国文艺界抗敌协会昆明分会庆祝茅盾 50 寿辰和创作活动 25 周年纪念会。

1945 年 7 月 18 日，聂耳去世十周年，安娥撰文纪念，在昆明《扫荡报》发表《为纪念聂耳而写》。追述了聂耳创作的时代背景以及他的救亡歌曲的重大意义；但时至今日那些靡靡之音仍有市场，"我们需用努力工作来纪念他，使音乐运动更广大深厚的发挥威力。"

1945 年 7 月 7 日，参加昆明文化界抗战文化检讨会。会议强调文化与政治的关系是："政治不民主，一切文化都没有前途。"

1945 年 8 月 15 日，日本投降的消息传到曲靖，金城大戏院正在演出《新儿女英雄传》。田汉带领大家举行了通宵达旦的庆祝游行。

1945 年，发表歌剧剧本《孟姜女》。该剧本虽依据孟姜女传说进行构思，呈现孟姜女千里寻夫，抗争徭役，倒在长城下的故事；但它对原故事已作了多种变异，主题也呈多元，是个值得探讨的文学现象。其一，歌剧《孟》本，在暴露秦始皇作为暴君一面的同时，却通过商人对长城通商功能的褒奖，表现秦始皇建筑长城的多重价值；其二，歌剧《孟》本，添加了农民对农民起义领袖陈王（即陈胜）期盼和质疑的情节和台词，对农民起义存有某种疑惑；其三，歌剧《孟》本，淡化孟姜女寻夫和殉情的单一线索，立体地表现社会各阶层（如从妓女到扶苏、蒙恬）精神世界，并增强了他们的反抗意识，全剧在孟姜女《乡亲们给我们报仇》的歌声中结束；孟姜女并非像传说中那样投海自尽，而是死于蒙恬剑下。另外，《孟姜女》第二幕直接改写了一些《诗经》中的篇章，如《关雎》《有狐》《静女》《野有死麇》等为现代诗，并自然地融入全剧。此情，它一方面呈现了安娥的诗与歌，具丰厚的文化资源，古典诗文和民间文艺一起在滋养着她；另一方面她为新诗的民族化积累着经验,应引起我们的足够重视。歌剧由《观察报》连载。

1945 年 11 月,四维剧校部分员工和孩子,在开赴东北路途中,于贵州玉屏县发生翻车大祸,12 人遇难身亡,其中 9 名是孩子。田汉和安娥为之伤心不已。第二年 11 月,安娥撰文纪念。

1945 年 12 月 1 日,发生"一二·一"昆明惨案。为在惨案中牺牲的四烈士之一——潘琰(西南联大学生),写作诗歌《罪恶的"手榴弹"》。当时,得悉反内战的潘琰既被刽子手"炸伤",又被他们"刺死"的情景,安娥义愤填膺,不能不想起 20 年前在"三一八"事件中牺牲的同学姚宗贤,她感叹中国的黑暗、中国人命运的多蹇、中国学生的流血之多以及中国妇女的苦难之深,呼吁人们为民主而战斗。

1946 年 2 月 10 日,同田汉一起乘中航 41 次航班,由昆明飞往重庆。安娥单独住在黄家垭口中苏文协。田汉同老母、林维中及子女相见。不久,矛盾即将爆发。

1946 年 2 月和李德全等一起参加苏联建军节活动,出席苏联大使馆举办的鸡尾酒会。出席酒会的还有不少影剧界人士。

1946 年 3 月,廖冰兄《猫国春秋》漫画展在中苏文化协会举行,安娥为这些作品写了一首歌词,刊登于重庆《新民报》。

1946 年春,会见周恩来。告诉他,自己在帮助苏联大使馆做情报工作。周恩来告诉她一些其他人做此项工作的情况,告诉她应注意的事。

1946 年 4 月,邓颖超写信给丁玲,托她帮助在张家口出版安娥的《五月榴花照眼明》。此事因故作罢。

1946 年 4 月 22 日,出席"文协"在中苏文化协会举行的"抗战八年文艺检讨"座谈会。

1946 年 4 月,田汉向妻子林维中提出协议离婚。

1946年5月2日,出席"文协"举行的同乐晚会,庆祝第二届文艺节和同乐会成立八周年。

1946年5月4日上午,出席在抗建堂举行的纪念"五四"文艺节大会。下午,田汉依据组织安排,离开重庆去上海。几天后,安娥带领田汉老母、儿子田大畏及几位亲戚登上冯玉祥将军的"复员专轮"民联号东去,田汉老母等人中途下船返乡,安娥母子到达南京乘车转赴上海。

1946年5月,到上海后,由吴仞之介绍给上海市立实验戏剧学校创办人之一顾仲彝,到上海剧校任课,并住剧校宿舍。另外,还兼任《新闻报》副刊的组稿和编辑工作。

1946年,发表《〈红楼梦〉的人物创造》,分析黛玉之死、宝钗争当"贾府奶奶"和宝玉的"出家",颇有见地。文章载于《文艺春秋》3卷6期。

1946年6—7月,发表《逃难杂记》(《新闻报》"新园林"副刊)。该作描绘了湘桂大撤退逃难时那既惨烈又丑陋的情景。

1946年7月,发表诗歌《哭完人闻一多》。1946年6月底,国民党发动全面内战,李公朴、闻一多两教授,于7月11日、7月15日先后被国民党特务杀害,激起全民公愤。安娥称闻一多先生为"完人",诗歌既从大处着手,礼赞他的学问见识、民主战士立场;又在细节处见精神,让穿破褂、刻图章的闻先生挺立在你心中。

1946年7月25日,陶行知先生去世,到徐家汇上海殡仪馆吊唁。

1946年8月15日,发表《遥寄陶行知先生》,文章开头说道:"第一句话该告诉你的是《武训传》已写了四分之三……我们一定要完成你对于纪念武训先生和宣传武训先生事业的志愿。"原来,陶行知生前曾托付过田汉、安娥、孙瑜撰写不同体裁(话剧、歌剧和电影)的《武训》剧本,以扩大对武训主义的宣传。安娥是最先完成的。悼念文章载于《文艺青春》3 卷 2 期。

1946 年 10 月 15 日,发表纪念鲁迅先生逝世十周年的文章《他吼叫,他行动》,载于《文艺青春》3 卷 4 期"纪念鲁迅先生逝世十周年特辑"。文章向鲁迅先生诉说抗日胜利后的中国现实,并坚信,如果鲁迅还活着,他一定会领导大家"作反抗的行动"。

1946 年 10 月 28 日,发表《陶行知先生——大众诗语言的创造者》,在赞扬陶行知创造"成人歌谣",为大众创造诗文学的同时,则袒露了自己创作《渔光曲》《新凤阳花鼓》《莲花落》和《卖报歌》等歌词,以及抗战时期发起"战时儿童保育会"的举动,都是受到陶行知先生启示的结果。文章载于《新闻报》"艺月"第 6 期。

1946 年 11 月,上海某报连载了安娥受陶行知之托写作的歌剧剧本《武训传》。该剧本依据历史传说,对武训行乞兴学的故事,进行了大量的艺术处理,题旨在于反封建,通过张举人等对武七的剥削和欺压,有力地鞭挞封建势力的残忍;又通过武训忍辱乞讨生涯的渲染,凸显武训坚持不懈办义学的武训精神。剧情较为单纯,但细节繁富,语言生动,有民谣风格。

1946 年 11 月 25 日,发表《讽刺艺术的现实性》,对陈白尘剧作《升官图》和吴祖光剧作《捉鬼传》进行评价,并提出自己关于讽刺艺术的现实主义观点。载于《新闻报》"艺月"第 10 期。

1946 年 11 月 25 日,发表《我不能忘记的小艺人》,回忆在四维剧校玉屏车祸中死去的小艺人沈维志等。载于《新闻报》。

1947—1948 年在上海,继续任职于上海剧校,为《新闻报》编副刊"艺月"写稿。较多时间活动在影剧界,然而,在探讨艺术问题的同时,常会提及妇女问题。1947 年 12 月,应台湾某电影公司邀请赴台做短期访问,没想到的是,田汉家庭问题居然此时再次掀起波澜,只能沉着对应。由台湾回上海后撰写《我想白薇》,这是一篇

为女性尊严呐喊的宣言书。

1947 年 1 月 13 日,发表《木刻的优良传统》,在评论若干木刻作品的同时,张扬革命现实主义。载于《新闻报》"艺月"第 13 期。

1947 年发表小文《我也喜欢了〈盼女婿〉》,赞扬李凌推荐的绥远民歌《盼女婿》,载于《新闻报》"艺月"副刊。

1947 年 2 月 18 日,参加关于平剧(京剧)改革的戏剧座谈会。(在上海虹口塘沽路 27 号文艺小憩举行)

1947 年 3 月,发表《为"二九"被打者抗议》(2 月 18 日,国民党特务捣毁上海三区百货工会召开的"爱用国货,抵制美货"大会,13 人受伤,1 人重伤死亡),载于上海《评论报》杂志。

1947 年 3 月 13 日,参加在无锡举行的《丽人行》座谈会,暨田汉先生 50 华诞祝贺会,并作了发言。

1947 年 3 月 31 日,发表报道《记两周戏剧座谈会》(即在文艺小憩举行的座谈会),载于《新闻报》"艺月"第 25 期。该报道扼要、零星地记录了梅兰芳、周信芳、田汉、洪深、张道藩等人对戏剧改革的意见,但却清楚地记录下田汉的结论:旧剧改革应清算旧戏中反民族、反民主、反科学的毒素,而要求赋有民族的、民主的、科学的进步内容。

1947 年 5 月 26 日,发表《旧话重提说新诗——用什么角度去看新诗》,提倡"用现代新文艺的战斗眼光去测度新诗",强调新诗的时代性、战斗性和新的旋律。然而,该文又以坦诚的态度,坦白了自己曾对新文艺的不屑心理,感到新文艺"没趣",不如李、杜、《水浒传》《西厢记》,甚至《七剑十三侠》它们"有趣"。但当自己真正接触到新文艺时,才发现了自己的"保守"和"落后"。安娥对新文艺的矛盾心态颇具典型性。文章载于《新闻报》"艺月"。

1947 年 8 月,和田汉住到越剧学馆。当时,启明公司希望袁雪芬担任电影中的祥林嫂一角,但袁雪芬推辞说自己不会国语,安娥自告奋勇地要帮助袁雪芬学国语。

1947年12月8日发表《由〈国破山河在〉说到殉夫问题》,从戏曲中的"杀宫"戏谈起,说到妇女贞操问题,从而展开对提高妇女社会地位和价值问题的探究。安娥认为"妇女问题"在民主思想中是"脆弱的一环",进步男女应共同担负起解决妇女问题的任务。

1947年12月20日,同田汉一起应泰山影片公司之邀,赴台湾访问。

1947年12月30日,见到林维中发在台湾《新生报》上的《林维中致田汉的公开信》,田汉马上以《告白与自卫》(上海《新民报晚刊》转载时,改名为《田汉自述罗曼史》)反击。

1948年2月8日,接受记者采访,谈及同田汉关系问题。她对记者说,自己不想涉及具体的人和事,但"很愿意能通过这次纠纷,和朋友们讨论几个在转型期社会里的恋爱问题"。她认为,这纠纷不是个别的,"是今天社会里千万种不幸中的一种";她还认为,"爱情是建筑在合理生活上面的,这是无法'争'得的"。"结婚也好,同居也好,都不过是形式,关键是看两人是否真正相爱。"她自觉是爱田汉、理解田汉的。她说:"有许多朋友时常说:'请不要扰乱田老大吧!'我要说的是:扰乱田先生的不是我,而是田先生自己,是他自己因善良而产生出来的痛苦,也正因为他这一份善良,在日常生活里时常使我感动。"(《田汉罗曼史主角安娥谈恋爱问题》,上海《新民报晚刊》)。

1948年初,刚从台湾回到上海,发表《越剧演出片谈——答范瑞娟女士》。该文一方面向范瑞娟透露自己去台湾的真实原因——因为当时自己五哥(一位优秀的眼科专家)去世,颇为伤感,极想避开各种悲苦烦躁的心绪和事情;另一方面,则开诚布公地谈了许多有关越剧演艺的看法,有的还涉及越剧改革问题,如,希望"女子越剧"能演进到"男女合演"阶段等。

1948 年,发表《我想白薇》。这是一篇具有强烈女权色彩的女性宣言书。文章一方面热情地颂扬白薇在重压下,不怕压力,反抗一切丑恶,维护个人尊严的不妥协精神;一方面则大胆地批判同一个营垒里的"战士",他们所建构的对付女性的"封建主义新法典"。她强烈呼吁,女性必须为争取"一个新的民主的新前途"而奋斗。该文载于《创世》杂志。

1948 年 6 月初,同田汉一同去湖南探亲。与田汉老母、三弟田洪一家共度了端午节。尔后,6 月 29 日离开长沙回上海。并积极做去解放区的准备工作。

1948 年秋,在党组织安排下,离开上海,辗转天津、北平、沧州、进入华北解放区。于 1948 年 11 月抵达平山。1949 年 2 月,同进入平山的有影响的民主人士们一起,到达北平参加解放军入城仪式,迎接全国解放。新中国建国初期,热情参加三大政治运动;创作上进入崭新的、直接为政治服务的、但并非完全相适应和顺畅的时期。

1948 年 10 月,同田汉一起由上海经天津到北平,住在宣武门内五哥遗孀李奉铭的家(五哥张式溥为眼科专家,1947 年 6 月被推举为北平眼科学会会长,于 1947 年 11 月去世)。11 月由地下党安排,从北平经沧县到石家庄,再到中共中央所在地——平山。四哥张式渠同他俩同行。

1948 年 11 月,踏上平山解放区土地时,感到无比亲切,恨不得抓起一把土往自己的脸上涂一下。觉得看到的一切,要比自己的想象还要美好。由于得到党组织格外的照顾,享有与翦伯赞、田汉等许多著名人士同样待遇。

在平山,李克农与安娥谈话,同意解决她的党籍问题。组织部门因安娥失去组织关系太久,决定按重新入党处理。

1949 年 1 月 31 日，与来到平山的有影响的民主人士一起，乘大卡车去保定，2 月 3 日晨抵达燕京大学，尔后参加那天举行的解放军入城式；并同民主人士们一起，联名致电毛泽东、朱德，庆祝人民解放战争的伟大胜利；第二天，毛泽东、朱德发表了著名的致李济深、沈钧儒、马叙伦、郭沫若等 56 人的感谢电文。

　　1949 年 1 月 31 日—2 月 21 日，为表达自己进城时和进城后的心情，除记日记外，还写了政治抒情诗《北平，从今你属了人民》，以及短诗《祝北平解放》《中国没有反对派》《我爱跳秧歌》等。创作歌词《再加一拳头》(晓星作曲)。进城时，安娥思想单纯而活跃，她一方面羡慕去老解放区的同志，甚至责怪田汉当时不去解放区而阻碍了自己的行动；另一方面则要求自己努力学习和拼命工作，以弥补以前工作上的损失。开始，她被安排在中央统战部，公开身份依然从事文艺工作。

　　1949 年 4 月，正式通知安娥重新加入中国共产党，党龄从 1949 年 4 月算起。

　　1949 年 8 月，译作《在某一国家内》(苏联维尔塔著)，由天下图书公司出版。

　　1949 年 11 月，随文艺界参访团去东北地区参观访问。

　　1949 年 11 月 26 日，发表随笔《哈尔滨狱中一课》于《光明日报》，该文通过对哈尔滨监狱几个侧面的叙述，反映了共和国早晨的开阔和明媚。

　　1949 年 12 月，完成新编戏曲《新纺棉花》。该剧套用风靡 40 年代平、津、沪等地的京剧——《纺棉花》的结构框架和演唱形式，通过张三与赵小兰的故事，反映土改后的新农村、新气象，期盼新中国"家运兴旺国运昌"。1950 年 5 月，由当时在北京前门劝业场的新凤霞评剧班演出，获得成功。田汉特意把演出情况，写信告诉已去大连深入生活的安娥。从此剧开始，安娥对戏曲创作增加了浓厚兴趣。

1949 年冬—1950 年夏,主动要求去大连参加社会实践,创作亦获丰收。深入大连中长铁路工厂体验生活,到大连海港进行采访;著文铺写劳动英雄的事迹,赞扬苏联专家的贡献。短短七八个月时间,完成了一部小说报道、一部长篇报告文学和一部报告文学集。这些作品,在当年或转年都得到了正式出版。

(1)小说报道《苏联分厂长塔拉索夫——大连中长铁路苏联分厂长》,记叙苏联专家塔拉索夫,在担任大连中长铁路厂锅炉分厂厂长期间,深入工人群众,手把手地将技术教给中国工人,推行有效的管理方法,致使锅炉厂大变样的历程。小说颇像报告文学,但因其着力于人物形象的塑造,故称"小说报道"。1950 年 11 月由沈阳新华书店东北总分店发行。

(2)大型报告文学《一个劳动英雄的成长》,1951 年 10 月由上海劳动出版社出版。这部真实的报告文学作品,记叙了大连中长铁路厂瓦斯工(即焊接工)薛吉瑞,如何由一个奴隶成长为共产党员、劳动英雄,由一个工人成长为技术员、分厂厂长的经历,并由此反射出工厂和旅大这个城市的历史变迁;这本劳动英雄的传记最后以薛吉瑞"周游列国"、"胜利归来"结束,为整部作品增添了绚烂色彩。该作开始时为集体创作,或者说,是领导、工人通讯员和作家的"三结合"。他们经过两三个月的集体讨论,尔后分头执笔和绘画,领导则负责联系出版事项,最后由安娥回北京重新整理撰写而成。

(3)报告文学集《苏联大嫂》,内收《纳寥达》《苏联大嫂》和《港长诺威科夫》三篇报告文学。三位被报道的主人公,都在 1948 年来到中国,他(她)们都具崇高的国际主义精神,来中国帮助建设;他(她)们虽出身不同、资历不同,但都不惜付出自己智慧和才能,来帮助中国的工厂、港口建设。作品还流露了作者对苏联深厚的感情与对未来的向往。1951 年 1 月由上海劳动出版社出版。

1950 年 8 月,由大连返回北京,并正式调入北京人民艺术剧院从事专业创作。曾撰写文艺宣传材料《美帝侵华史宣讲演唱词》。该演唱词从鸦片战争开始,一直写到 1948 年签订《中美双边协定》。原稿篇幅很长,但未正式印出。

1950 年 10 月,抗美援朝运动在全国正式展开。中国人民志愿军跨过鸭绿江,同朝鲜人民军一起反击美军和李承晚军。1950 年 12 月收复平壤,把敌人打回到了"三八"线。1950 年年底,安娥与欧阳山尊、辛大明等北京人艺创作人员一起去朝鲜前线采访,1951 年春回国。

1951 年 5 月,回国后写成的朝鲜访问记《从朝鲜归来》由上海劳动出版社出版。尔后,又完成歌剧剧本《崔斗焕与金玉姬》、电影文学剧本《正义的战争》,但均未发表或演出。这三部作品记录的正是抗美援朝初期的这段历史。

访问记《从朝鲜归来》分两个部分:一、"在朝鲜的途中":记叙东北民工队志愿跨过鸭绿江,奔赴朝鲜战场参加抗美援朝的热忱,以及北朝鲜民众,尤其妇女支援前线和参战的主动性与积极性。二、"中国人民志愿军的故事":记叙我志愿军同美军飞机、大炮、坦克周旋、"捉迷藏"的种种奇迹,从中经常对照我志愿军与美国少爷兵的强烈反差,以及描写了我军对美军俘虏的优待政策和美俘的感激与感动。由于安娥在抗日战争时期当过战地记者,反映战场的战斗,笔锋活泼自然,虽单纯了些,但对鼓舞民族精神颇具现实性和战斗力。

歌剧剧本《崔斗焕与金玉姬》叙述"三八"线上的故事。一条小溪隔开了青年农民崔斗焕与金玉姬,但分不开他俩深深的恋情。歌剧通过金玉姬为人民军送情报,接着同崔斗焕结合并参军的情节,金玉姬反抗地主儿子韩圭炳逼婚,接着玉姬、玉姬父亲、斗焕被抓的情节,以及"三八"线上拉锯战的种种场面,形象地再现了

"三八"线上的历史。歌剧写恋情、思念，颇有诗意；但后半部分确有为政治事件进行演绎的嫌疑。

电影剧本《正义的战争》，铺写在停战谈判前夕，朝鲜军民和中国人民志愿军并肩作战的一场战斗。南边特务前来北方搞破坏、抓情报，结果被我方的人民战争思想和战略所击败。电影剧本写得最生动的，是小特务金昌焕的觉醒和反戈一击：作者对他的被胁迫和觉悟的转化，衍进得较为自然和得体；此外，作者还保留了以往善于处置群众场面的优势。只是，该作品"文艺为政治服务"的印痕已经显露。

1951—1952 年，尽管创作并不懈怠，但心情却极端的恶劣。一、被人诬告对朝鲜战争有"泄密行为"；二、批判《武训传》运动中受到牵连，并做自我检讨；三、产生强烈的政治自卑感。这一切，致使创作难以发挥个性，作品的发表也受到一定阻遏。

1951 年 3 月，译作《特别任务》（苏联米哈尔考夫著），由人民出版社出版。1954 年 8 月少年儿童出版社印行新一版。

1951 年初春，从朝鲜回国后，随田汉领导的一个写反映朝鲜战争剧本的创作组，再次去了一次大连。此时，和一位张家口青年作者通信讨论剧本创作的时候，谈到了朝鲜战场上有冻死人的情况（目的在于希望他不要人为地美化朝鲜战争）；后来，张家口方面向安娥的工作单位反映，说她泄密。她为此"泄密"做了两次检查，文化部纪律检查委员会则批评她"糊涂思想"。

1951 年 5 月 20 日，毛泽东亲自为人民日报撰写《应当重视〈武训传〉的批判》。6 月 3 日，安娥发表检讨性文章《我被"奇迹"所迷》于《人民日报》。文章在简约地交待了一下自己曾受陶行知之托撰写歌剧《武训传》之后，立即转入自我批判：检讨自己写歌剧时，无视太平天国革命的历史背景；检讨自己当时认识不到武训是统治阶级的拥护者、原谅了他的宿命论和不抵抗主义，并为他涂脂抹粉；检讨自己温情主义、个人优越感、不认识群众、阶级立场不稳等等，并表示"应自我检讨得满身流汗"才好。

1951年10月，安娥住戏曲学校宿舍。当时，她一个在戏校工作的亲戚李某，既有政治历史问题，酒后又有不逊行为；戏校将他捆绑起来，将他拉到校外的斗争大会场；安娥对处理此人的具体方式提了一点意见、建议，结果被认为是"袒护反革命亲戚"；遭到该校壁报批判，把她与武训并列。

1951年12月—1952年夏，去广西南宁地区参加土改，担任土改团的妇女团委和党的团部组长。整个工作，尤其对政策的掌握方面，得到组织上的肯定。广西土地改革工作团二团，团部坐落在离南宁不远的麻子畲———一个以种芝麻得名的小村坡上。今天的老人，回忆起这个由许多文化名人组成的、庞大的土改工作队团时，都说安娥和蔼可亲、喜欢孩子，她喜欢同孩子们在榕树下玩耍、了解情况。安娥此时还以当地土改为题材，写了一部朗诵剧《土改清唱》。

1952年夏，转入中央戏剧学院附属歌舞剧院（1953年5月改名为中央实验歌剧院）。在歌剧院的日子里，因思想屡屡受到批评，作品屡屡不被采纳，致使她产生强烈的政治自卑感。她在后来的《历史思想自传》中写道："那几年中我觉得我一无用处，强烈的政治上的自卑感刺痛自己。我最怕人们提起《渔光曲》，它像针一样刺我！好像我只是一个吃'反刍'的动物了，只能靠以前倒出来的食物来活命。这几年我真是人前强笑人后哭……"

1952年8—11月，参加整党运动。对自己的所谓"个人主义"、"患得患失"，又是一通批判和检讨。

1953年5月后，曾为中央实验歌剧院翻译歌剧《青年近卫军》（阿·玛里什柯编剧，尤·梅依杜斯作曲）。该剧在北京演出，1959年

10 月由北京出版社出版单行本。

1953 年秋—1956 年,工作转到剧本创作室,情况相对平稳。依然遵循文艺"为政治服务"路线进行创作,作品"宣传"印痕显露;但歌词创作颇丰,儿童剧创作方面更有自己的心得。

1953 年,创作歌词《节日的晚上》(马可作曲)、《节日的队伍》(贺绿汀作曲)、《节日的天安门》(李伟作曲)、《北京之歌》等,大多系游行歌曲或节日联欢歌曲,讴歌新中国的成立,歌颂共产党、歌颂毛主席、歌颂劳动人民和歌颂各民族人民大团结。

1953—1955 年之间,安娥歌词创作题材大致分为三类:

(一) 农村题材歌曲:《农村青年突击队》(马可曲)、《农业青年突击队》(大鸣作曲)、《拖拉机》(劫夫曲)、《摘棉组》(劫夫曲,啸岗曲)、《送粮小唱》(安春振曲)。

青年题材、少儿题材歌曲:《三位姑娘》(马可曲,严金萱曲,歌名为《三位少女》)、《花间之歌》(马可曲)、《歌唱自由婚》(焕之曲,卓明理曲)、《妈妈别操心》(晓河曲)、《小小侦察兵》(张文纲曲)。

工人题材歌曲:《先进生产者进行曲》(何士德曲)、《铁路工人歌》(郑律成曲)、《印花布工人之歌》(原词作者为郑义成,安娥改词)

1953 年秋,工作转到文化部艺术局领导的剧本创作室。该创作室是全国第二次文代会后,从青艺、戏剧学院、中央歌剧院等艺术团体中抽调了二十多名创作人员组成。陈白尘任主任,其他成员还有贺敬之、赵寻、蓝光、贾克、乔羽、刘沧浪、鲁煤、杜高等。后来,它又划归到了中国戏剧家协会。

该期作品:男女对唱《韩花香和史怀旺》。这是一个比较典型的流行于当时群众文艺活动中的"宣传文艺"。对唱一开场,先介绍正相恋的农村青年——韩花香和史怀旺两个人物;接着,直接点明这场"对唱"主题："一唱农业社调剂得土壤好，二唱那新农村的四季好风光，三唱那婚姻自由家庭和旺，四唱那提高技术多打粮。"整个对唱，尽管以宣传两位新人择偶的新标准、结婚新事新办的新风尚为其主体，但宣传农业合作化的创作主旨，却是不言而喻的。

1955年5月，创作新诗《寄给星海》，表示对老朋友冼星海的怀念和敬意。全诗三层迭进：一、怀念星海高举音乐战旗，投身人民革命事业；二、颂扬星海的母亲犹如战友般送星海加入抗战运动；三、告诉星海，周恩来总理刚开完亚非会议，他正为世界和平事业在奋斗。最后，在新形势下，望星海收到自己"忠实的敬意"。该诗未见发表。该诗语言脱去了以往的灵动，内结构的跳跃也不尽如人意。

1955年6月，创作四幕话剧《台风》。该剧并未发表，从现存的三幕存稿来看，作者相当认真地编写此剧，既调动了自己在大连等地工厂生活以及同苏联专家相处等生活积累；又试图塑造老工人、女青工艺术典型。它通过东北一家发电厂在修理发电机过程中，中国工人、苏联专家同日本留用技术人员之间的矛盾冲突，礼赞苏联老大哥对中国的无私援助；又通过台风来临之前，发电厂广大工人抢修发电机，台风和洪水来临之际，女工小齐奋不顾身堵墙洞而牺牲的英雄事迹，礼赞解放后的工人阶级的伟大战斗精神和牺牲精神。该剧基本上完成了创作意图，但因过于直奔主题，有些台词存有说教意味；另外，因工业题材创作的经验尚在积累之中，有些情节和对话，较多地陷入了技术性东西，而有碍于对人性的挖掘。田汉曾读过《台风》原稿，并对个别字句做了修改。原稿上存有"再读于莫干山莫邪干将铸剑之处"、"再读于大华饭店，西湖边。汉。五五年六月。"等字迹。

1955年，安娥曾请歌曲编辑家钟立民将她作词的歌曲汇集起来，编一本歌集。两年后，该歌集编成，由田汉作序，交音乐出版社出版，但未能实现。后来，"文革"中原稿丢失。粉碎"四人帮"后，钟立民重新收集编辑,可望近期由电影出版社出版。

1954—1956 年,创作儿童剧《狼外婆》(被木偶剧团采用)和《海石花》(后由中国少年儿童出版社出版)。

《狼外婆》另名《假外婆》《三姐妹》,关于狼外婆的传说在民间就有。作者对三姐妹同狼外婆斗争的故事,演绎得非常生动有趣。一、对狼外婆的行骗和露馅,多次反复,致使假外婆的"狼性"暴露无遗。二、处理三姐妹对狼外婆的警惕、嘲笑和施计,有起伏、有层次、有趣味,不仅呈现了三姐妹的智慧,还表现了她们的团结;童话剧在狼外婆被孩子们用盐花烫坏了爪子,用碱水当眼药点坏了眼睛,并遭受一顿猛打而死的情景中下幕,实在大快人心。三、对三姐妹热爱劳动、相互帮助的刻画,增添了不少童趣和生活气息。《狼外婆》在排练过程中,作者曾接受木偶剧团和《辅导员》杂志社同志的意见,进行修改,使其日益完善。

《海石花》是一部儿童神话剧,描写两位生活在水晶宫里的小姑娘,感到水晶宫里太暗淡了。她们怀着美丽的理想,决心把世界上最美丽的花移植过来,把水晶宫装扮起来。但,没想到,这些鲜花一到水里,马上就失去了鲜艳的色彩;后来,她们同朋友们一起,又艰难地从"朝阳山"上去采花回来,但,移植依然没有成功。最后,太阳公公给她们送来了宝花——"海石花",花丛里的花儿果然恢复了生命,吐出奇异的光泽了,水晶宫就此变得光辉灿烂。该童话剧告诉孩子们,美丽的理想、多彩的生活,是要靠劳动和智慧创造出来的。安娥对此剧进行过多次修改,是她最倾心的儿童文学作品。该作也确实洋溢着丰富的想象,在广阔的宇宙、山水、动植物和孩子的容融中,呈现出真善美以及智慧来,可以说,是部具经典性的儿童作品。

1956 年 6 月发表创作谈《谈谈儿童剧的写作》于《剧本》月刊第 6 期。该文对儿童、儿童剧的见解是深刻的。她首先提出"必须"把孩子"当做一个独立的人来看待"，她认为儿童不仅有自己的喜爱和兴趣，思想感情也颇为丰富，十岁左右的孩子甚至还存在内心的矛盾冲突。其次，她尤为强调儿童剧创作，应特别地注意儿童心理特征，以反映他们的生活和要求。再次，她重视儿童剧教育作用，为之，她不赞同在儿童作品中夹杂"峨眉求道"、"武当寻师"之类的东西。此外，她也袒露自己创作上未能做到"细致和简练"统一的缺憾。

1956 年初秋，应上海越剧团之邀，去上海改编和编写越剧本子《追鱼》《情探》《杨八姐盗刀》等；同年，另有京剧本《黄泥岗》等发表，完成了京剧《寇准探府》的写作。1956 年，可谓安娥的"戏曲年"，也是她重新焕发艺术青春的岁月。然而，当年年底，在由上海返回京途中，她却在郑州观摩豫剧时，因脑中风而突然失语，从此半身不遂。

1956 年 9 月，依据康德的湘剧高腔本《追鱼》，将它整理改编为越剧演出本。1956 年 11 月 21 日由上海越剧二团首演于大众剧场。《追鱼》是一出神话剧，脱胎于传统戏《金鳞记》，叙述书生张珍同真假牡丹小姐（金牡丹和鲤鱼精）的故事。该剧剧本于 1959 年 12 月由上海文艺出版社出版，但没有署名安娥为编剧或改编者，只指明"上海越剧院演出本"。田汉在他编剧的《金鳞记》后记中，曾对几次"改编"情况有过这样的交待：1956 年夏，他曾在湖南观摩湘剧《追鱼》时，对长沙市文化局康德局长讲过一些意见，并对康德的本子"加以再整理"；这样，安娥带着这个本子去了上海，在庄志的协助下，把湘剧高腔本《追鱼》改编成了越剧《追鱼》。再后来，田汉又在安娥的改编本基础上，把《追鱼》改成了《金鳞记》。越剧《追鱼》享誉戏曲界，先由筱丹桂、王文娟分饰张珍和鲤鱼精；1959 年拍电影时，张珍改由徐玉兰扮演。该剧一直是上海越剧院保留剧目之一。

1956 年与田汉合作越剧本《情探》。1947 年，田汉曾著有剧本《王魁负桂英》，并被许多剧种所改编。1956 年，田汉与安娥曾到越剧演员傅全香家，田汉向她许愿："我要塑造一个美丽的鬼给你演。"果然，夫妇俩写成名剧《情探》，1957 年 10 月 28 日首演于大众剧场，成为傅全香代表作之一，并为上海越剧院的保留剧目之一。傅全香一直感谢田汉、安娥专门为她写了这个剧本。越剧《情探》中"行路"、"阳告"两折戏最为精彩，它们已被香港万里书店编入《越剧精华》第一集出版。

1956 年编写的《杨八姐盗刀》，除被上海越剧院采用外，当时还被长春评剧院等排演。该剧写的是，南宋时期佘太君之女杨八姐，女扮男装，深入番邦，误被银花公主看上，招为驸马；杨八姐将计就计，在叔叔杨继康协助下，将"定宋宝刀"盗回的"杨家将故事"。安娥对杨八姐这个传说中的传奇人物，情有独钟，为褒奖她的英勇、机智和作为女性决不示弱的性格，还写了有关她的故事，如《杨八姐出关》等戏曲剧本的故事梗概等。

1956 年 3 月，另有京剧剧本《黄泥岗》发表，载于《剧本》月刊。《黄泥岗》是水浒戏，铺叙晁盖、吴用智取生辰纲的故事。全剧充满机智，相当精彩。据安娥后来为中国新闻社撰写的《我的创作生活》一文得悉，《黄泥岗》与《寇准探府》两个本子，都受到过李少春等人的相助，她道："我写京剧《黄泥岗》(《水浒传》里的故事)和《寇准探府》(杨家将的故事)的时候，京剧演员李少春和导演郑亦秋花费了很多时间，用他们的智慧和经验帮我想办法处理京剧的场子。他们是毫无保留地提出他们的意见，也毫不客气地指出我的缺点。尤其李少春，甚至在旅途中、在病中还写信帮助我。"

《寇准探府》铺叙北宋名相寇准，请佘太君、柴夫人献出杨延昭(杨六郎)，以救朝廷之困、杀敌报国的故事。该剧坤角戏较重，本子为她们提供的唱词既飒爽又机智，尤其杨六郎之妻柴夫人与寇准的"对骗"一折,写得最为出彩。坤角性格的塑造,刚毅、爽直与机灵,颇能代表作者的偏好。《寇准探府》以《探府记》的剧名,由中国京剧院演出,李少春主演寇准。

50年代,还写有地方剧《白蛇传》,根据田汉戏曲本子《白蛇传》改编。剧本虽处于待定稿阶段,但已呈现出安娥自己某些独特的感受。如,一、在"下山"一场,借白素贞对世间"烦恼丝儿永纠缠"的担忧,以及她那"水深火热情不迁"的性情,表现了自己对人世的看法,以及在爱情中的姿态;二、"说许"一场,则通过白素贞行医、行善,以及对"爱"的体味,表达了自己对"爱"和"善"的真诚追求。三、"断桥"一场,白素贞责怪许仙的话语"可叹我人前言笑,人后怅惘/忍不住滚滚泪珠,/一行一行……"也正是她受委屈后所说的话语。安娥本《白蛇传》,虽未成为正式演出本,但却是作者自己一吐衷肠的心灵之篇。

1956年12月19日,由上海回京途中,到郑州观摩豫剧;结果,在观摩豫剧演出时,突然脑中风而失语。从此半身不遂。

1958年4月,儿童神话剧《海石花》,由中国少年儿童出版社出版。

1959年10月,译作歌剧《青年近卫军》文学台本,由北京出版社出版。

1956年大病之后,安娥尽管不甘于创作生命就此终结,她努力地治疗、休养(如1961年曾去广东从化温泉招待所疗养),但效果甚微。"文革"期间,更难逃劫难:丈夫田汉于1966年12月被红卫兵从家中抓走,1968年12月,被迫害致死;而自己却成为"苏修王明专案组"的审查对象,各个时期的作品,都被列为"反动作品"。

此时,安娥和田汉的细管胡同住宅,正房已被查封,安娥只得孤身一人留在一间西屋艰难度日。她在见到亲人时,常会用大拇指和小拇指表示自己对各式人物、事务的褒贬态度;她时而还会拖着自己病残的身子,跋涉在北京的马路上,去亲戚好友家探望,以求找到亲情和温馨。

1976 年 8 月 18 日在北京隆福医院去世。

本年谱是在田大畏先生汇编的《安娥资料(1905—1937)》《安娥资料 (1937—1939)》《安娥资料 (1939—1945)》《安娥资料(1945—1948)》《安娥资料(1949—1976)》的基础上架构,并阅读了安娥大部分作品后所形成的。在此,特向田大畏先生表示衷心感谢和敬意。

《毛泽东传》

[英]菲力普·肖特 著

定价:49.00 元

迄今为止西方最新、最具深度的一部毛泽东全传。本书不仅向读者介绍了一位伟大舵手光辉、平易近人的一面,同时也展示了 20 世纪动荡中国的全景。

《蒋介石传》

[英] 乔纳森·芬比 著

定价:45.00 元

本书是近 30 年以来第一部完整的英文版的蒋介石传记。作者运用其广泛搜集的来自中国两岸三地、美国、英国、澳大利亚、法国等地的档案资料和最新研究成果,许多细节以前从未披露。权威、真实、客观。

《陈其美》

贾鸿彬 著

定价:39.00 元

他是孙中山的左右手,是袁世凯的死对头,是蒋介石的引路人,辛亥革命时期的风云人物。这本书,写热血飞扬的革命,写生死缠绵的爱情,情节曲折,引人入胜,展示了一代仁人志士的青春、理想、信仰、奉献和奋斗。

《抗日第一枪:马占山和江桥抗战》

张港 著

定价:48.00 元

江桥抗战是九一八事变后中国军队有组织、有领导抗击日本帝国主义侵略的第一枪,也是世界反法西斯战争的第一枪。本书以马占山为人物主线,全景式地展示了江桥抗战的历史。

《冰心全传》

陈恕 著

定价:45.00 元

本书作者陈恕是冰心的女婿。作者以大量鲜为人知的资料和珍贵照片全面反映了冰心的一生和冰心生活的时代。

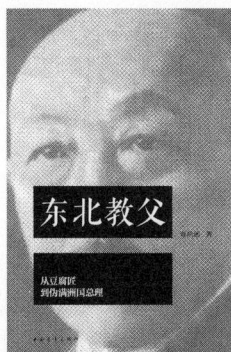

《东北教父》

贾鸿彬 著

定价:33.00 元

张景惠是个扛豆腐盘子走街串巷的小贩,最后却扛起了上将肩章,当上了伪满洲国总理,一当就是十年,把对手一一整掉,成为"不倒翁"。战场、情场、官场,看似路路皆通,最终却难逃死于战犯管理所的命运。

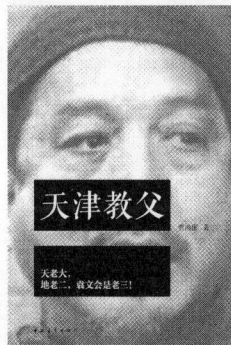

《天津教父》

贾鸿彬 著

定价:31.00 元

这是一部描写黑道人物袁文会曲折命运的小说。津门恶霸袁文会的奋斗和毁灭:穷小子暗恋大小姐,引发了一段生死情缘;黑社会尔虞我诈、弱肉强食,上演了一幕幕惊心动魄的故事;汉奸恶霸认贼作父,难逃正义的审判。

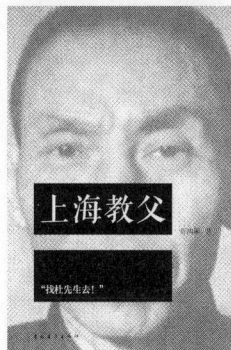

《上海教父》

贾鸿彬 著

定价:38.00 元

杜月笙,上海滩一个响当当的名字。"找杜先生去"成为上海滩一个时期解决问题的"终南捷径":法国人要给他面子,日本人要看他脸色,政界要拉拢他,商界要仰仗他。本书揭示了"上海大亨"是怎样炼成的。